中国高等教育学会“改革开放40年高校辅导员队伍建设与发展研究”
专题课题立项（课题号：2018FDYZD08）

心怀中国梦 心系名校情

XINHUAI ZHONGGUOMENG XINXI MINGXIAOQING

漫游世界名校系列丛书

主　编　丛建伟　迟　森
副主编　郭　鑫　刘思嘉
参　编　王　超　黄　珽
　　　　曲　直　张春雨
　　　　韩　毅

哈尔滨工程大学出版社
Harbin Engineering University Press

内容简介

哈尔滨工程大学开展了多个国外暑期课程学习项目，支持优秀学生开展海外学术研究、实践体验等海外研修活动，积极培养学生团队合作精神、学术研究能力、实践创新能力，拓宽学生国际视野，提升国际化水平。

本书是汇集学生在参加澳大利亚莫纳什大学、澳大利亚悉尼科技大学、加拿大阿尔伯塔大学等多所世界知名大学2018暑期课程学习心得的文集。

图书在版编目（CIP）数据

心怀中国梦，心系名校情 / 丛建伟，迟淼主编. --
哈尔滨 : 哈尔滨工程大学出版社，2019.3
（漫游世界名校系列丛书）
ISBN 978-7-5661-2227-8

Ⅰ. ①心… Ⅱ. ①丛… ②迟… Ⅲ. ①高等学校－国际交流－学术交流－中国 Ⅳ. ①G648.9

中国版本图书馆CIP数据核字(2019)第049478号

选题策划 雷　霞
责任编辑 张植朴　刘海霞
封面设计 李海波

出版发行 哈尔滨工程大学出版社
社　　址 哈尔滨市南岗区南通大街145号
邮政编码 150001
发行电话 0451-82519328
传　　真 0451-82519699
经　　销 新华书店
印　　刷 哈尔滨市石桥印务有限公司
开　　本 787 mm×1 092 mm　1/16
印　　张 13.5
字　　数 347 千字
版　　次 2019 年 3 月第 1 版
印　　次 2019 年 3 月第 1 次印刷
定　　价 40.00 元
http：//www.hrbeupress.com
E-mail：heupress@hrbeu.edu.cn

目 录

加拿大阿尔伯塔大学2018暑期课程学习项目心得篇

美国密苏里大学2018暑期课程学习项目心得篇

俄罗斯西伯利亚联邦大学2018暑期课程学习项目心得篇

澳大利亚莫纳什大学
2018 暑期课程学习项目心得篇

序

王　超

莫纳什大学（Monash University）是世界百强名校，澳大利亚顶尖学府，澳大利亚常春藤名校联盟“八大名校”之一，澳大利亚五星级大学。在最新的大学综合排名中，莫纳什大学2018—2019年度QS世界大学排名中位列第59位，有27个专业位列世界大学学科排名前50。

带着对这所世界名校的向往，2018年7月8日至22日，来自哈尔滨工程大学船舶工程学院、航天与建筑工程学院、经管学院、材料科学与化学工程学院、理学院、人文学院的学生16人在带队教师王超、张蕾的带领下，在澳大利亚墨尔本莫纳什大学进行了首期为期两周的暑期学习交流活动，两周的学习时间虽然不长，但在这期间我们还是经历了丰富的学习形式、多元的文化交流和别样的生活体验。

模块化课程和多样化形式

在课程设置上，我们每周进行一个模块化的专题学习，第一周为Customised English Program，授课教师Amy主要带学生们熟悉校园和英语语言环境，以课程化的方式，对校园布局、校园文化、如何尽快融入校园和当地生活、如何尽快融入语言环境进行了讲授和实践；第二周为Global professional Program，Lisa和Marine两位老师对如何进行国际化交流、如何识别个性、如何融入团队、如何开展沟通对话等进行了讲解，并运用了诸如无领导小组讨论、问卷等方法帮助学生加深对课程的理解。

两周的课程里，每天都会有一半左右的时间是由老师和学生一起互动的。互动形式多样，如做任务、做测试、无领导小组讨论、破冰游戏、团队协作训练、情景模拟、随时反馈等。通过对课程的观摩和学生的反馈，这种形式更有助于学生尽快融入课堂教学内容，同时更好地理解老师的授课意图，学生的积极性提高了，专注力也获得显著提升。虽然课程内容固定，但是这里的授课形式不是循规蹈矩，而是根据学生的实际情况有针对性地进行体验式教学，如在第一周进行的校园体验环节，并没有单纯地用地图的形式对莫纳什大学校园进行讲解，也没有组织集体参观讲解，而是在游览校园的同时，给每个小组布置了小组任务，如找到校园内的邮局、药店、学生中心并在这些地方拍照留影，找到校园周边通往莫纳什大学的公交站台并记录发车时间等。

通过两个星期的课程观察，莫纳什大学的课程非常注重学生间的小组讨论，即使是同一个老师的课程，在分组时也不会一成不变，每个学生都有机会和不同的学生分在一个小组，小组的规模也从3人到8人不等，这种随机性避免了学生因过于熟识而产生的讨论懈怠，保证了学生在讨论时高效率地完成任务。在讨论过程中，要求学生进行头脑风暴，尽可能多地提出想法，老师会强调每个人的参与性，确保每个学生都参与讨论。

与此同时，莫纳什大学的课堂纪律给我们留下了深刻的印象，其课堂纪律要求严格，容不得任何挑战。课上使用手机是被严格禁止的行为，在这里学习每天都需要对自己进行“无手机挑战”。学校每个教室的投影仪都有无线投屏功能，只要接入相应的无线网络，登录系统，输入教室内投影仪的投屏代码，就可以将笔记本的内容显示在屏幕上，学生可以随时对课堂完成的内容进行展示。

多元化文化和融入式生活

在墨尔本这个移民聚居的城市，可以体验前所未有的多元文化。墨尔本有来自全球233个国家和地区的移民，最早的城市移民来自英国，三分之一的墨尔本居民为生于澳大利亚以外的移民，被使用的语言超过180种之多。除主要语言英语外，希腊语、意大利语、法语、西班牙语、汉语、越南语、阿拉伯语、韩语等各种语言都有人使用。不同族群的人们聚居成区，在生活习惯、节庆、餐饮上各成不同风格，为墨尔本带来多元文化的丰富情趣。在这两个星期，我们看到了东西方文化在这里交汇融合而体现出的很大的包容性。随着我国国力的强大，国际影响力的提升和赴澳游客的增加，中国元素在墨尔本也越来越多。在机场、在维多利亚国立美术馆，墨尔本很多著名地点都会提供中英双语服务，这里还有很多华人，他们也都保持着对中华文化的敬仰，让我们对文化自信有了更深刻的认识。

两周的时间转瞬即逝，当离开的时候，我们已经基本融入了当地的学习和生活，无论是带队老师还是交流学生，都收获颇多，特别是对中华传统文化和大学精神的重新认识将为我们在回国后的学习和生活提供更大的前进动力，这段经历也将成为大家未来生涯规划中浓墨重彩的一笔。

浅尝澳大利亚文化有感

理学院 余子牛

非常感谢哈尔滨工程大学为我们提供这么一次在澳大利亚常春藤名校联盟“八大名校”之一的莫纳什大学交流学习的机会。这次出国，是我第一次以交流生的身份出国，着实让我从另一些方面，对外国文化有了些许认识。我想从饮食、学习与文化来谈谈我个人的体验。

古话说得好，“民以食为天”，万事开始之前，还得填饱肚子。根据莫纳什老师的介绍，由于澳大利亚本身是有着多元文化的国家，澳大利亚的饮食文化也由多国饮食文化相交融而形成，所以澳大利亚人视中国菜、越南菜、英国菜等都为澳大利亚菜。所以我们也有幸在这么一个地方，品尝到世界各地的菜式。新的一天从充实的早餐开始，当地人以吐司为主食，有许多酱料和配菜供人选择。当然酱料之中不乏一些黑暗料理，维京酱就是其中之一。棕色的维京酱看起来就如同巧克力酱，让人无法拒绝，然而当你给吐司抹上满满的酱料，然后咬了一大口后，你才会发现，这又苦又咸的酱让人怀疑人生。如果有机会去当地生活，一定要尝尝这维京酱。我每天早上都喜欢来一碗鲜牛奶泡可可，新鲜可口的牛奶配上又酥又甜的可可，使我在一天的开始充满了活力，也让人不由感叹“澳大利亚的牛奶，那是一个鲜啊！”至于中餐和晚餐，虽然我们大多时候是在Mannix学院的食堂里吃的，但厨师厨艺高超，各种菜式层出不穷，无论是炸大鸡块、奶酪意面、咖喱饭还是牛排都让人赞不绝口。当然，给我印象最深的三顿饭还得是在市中心的三顿。第一顿，是在市中心的小酒馆里，墨尔本的各种商场关闭得都较早，许多人下班后都喜欢聚在小酒馆里边看电视里播放的体育节目，边同朋友喝酒、吃饭、畅谈。说到这，小酒馆似乎与国内的餐馆别无二样，但它却给人一种私密、温馨的感觉，其装修也充满了西方情调。同时值得一提的是，小酒馆的料理也相当棒，当晚我吃的炖牛肉烂而不散，口感极佳，薯条十分酥脆，带着股奶香味，特别好吃。第二顿，是在中心火车站旁的汉堡店吃的，大概由于墨尔本靠海吧，竟然有海鸥在火车站里肆意飞行，甚至跳到食客的桌子上。而当晚我吃的汉堡之大，一口咬不下。咬下第一口，各种香甜的酱料裹着煎到刚刚好的牛排同我的味蕾演绎了一场绚丽的华尔兹。嚼下第一口，牛排的肉汁溢了出来，为这场华尔兹添上璀璨的光辉。当然给我印象最深的一顿还得是在华人街吃的黄焖鸡，吃过好些日子油腻的食物后，黄焖鸡如同一位老友，让你回忆起家乡的日子，不由得涕泗横流。总而言之，在澳大利亚能品尝到许多地方的特色美食，而这些食物经澳大利亚文化的熏陶，成了澳大利亚特色的菜肴。

吃好了后便到了本次项目的重点——学习。在项目之前，我一直很好奇，当地老师到底会教我们什么呢？看了课表后，我有些失望，授课内容同我预期高大上的东西大相径庭，老师计划先教我们语言再教处理关系，这些课程，我早在国内上过了。但授课开始后，老师用她的方式又点燃了我的兴趣，就我们第一周的老师Amy来说，她在一开始便设计了一个挑战，让我们在学校内寻找地点然后拍照。在我们第一次来到校园的情况下，这确实费了我们不少劲，但在这很短的时间内，我们着实就对学校的构造有了初步的了解。同时在语言课上，还有着各种各样类似的小挑战吸引着我们，让我们更好地融入课堂。课堂上，大家其实十分随意，在一间小教室里坐在可以自由滑动的办公椅上，可以说十分享受。而课程中，老师并不介意你打断她来发表自己的观点，她也从不会否认任何人的观点，她会去分析，然后选择更好的那个，但她将十分介意在她的课堂上使用手机，她所做的一切，都是为了更好地为课堂服务。同时第三位老师也给我留下很深的印象，他教育我们，一个团队中的每个人都有自己的个性，我们需要尊重每个人，这是我们从小听过的，但接下来，他给我们分析了一些常见的个性的优势与劣势，并让一个团队中的人判断自己的个性，然后布置给我们一个任务，让我们去完成。这一系列课程，让我真正重新去审视每个人的个性，以及我到底该怎样和不同个性的人交流，而不是空洞地知道，我们需要去尊重。老师给我们花了许多时间在这样的素质教育上，可能会有人说那是因为你们都只是来短期交流的，他们也没时间教你们其他学术性的知识，但我认为，他们既然在我们面前就体现出如此注重素质，那么必然对他们的学生就更重视这方面的培养。于是慢慢地，我开始意识到，他们为什么只给我们设置半天的课程，为什么在课上向我们提到许多墨尔本的东西，留给我们时间去切身体验墨尔本的生活，这也在接下来的最终作业后得到了验证——所有的问题都是以墨尔本而非莫纳什大学为前提提出的。原来他们教的是人文与素质类的知识，在试图将他们的文化传达给我们。

最终回到此行让我最感兴趣的话题——文化。我想就两点展开介绍，自然与艺术。众所周知，澳大利亚是动物的王国，这次交流中，我们也在老师的带领下去了一处动物保护区。保护区有着特别多的动物，许多都是我闻所未闻的，其中当然有我梦寐以求的袋鼠。可能由于天气较冷，袋鼠们依在地上一动不动，只有几只较顽皮的小袋鼠十分活泼。袋鼠和人行道间虽有栅栏，但只是形式上的阻挡，小袋鼠一步一步轻易地就走到路中间来了，3个澳大利亚小朋友围了上来，轻轻抚摸着它，但小袋鼠似乎不太愿意逗留，小朋友也不阻拦，只见小袋鼠穿过人行道，钻进另一边栅栏里，这场景令我难以忘怀。接下来还有一场精彩绝伦的猛禽秀，解说员们边给我们介绍各种猛禽，边让它们闪亮登场，当鹰飞过头顶的时候，我就像四处逃窜的猎物，真正感受到了它的霸气，而当它又飞回解说员身边时，他们仿佛成了朋友。我想在这片土地上，人们真的十分尊重共同生存的这些动物，而这种人与自然和谐共处的文化，正是我们喜闻乐见的。再谈及艺术，墨尔本真不负其“澳大利亚文化之都”的美誉，走出福林德街车站，街对面便是久负盛名的圣保罗大教堂，街道的另一边则是充满设计感的SBS电视台。在墨尔本市中心，著名的人文景观应接不暇，并且这些建筑各不相同，给人以不同的视觉冲击，相信每幢建筑都是其设计师的得意之作。步行几分钟，便到了维多利亚国家美术馆，这个美术馆收藏的70 000件藏品来自世界各地，中国、印度、埃及、欧洲各国全都包含其中。当然，在这座美术馆中我最喜欢的还是现代艺术，艺术随着时间推移有着不同的表现手法与形式，而现代艺术则是属于年轻人的艺术。当霓虹灯的光影交融将雪白的背景渲染成粉色，潇洒地写道“the passion of your smile”，我愣住了，无论是这句话，还是这效果，可太美了。在欣赏现代艺术的同时，艺术馆中形形色色的人同样吸引着我的注意，他们的着装有着巧妙的色彩搭配，有的形成鲜明对比，有的相辅相成，都给人以和谐的感觉，他们的服装搭配方式更是层出不穷，我认为服装可以是一个人内心状态的外在表现，在美术馆中的人们，同藏品一般珍贵，在这座城市中的人们，他们的灵魂正在绽放。于是我又回到街头，街上年轻人们踏着滑板穿过人群，随音乐一起劲舞，路边到处充斥着涂鸦，还有年轻人正在创作涂鸦，这些年轻人的印记，可太酷了！想起课堂上老师同我们探讨的人的个性，我想在这座城市里，人的个性是向外伸展的，同我们谦逊的文化截然不同，这种不同是世界多元性的一个缩影，它深深吸引着我，想去更多地方，见识更多缤纷多彩的文化。

最后，非常感谢学校给了我这么一次交流学习的机会，让我见识了另一个国度的另一种文化。在交流方式越来越发达的现在，世界各国的交流也越来越频繁，在这样一个大背景下，对于一个大学生，接触各种文化是相当必要的。同时这次交流中，我没有体验到在这样有趣的课堂上进行专业课的学习，所以我必将以此为目标，为成为更优质的大学生而努力。

墨尔本之行

理学院 吴妍灿

在墨尔本的两周之行有趣而丰富，收获颇多。

我们从哈尔滨启程，经过十几个小时的飞行，到达了墨尔本机场，开始了为期两周的学习交流。

墨尔本给我的初始印象是干净、艺术、低调而丰富，这个城市有着文化融合的底色和大城市的奢华。夜晚的灯光华丽，机场到市区的路上高楼林立，夜色下的河水泛起微澜；郊区安谧，一栋栋小别墅隐藏在夜色中，像在诉说着什么。我们居住的学生公寓有三层，每层都带有小厨房和大客厅，寝室内有电视和空调，床单被子红白相间，有一幅极具特色的画作陈列在床头上。

莫纳什大学克莱顿校区坐落在克莱顿，安静而美丽，清晨时有鸟啼，附近居民不多，也只有麦当劳和7-Eleven便利店，在这里生活有着国内少有的安宁，街道冷清且干净，时常见不到人但一旦遇到了都很友好，人们之间互不干涉，过着自己想过的生活。

城市中心是墨尔本最繁华的地方，克林斯敦火车站是世界上最具特色的火车站之一，南岸的酒吧夜里灯火通明，音乐随火焰而动。唐人街集合了带有中华文化和习俗的食物及日常用品，很多华人和当地居民往返于华人街，令人倍感亲切。Chadstore是南半球最大的商场，里面各种品牌应有尽有，宏大的规格显示了一个发达国家的气魄。我因为疲倦在商场的沙发上睡了半个小时，醒来时发现身在异国，恍如隔世。

墨尔本的食物也别具特色。维多利亚夜市食物种类繁多，烧烤、啤酒、甜品，印度食物、意大利食物、中国食物应有尽有，而我们平时就餐的学生公寓餐厅也提供不一样的食物，牛排鱼排、帕斯塔、牛肉派、面包、面条、米饭等。澳大利亚作为一个以外来文化为历史的国家，食物也有不同国家的特色，特别的是，中国食物也是墨尔本人民所偏爱的，经常能见到制作中国食物的餐厅。

墨尔本最吸引我的地方则是它的美丽。在墨尔本游玩时我去过很多地方，例如尤里卡88、植物园、艺术馆、涂鸦街。这是一个非常漂亮的、充满艺术气息的城市。在街头，随处可见涂鸦和街头艺人，涂鸦者和艺人为这座城市增添着美丽的图案和优雅的旋律，而这些东西根本不可能同时出现在中国的大街上。作为一座现代化城市，它的夜景也非常美丽，高楼林立，灯火辉煌。其中给我印象最深刻的是维多利亚国家美术馆，这是一座蓝色的岩石一般的建筑，周围环绕着清澈的池水。为了防火，通向街道的一面都没有窗户，远看就像一座城楼。城中最大的表演艺术中心已成为墨尔本的标志，高耸的塔尖直入云霄，坐落在亚拉河两岸，是墨尔本社会和艺术活动的主要地区，拥有加塔尖115米高的州立剧院、娱乐中心、George Fairfax Studio、墨尔本音乐厅、表演艺术博物馆、西太平洋艺廊及悉尼梅尔音乐表演台。人们穿过玻璃门，就好像进入孙悟空的花果山水帘洞一样，维多利亚美术馆馆藏丰富，拥有70 000件馆藏作品，从照片、面料到雕塑、绘画，从旧的玩物到屏风画，还包括澳大利亚土著艺术作品，分门别类、分区划时、争相映辉。这些历史的、当代的艺术珍宝带给人的是遥远的澳大利亚维多利亚式风情，而在这异域风情旅行中又能领略到澳大利亚人的古代风采。在这里我见到了毕加索和莫奈的真迹，在那幅《哭泣的女人》面前，看着画上绿色的油墨，我抑制不住内心的激动，想到毕加索将近一百年前作出这幅画时的心情，看到情感、艺术穿越百年来到我的面前，内心的感动无以言表。

在某个周日的早上，我们去了大洋路。大洋路位于墨尔本西部，是为纪念参加第一次世界大战的士兵修建的，参与建设的人也包括许多参战老兵，共有3 000余人为此付出了艰辛的汗水。这条路于1919年开始动工，1932年全线贯通，如今是墨尔本著名的旅游景点。大巴一路上穿过原始森林，阳光通过交错的树影细碎地洒在车上；驶过蜿蜒的沿海公路，每个转弯处都是不一样的风景。我第一次见到如此干净的海洋，蔚蓝而深远，海浪时而汹涌时而柔和，沙滩柔软，而海鸟则与人十分亲近，终日盘旋在崖壁下海面上，每次朝人群飞来都带起一片欢呼。途中经过一个小镇，居民总共才一千人，在互相认识的安静的小镇里生活，我们在这里享用了午餐，因为几天来吃惯了面包，我便去了一个中餐馆点了袋鼠肉，肉质鲜美。大洋路的景点有很多，其中最为出名的当属十二门徒石（或称“十二门徒岩”）。十二门徒石位于澳大利亚墨尔本海岸沿线，这里有一处被称作“十二门徒石”的奇崖怪壁。它（们）实际上是突出在南太平洋海面上的12块砂岩石，经过千年的海浪和海风的洗礼，被大自然鬼斧神工地雕凿成酷似人面，而且表情迥异的12块岩石，看似悲哀，恰似温柔，巧夺天工。大自然的鬼斧神工塑造了令人惊叹的壮阔雄伟的奇景，然而时至今日，12座岩壁只剩下7个半，海浪经年累月的冲击使其中的3个已经坍塌，但这并没有阻碍它的美。

莫纳什大学是世界闻名的大学，在莫纳什大学我修习了语言和国际交流的课程。这里的教学方式和国内很不一样，更加自由而灵活，更注重师生间的互动。我们在一个铺有地毯、三面都是黑板的小教室里上课，椅子带有轮子和小桌板，可以随意活动。我们围绕教室而坐，有时分小组讨论。而国内的课程大都是规规矩矩地坐在有固定桌子和椅子的教室里，听老师在黑板上板书讲课。两周的课程内包含三个老师的讲授，老师们都认真、友好而亲切，课程灵活，互动很多，我们时常在课上随意分组，交流与讨论，而这在国内是不多见的。莫纳什大学的课程更注重学生的自主性，虽然老师因为迁就我们的口语水平放慢语速，但是并不影响课程的连贯性。我十分欣赏和向往这样的教学方式，老师只起引导作用，给学生很大的自主空间，让他们主动创造而不是被动接受。

第二周我们的课程围绕口语水平、语言交流技巧、PPT制作技巧进行。在课程中，我只能用英语和老师同学们交流，虽然最开始有些不适应，但是这的确会提高我的英语口语水平，我认为我的口语已经取得很大的进步。其次，老师交给我们很多英语交流的技巧，让我知道如何更礼貌地用英语和别人交流。最后一点，老师教给我们很多做英语PPT时需要注意的地方，这样我以后做PPT时，可以做得更好。总而言之，我的英语水平获得了极大的提升，这对我帮助很大。

我也深深感受到语言环境对语言学习的重要性，刚下机场时看到指示牌都是英文字母，感到陌生而新鲜，而两个星期下来，我已经很自然地看墙上贴的英文说明，很自然地与人交流。我一直对自己的口语水平感到不自信，自认为口语是我英语能力中最弱的一部分，阅读听力都比口语好很多，而在英语环境中，我以前想不到的表达都能够很轻易地表达了出来。英语也不再是苦恼而困难的事情，沉浸在语言环境里对语言学习的作用和帮助比我想象中的要大很多。

我们的课程中也包含出去游玩的部分，星期三的早上我们去了巧克力工厂。巧克力工厂旁是一片草地，或成群或单个的牛羊懒懒散散，远处的天空很低，空气清新而冷冽，附近的居民带小孩子到这里玩耍，喝早茶吃巧克力。在工作人员的介绍下，了解了巧克力的制作方法，巧克力也是墨尔本的食物中不可缺少的一部分，我深深地融入到墨尔本的文化里。在这里我看到了各种形状的不同风格的巧克力，试吃了最具代表性的样式和口味。我第一次知道了竟然有百香果、柠檬、芒果等混合在一起的巧克力，甚至还有生姜、奶油味道的。在这里我也品尝到了在中国从未吃过的糕点和冰激凌咖啡，在一群有活力却并不吵闹的小孩中，感受着墨尔本人一天的生活。我们还去了动物园，考拉可爱，袋鼠悠闲，训练有素的鸟儿带来了精彩的表演。动物和人类的距离很近，袋鼠甚至可以跨过形同虚设的栏杆，与人们接触。

在这两周的生活里，我领略到了墨尔本不同寻常的自然风光和文化，感受到这个城市特有的魅力，在学习中也感受到了不一样的教学方法，总而言之，这两周带给我的收获很大。

收获知识，提升自我

理学院　崔钟明

两个星期的澳大利亚莫纳什大学交流项目圆满结束了。这十几天是我独自离家最远的几天。从第一天与同行的同学们相见的不知所措，到最后一天回来的有说有笑，这两个星期让我收获颇丰。接下来我就对这次澳大利亚莫纳什大学交流项目的收获与反思进行总结。

一、收获

1. 改善性格，收获友谊

从第一天见到各位同学的不知所措，仅能和认识的几位同学院的同学交流，到最后与各位同学都能愉快地交流，对内向的我来说，这是一大收获。这十几天虽然谈不上改变我的性格，但是至少让我在交友方式上有所改变。一开始大家交流也不是很多，但是随着大家一起上课，一起游玩，渐渐地拉近了彼此的距离。我们甚至与莫纳什大学的学生打了一次篮球，让我们见识到体力上的差距，打篮球时结识了一位中国留学生，他一点一点地教我如何打得更好，很庆幸能结识这样一位伙伴。而大一同学们的开朗性格，幽默又有趣，使大家之间的距离也拉近了许多。每天晚上开party，玩狼人杀和uno。而不得不提的活动则是大洋路之行，在几位同学的策划下，我们一同包车前往了为纪念参加第一次世界大战的士兵修建的大洋路，路上的种种海景着实让人着迷，这也是我们16个人一起出游的美好回忆。这两个星期过的真的很开心，很高兴能遇见这些同学，很高兴能和他们成为朋友，希望以后在学校中还能遇见，在哈尔滨再聚一聚。

2. 提高口语，了解自己

在莫纳什大学的学习生活也是不得不提的一部分。很幸运自己能遇见和蔼可亲的Amy和Lisa，还有幽默风趣的Brown。各位老师都尽己所能地回答我们对莫纳什大学以及墨尔本的问题。首先是Amy，她是我见到的第一位莫纳什大学的老师，第一天的自我介绍与认识学校，第二天的墨尔本介绍与生活，第三天的参观巧克力工厂与野生动物保护区，第四天的澳大利亚文化及最后的PPT展示。虽然在学校已经做了很多次英语的PPT展示，但是这次在Amy老师面前制作的PPT展示依然被指出了许多问题，如语速过快，使听众有时很难听清楚，缺乏肢体语言，听众可能会对自己的演讲降低注意力，这些实用中肯的建议一定能在回来后的英语考试的PPT展示中带来非常大的帮助。Amy老师在每天的授课过程中都会加入一些小游戏，通过这一周的学习，我对英语产生了浓厚的兴趣，而且发现学习英语也没有那么困难。而第二周才是英语学习真正的开始，Amy老师更像是一位引路人，让我们对英语提起兴趣，为接下来的学习做好准备。了解文化差异，让我在墨尔本的生活也变得简单了，能让我很好地应对澳大利亚人与我们不同的习惯。第二周的英语学习是教我们如何与外国人交流，Lisa老师教的打招呼的方式让我在澳大利亚受益良多。平时用自己学来的知识，能够很好地打破与外国人之间尴尬的局面。在一次购物时，我无意间的一次打招呼竟然认识了一位来自莫纳什大学的打工学生，了解了他们的打工生活。Brown老师的授课内容则是了解自己的性格及团队合作。虽然没有在澳大利亚派上用场，但是在未来的生活中肯定有所用处，让我认识到我是属于比较冷静理性的一种人，更擅长分析，了解了如何利用自己性格的优势及如何避免劣势，而且Brown老师的授课方式十分幽默有趣，让我对他的授课产生了浓厚的兴趣。这次在澳大利亚的英语学习让我在口语方面有了很大的进步，面对外国人时也不会那么紧张，知道了如何与他们开始话题，了解了文化差异，不会做出令那里的人们反感的行为，在英语方面进步了许多，认识到了了解文化差异的重要性。

3.了解差异，开拓眼界

去国外让我收获最大的一部分是了解了文化差异。澳大利亚与中国不同，是一个移民国家，多元文化是澳大利亚文化的特征。移民和多元文化成为了这个国家的基础。澳大利亚政府鼓励不同种族或民族的澳大利亚人，包括土著人，在家里或公共场合像使用英语一样地使用他们的母语，也鼓励任何背景和任何民族的人们保留他们自己的文化。所以可以在大街上听见各种各样的语言，各种各样的饮食都可以在墨尔本找到。墨尔本作为一个文化中心，可以看见各种各样的文化充斥其中，而与中国遍地的钢铁森林不同，澳大利亚的城市十分开阔，给人一种中国农村的感觉，有很多公园和绿地建立在城市中。在墨尔本可以看见各种不同样式的建筑，同时在中国少见的街头文化在墨尔本也随处可见，遍地的涂鸦墙，每天都有不同的人在墙上进行不同的创作。而交通方面也有非常大的不同，由于这里最初是英国的殖民地，交通方面也采取的是英式。但最让我感到震惊的是，在没有红绿灯的斑马线上过马路时，那里的司机总是会让行人先过马路，然后再开车。而最让我感到不方便的是，那里的商场很早就关门了，而且商场很远，即使坐公车也需要半个小时，到了晚上街上十分冷清，基本看不见人，与中国有很大的不同。在墨尔本体验了一次小酒馆，在那里品尝了特色的牛肉与羊肉，以及不知名的酒，即使你是陌生人那里的人们也会跟你搭话，想和你喝一杯，这在中国基本不会出现。在授课方面也有很大的不同，不像中国只有教师一个人在上面讲授，莫纳什大学采取小班授课，经常会出现讨论，让学生通过讨论提问的方式来更深入地了解自己所学的知识，同时了解不同的观点与想法，从而得出更加正确全面的结论。老师的上课方式也有些许不同，在那里老师的上课更为幽默有趣，在国内很少能够见到。饮食文化差异明显，虽然澳大利亚是多元文化，但是中餐终归不是主流，由于英式传统，西餐是主流饮食，在澳大利亚人们甚至保留了喝英式早茶的习惯，但是多元文化带给了澳大利亚更多的饮食选择，各式各样的餐馆都能在那儿找到，甚至是在中国有名的黄焖鸡米饭都能看见。无拘无束是对澳大利亚人的最好概括，澳大利亚有特别浓厚的自由和无拘无束的气氛。人们日常互相直呼其名，即使是老师与学生之间，我们依然以名来叫老师，没有那些敬语。那里的人们十分讲究秩序，会对不排队、插队等行为产生强烈的反感，在维多利亚女王市场的夜市中，即使队伍十分扭曲、不明显，他们依然会询问一下“Is this a queue? ”然后再站到自己该站的地方。有些文化差异确实十分难以适应，如过马路时间过短，一路小跑才勉强能过去，早餐千篇一律，只有面包、牛奶、麦片、果酱，还有那让人难以接受的Vegemite。

二、反思

1.课堂表现不好

由于每天晚上的娱乐，很晚才能睡觉，第二天的精神状态不是想象中的那样好，导致在课堂上经常会打瞌睡，使课上有些东西没能听到，可能还给莫纳什大学的老师留下了不太好的印象，还有就是自己上课看手机的习惯也带到了澳大利亚，上课频繁地看手机导致Amy老师对我进行了批评。希望自己在回来的日子里改正不好的习惯。

2.不敢张开口主动交流

不太敢于和外国人交流，不经常说英语，甚至在莫纳什大学的课堂中也在不经意间使用汉语进行交流，这是导致我英语口语水平始终不能提高的主要原因。回到学校后，要将在莫纳什大学所学到的知识应用于实际生活中，多与外国人交流，多说英语，不断提高自己的英语口语水平，为以后打下基础。

这次莫纳什大学交流，打消了我的许多疑虑，让我觉得国外也不是这么的让人恐惧，独自在国外也不是这么的困难，大多数人也不会对非白种人产生太多的歧视。同时也让我有了出国留学一段时间的愿望，希望以后能争取到出国留学的机会，开拓自己的眼界。

很庆幸自己能够参与这次澳大利亚莫纳什大学的交流项目，这次交流让我收获的不仅仅是英语口语水平上的提高，还带给我更多学习之外的收获，感谢能让我遇到这样一群有趣的小伙伴，感谢能让我遇到这些和蔼有趣的老师，感谢一直陪着我们在澳大利亚墨尔本的两位老师，一直能够及时有效地与莫纳什大学及住宿交涉，使我们的生活可以安排得更加合理，非常感谢两位老师在背后默默的奉献。

总之，通过这次交流活动，我收获了一次珍贵的回忆，提升了自我，开拓了眼界。收获友谊，收获知识，开拓眼界，是这次交流活动带给我最大的收获。希望以后也能运用这些收获，改善缺点，使自己不断进步。

南国之旅——墨尔本游学行

理学院　李娅琳

为期14天的赴澳游学之旅以时长九小时的国际航程圆满结束。从10 ℃的冬季到30 ℃的炎夏，脱下羽绒服，换上轻薄的夏装。国际航班跨过大洋，改变的不仅是季节，更是有对一个国度的全新认知。

“有袋动物的王国”“骑在羊背上的国家”，从前无论是在书本里还是影视作品中，澳大利亚作为南半球孤独的岛国，总是充满“动物王国”的童话色彩。出发前，我对于澳大利亚这个国度的认知也仅限于此。然而异国的风光总是引人无尽遐想，更不用说颠倒的季节，远在地球另一端的冬日仿佛给沉闷的夏天带来了清凉的问候。于是，对澳大利亚墨尔本之行的期待不言而喻。

回望这两周时间，学习生活和旅行游玩的趣事历历在目，让人驻足流连的风景和难以忘怀的人文体验更是浮在脑海挥之不去。总而言之，有以下几方面体会。

中国有句古话“民以食为天”，在澳大利亚也同样适用，从某种意义上来说，生活在墨尔本的人们也对应着这句话。曾为大英日不落帝国的殖民地，移民殖民带来的饮食文化自然而然占据主导地位，因此在墨尔本维多利亚州首府，西餐仍是主流饮食。面包、乳酪、牛排、汉堡，左叉右刀，大快朵颐一顿，好不快活；咖啡醇香浓厚，巧克力丝滑甜美。我们一行人在墨尔本期间，一直有配套食堂供应一日三餐，不重样的西式料理让人回味无穷。其中原意为意大利面的面食“pasta”深受澳大利亚人民的喜爱。我们有幸在澳期间尝到这种独特的澳大利亚美食，芝士香醇可口，面皮劲道有味，还有肉末夹杂其中。还有一种独特的酱料，在英文老师眼里是出远门时思乡的念想，其色棕黑，光泽油润，眼尖的同学第一天就将其认作巧克力酱，舀在面包片上大口品尝。谁知竟落得“哀鸿遍野”的结果：味中带辣，甜中有酸，甜咸相杂，仅从同学们眉头紧皱大吐舌头的表情上就能知道是多么奇特怪异的味道。而与之相匹配的，正是它“澳大利亚臭豆腐”的响亮名号。作为移民国家，当然也少不了来自全球各地的饮食。融入当地特色，适应本地气候特点，墨尔本饮食文化同样丰富多彩——地道的英式早茶、随处可见的东南亚咖喱美食、受人欢迎的南美洲面食、热火朝天的中餐小馆。更让人意外的是，唐人街里排着长龙争相购买的竟是国内粥店最常见的食物——小笼包！不由地感叹一句：中华文化博大精深，就连吃也不甘示弱。

身处异国，未曾好好游览一番便是最大的损失。于是接下来将总结的方面便是行与游。作为世界上国土面积第五大的国家，澳大利亚的人口却只有两千多万，用“地广人稀”一词来描述再合适不过。从书中了解到，澳大利亚中部多为丛林、山林等无人区，城市多分布在沿海地带。墨尔本正是一座坐落在澳大利亚东南角的现代化城市。但若以现代化一言概之，实在又掩盖了它的魅力。我的回忆要以一只鸽子的行迹展开。

当城市列车从郊外出发，抵达城市中心时，映入眼帘的除了司空见惯的摩天大楼和闪烁霓虹，还有一群畅玩在联邦广场中央的圆润乖巧的灰白鸽。盘旋在几米高的空中，呼哧呼哧拍打着翅膀，继而又俯冲向下立在地板上，衔起来往游人投喂的食物，抬起小脑袋满意地咽下。倘若你认为这情景同国内的公园里饲养的鸽子一样，那就毫无记述的意义了。妙就妙在广场中央的白鸽只是大千图画中的一幅，城市的街角路牌、桥梁壁沿及粼粼湖面之上，处处都有白鸽的影子，每一只都肥硕可爱，伴随着街头传出的或柔美或浪漫、或动感或慢摇的音乐，自如地飞行在林立的高楼中。傍晚乘列车离开城市，驶向郊区，天色渐暗，偶尔能看到平楼街衢间的白色身影，在沉沉暮色中渐行渐远。

重新拉开一天的序幕，再随着白鸽去往距离墨尔本百余千米的大洋路。太平洋传来的海风在阳光的映衬下并不会给冬季带来更多的寒意，海鸟和白鸽的鸣叫在广阔的天地间愈发动听，灵动而亲和。你会看到路牌上立着的歪着脑袋的小家伙，当你拿出手机准备一键储存这令人会心一笑的画面时，那双小眼睛便好奇地瞅一眼镜头，旋即又移开视线，踩踩脚晃晃脑袋，像立好身姿准备拍摄写真的明星。你会看到海岸边沙滩上玩乐的白色身影，两只小脚丫踩在沙滩上，等着滚滚涌洑漫上岸淹没脚丫，退潮后便垂下小脑袋啄食海水带上来的“海鲜”。你还会看到海礁之上穿梭往来的灰白色玩乐者，游客的拍照速度远不及淘气的小个头甩尾折返的速度。找一处视野宽阔的地方，极目远眺，耳畔是海浪声，眼前是海天一线的瑰丽图画。或许是阳光带来的冬日好运，海天之间甚至可以看见戏水的大型水生生物，目力所及之处翻腾起拇指高的一朵白浪。

更不用繁冗地讲述动物园里小巧鸟类的模样，一如你的想象——灵动，乖巧，机敏而顽皮。将视线移至另一端，你将看到一群“迷人的小妖精”——憨态可掬的考拉、慵懒地晒着太阳的大袋鼠、跑到人行道上跟小孩子亲密接触的小袋鼠、木讷可人的鸭嘴兽，还有高挑优雅的鸸鹋。无须描述更多的物种形态，若真要说道说道，我却想感叹一番人与自然融洽的相处关系：多数游览场地，动物和人类的活动场地仅有一绳之隔，无人翻越绳缆刻意接触动物，无人吵闹喧哗对着动物喊叫，无人将垃圾满地乱扔。我的镜头里记录了一只尚未成年的小袋鼠，为了寻找投食地点而越过绳缆，在人行道上优哉游哉。彼时出现几个稚嫩的小朋友，得到大人的许可后慢慢上前轻轻抚摸小袋鼠毛茸茸的后背，小袋鼠不躲不闪，不慌不忙依旧慢慢踱步，直到离开人行道回到草地。彼时脑海里想起的，是徐志摩的诗句：“为听鸟语，为盼朝阳，为寻泥土里渐次苏醒的花。”

在中文歌词里，墨尔本是浪漫写意的存在，是跨洋的情书，是略带寂寞的林楼雾雨，于是它的名字本身就带着湿漉漉的触感和滴答滴答的呢喃。事实上，雨之于墨尔本，并非总是像文艺电影里的毛毛细雨。墨尔本多云多雨，却不像国内南方梅雨季节的雨一样一发不可收拾，小雨哩哩啦啦无须撑伞，而大雨气势汹汹来去果断。早晨迎着灿烂骄阳，满心欢喜出门，不等游览完皇家植物园丰茸齐整的密林——城市中心的绿地，冬天也是满眼苍翠——一朵乌云飘来，洋洋洒洒一阵倾倒，把植物呀游人呀浇个透，再心满意足地离开，到下一片区域兴风作浪。若是有幸，在大雨到来之前躲进维多利亚州国立美术馆，那一定是此生最华美昂贵的庇护所了。梵高、达利、毕加索等大师杰作都在此狂欢。时间随古老的纹理延展，空间随黑白的默片交叠，身处其中，忘乎因果，忘乎是非，你是历史长河中一尾蜉蝣，寄天地间尚无立锥之地。而荧荧灯光里，你可以尽情享受“也无风雨也无晴”的自在，哪管他皇家园林里伫立的大桉树是否被风雨压弯了腰。两三个小时眨眼即逝，意犹未尽地离开美术馆时，外面已是夕阳红如焰火的傍晚了。

有着“艺术之都”之称的墨尔本，绝不仅有上述裱装在陈列室里的绝世名作。古语有云“雅俗共赏”，虽说艺术不分优劣高低，只有兴趣异同，但若非要对应个雅俗之别，那么“雅”的是美术馆里随年岁愈发璀璨的名篇巨制，“俗”则有街头随处可见的精美涂鸦和城市里悦耳的街头音乐。你可见楼宇间浓墨重彩的人物画像，深邃的眼眸如同俯视的鹰精准地攫住你的眼光，却又不似高墙那般漠然，只深深震撼你的内心；你可听车水马龙中流畅动听的后摇，琴键与琴弦在指尖流泻的旋律有扣人心弦的魔力，余音绕梁，挥之不去。吉光片羽，“雅”之不朽；别具匠心，“俗”之不凡。

“朝闻道”，简单三个字便可概括我们在墨尔本的学习生活。如字面所示，早上正是学习交流的时间，或晴或雨的清晨，小巧的教室弥漫着氤氲的暖意。异国留学的欣喜之处，正是在于课堂中的林林总总：做任务、玩接龙、画油画、看视频，劳逸结合，其乐无穷。有了精心准备的PPT与成册的课堂活动讲义，你能往来其间并全神贯注，摈弃枯燥乏味的单向的教与授，更多的是交流与展示，纵使全英文授课，也不怕发音不准惹人笑话，不避讳简单词句的问答，沉浸于生动有趣的课堂中。感受到老师以缓慢而流利的英文与你温和对话，饶是再匮乏的词汇，再青涩的口语，你也不忍缄默不语一言不发。相反，你会长久沉浸于畅所欲言中，以现有的英文表达内心所思所想，像是步入了霍格沃兹，习得语言的魔法，体味字母在脑海中圈圈圆圆连接，由声带振荡出圆润的韵味。你会感受到老师与学生朋友般相处的愉悦，从他们第一天熟记并叫出你的名字开始。你会难忘团队协作完成的种种非同寻常的作业，难忘公交站牌下的合照和自动贩卖机里多种口味的咖啡，难忘图书馆里发现的黑胶唱片，又或者难忘课间Tim Tam点心的甜腻……还有眼睛，你所遇见的所有诚意满眶的眼睛。

在字母堆砌的城堡中，学习英语应用，了解风土人情，促进同伴交流，开阔个人视野。两周时间，尚不能学好一门语言，亦不能透析一个国度，但足以尽情感受来自异国的热情与友好，让时光停驻，让回忆永存。

如果回忆要有载体，那么，就以此篇长久承载于我的梦里。

行在墨尔本的街头

经济管理学院　李子懿

2018年7月9日，当飞机着陆在澳大利亚的土地上的时候，我飘荡的心也终于落了下来。走出墨尔本机场的那一刻，我的心情是兴奋而激动的。我终于到了！

与澳大利亚结缘应该是命中注定的，我妹妹在澳大利亚学习，因为她，我了解到澳大利亚教育的出色之处：傲人的排名，合理的课程结构，过硬的教育质量，多元化的校园文化氛围……所以，当我得知我们学校有这个交流项目的时候，我义无反顾地选择了它，想去澳大利亚一探究竟。

我们这次参观的是主校区Clayton。校园面积很大，配套设施也很完善。校园里有标准的足球场、橄榄球场、曲棍球场、网球场，还有综合性的体育馆和游泳池。类似于我们的启航活动中心，莫纳什大学有Campus Center，这里可以满足学生们的任何需求。在那里，我们品尝到了正宗的中餐，也到了学生们自己经营的素食餐厅尝尝鲜，当然也少不了聚会喝咖啡的地方。你可以在小超市里买到所需的生活用品，也有专门卖电子产品的小店。澳大利亚两家分支机构最多的银行，也在这里设立了办公点，当然还有邮局、书店、眼镜店、医务室、纪念品店等学生们在生活中经常要打交道的地方。这里还有小型的图书馆、电影院、广播站、电脑室等，极大地满足了学生们的日常生活所需。

我非常喜欢的地方是图书馆，有时间我可以在这里泡上一天。图书馆装修非常特殊，书库库藏有上千万册，分为Undergraduate和Postgraduate，但无论是本科生还是研究生这两个书库的书都可以借阅，只不过数量和借书天数有所区别。这里的期刊和杂志库有国际上最流行最权威的期刊和杂志收藏，更新的速度非常快。这里还有一个专门的亚洲文化研究中心，有不少中文书的库藏。图书馆提供了学术研究所需要的大多数信息，真是一座知识的宝库。学生们在这里不仅可以看到各种文献，还可以两两讨论，互助学习。

因为从小英语就不好，来之前我最大的担忧就是怕听不懂老师讲课，学习跟不上。但当上课的时候，老师专业而有逻辑的讲解，启发性的思维引导，让我一下子投入进去。上课的时候，学生们的思维是活跃的，讨论是积极的，特别是O哥，时不时地活跃一下课堂气氛，使枯燥的学习时间变得有趣，最大程度启发了学生的潜能，在学习知识的同时更让学生的心智和能力得到了提高。在这里，没有填鸭式的灌注教育，而是真正的在实践中学习。举个例子，我们到莫纳什的第一天，对莫纳什校园非常不熟悉，可是老师并没有带我们参观整个校园，而是给我们一些小任务，让我们自己去探索某些地方，这样我们不仅在问路的过程中提高了英语能力，又加深了我们对莫纳什的印象。还记得第一次交作业的时候Amy老师幽默又不失礼节的戏谑“good job every body”。小组讨论、即兴演讲、现场表演，多元化的教学模式让我在新奇的同时变得想学、爱学。每每在课堂上的时间总觉得很短暂，每每在和同学告别时总希望下节课快点来到，在这里我才真正体验到了什么是学习的乐趣。

莫纳什的另一个特色是国际化的校园文化生活。在莫纳什的两周，我们见到了来自各个国家的学生，各种主题的联欢聚会，各种各样的校园文化节日，各种俱乐部和民间组织。让你能有机会接触到不同的文化，交到世界各地的朋友。这里真像一个联合国，大家的思想都是开放和积极的。没有国家、民族、种族的界限，你能了解到你想知道的，也能畅所欲言地去表达自己。在这里我的思维得到了极大的锻炼，我的眼界开阔了，人生观和价值观都发生了不小的变化。

说完学校，其实最令我记忆深刻的莫过于澳大利亚的文化生活，下面就从以下几个方面谈谈我的感受。

首先是生活的便利程度。来到澳大利亚后发现，这里比我想得还要“孤独”。澳大利亚这个远离了世界上其他大陆板块的地方，四面环海，虽然版图很大，但是人口很少。白天，马路上车水马龙，人们行色匆匆；晚上，一切都会归为寂静。莫纳什Clayton校区在郊区，没有特别多的餐馆，没有那么繁华的夜晚，没有那么多的便利店，更没有那么发达的交通系统，晚上街上的人零零星星，出门买东西也特别困难。

其次是食物方面。由于英国人对澳大利亚的影响，澳大利亚人的主食以西餐为主，作为一个牛羊数超过人数的国家，肉类几乎可以说是澳大利亚最主要的食物，除此之外，各类蔬菜、面包、饮料，都可以很方便地在超级市场买到。澳大利亚人的主餐是晚餐，早餐和午餐都很简单，午餐最普遍的是三明治。澳大利亚是一个多元化的国家，因此各国口味的餐厅应运而生，如中餐、泰国菜、印尼菜、墨西哥菜、意大利菜、韩国菜、日本料理等，在每个大城市甚至各区域的购物中心都很容易找到。而除了餐馆之外，也很容易买到各式食谱材料在家烹调，例如中餐，在唐人街可以买到几乎所有我们需要的菜。而除了唐人街外，很多郊区的购物中心也都有一两家亚洲食品杂货店以方便移民及留学生解决饮食的问题。莫纳什学校里都设有餐厅、福利社，提供简便餐饮给学生，此外各类外带商店与速食店也很方便。而且澳大利亚的自来水符合卫生饮用的标准，可以直接饮用，这令我非常惊讶。

第三是交通。在墨尔本，公共交通工具一共有3种：电车(tram)、火车(train)和巴士(bus)。这里没有国内运行在地下的地铁，不过我个人觉得火车就跟地铁差不多，我们从学校进城必须要坐火车，在城市里就以坐电车为主，电车是运行在地面的，而墨尔本是全澳唯一一个保留了有轨电车网络的城市，同时它还是南半球最大及世界上最繁忙的有轨电车系统！如果要在墨尔本乘坐公共交通系统，是需要购买Myki卡的，Myki可以乘坐包括公共汽车、有轨电车和城内火车在内的所有交通工具。购买和充值也很方便，在墨尔本市中心区的火车站，7-Eleven便利店以及一些有轨电车和火车站台的自助充值机上都可以购买和充值，并且能查询额度。如果出行选择自己驾车的话，费用特别高，一箱油就需要80澳元，而且一小时的停车费也能达到15澳元。在马路上，所有车都开得特别快，公交车的速度远远快于小轿车，并且晚上马路特别空旷，经常能看到有人在飙车。

第四是海关。澳大利亚的海关可以说是非常严格的了。由于澳大利亚是岛国，对外来物种入侵的防范非常重视，入关的时候好多东西都不能带。澳大利亚海关禁止游客携带任何乳制品、蛋制品和肉类。所以，含有蛋黄的蛋黄派，含有蛋类、肉类馅料的月饼、粽子等，都是不允许带的。此外，水果也在被禁范围之内：在澳大利亚，携带水果不仅会被没收，而且要根据质量罚款，最高可罚3 000澳元。在飞机上会填一个申报卡，因为我在箱子里带了一些饼干，害怕这些饼干里面会有蛋制品，所以我选择了申报，在过海关的时候，有警犬对着我的行李嗅，结果箱子没事，但我的背包被查出来有违禁物品。海关人员扣了我的背包，并对我仔细询问，我想来想去也不记得我的背包里有违禁物品，开包检查后，也什么都没有查出来，这时我才想起来来澳大利亚的前一晚，在书包里放了一个大芒果，但在来澳大利亚之前吃掉了，想必就是那个芒果惹的祸，也算是长个教训吧。

最后就是在澳大利亚工作的时薪很高。在澳大利亚认识了一位在墨尔本大学上学的小姐姐，她给我们讲，在华人开的店里工作，最低时薪为10澳元，而在外国人的店里，平均时薪为25澳元，折合人民币125元。工作两小时，足够一天的饭钱。在澳大利亚最赚钱的职业莫过于非神经外科的医生，据说年薪足足有52万澳元之多。而且澳大利亚是世界上实施全社会福利制度最早的国家之一，也是世界上目前来说福利最好的国家之一。免费医疗、12年免费义务教育、公共交通、退休养老等福利一应俱全。

两周的时间很快就过去了，在这段时间里，我感受到了不同的文化，结交了很多朋友。以这种形式去澳大利亚体验，虽无留学之名，但近乎留学之实。我的经历、我的困惑、我的收获、我的喜怒哀乐，将必然会被以后去莫纳什学习的人所感受并延续下去。从此以后，澳大利亚对我来说不仅仅是一个国家、一个旅游胜地那么简单，因为它承载着我许许多多的回忆、留念和梦想。

学在墨尔本

理学院　焦崇轩

2018年7月21日，我有幸前往澳大利亚墨尔本参加为期14天的莫纳什大学学习交流活动，这次出国交流，是我第一次能够有机会走出国门，亲身感受国外的教育方式、风俗文化。本次出国交流活动的课程都是英语学习课程，除了让我提高英语水平，更令我增长了见识，拓宽了视野，学会了如何与人交流，改变了我的很多方面，令我受益匪浅。

8月14日上午，我们一行十六人从广州出发，经过十几个小时的飞行，飞机在当地时间晚上降落在墨尔本。墨尔本是澳大利亚维多利亚州的首府。澳大利亚联邦第二大城市，澳大利亚的文化、工业中心，是南半球最负盛名的文化名城，以纪念英国首相威廉·兰姆——第二代墨尔本子爵而命名，1847年由英国维多利亚女王宣告墨尔本市成立。墨尔本城市绿地率高达40%。墨尔本地区面积达到8 806平方千米，是南半球较广大的都会区之一。墨尔本城市环境非常优雅，曾荣获联合国人居奖，并连续多年被联合国人居署评为“全球最适合人类居住的城市”。墨尔本有“澳大利亚文化之都”的美誉，也是国际闻名的时尚之都，其服饰、艺术、音乐、电视制作、电影、舞蹈等潮流文化均享誉全球。同时墨尔本也是南半球第一个主办夏季奥运会的城市，一年一度的澳大利亚网球公开赛、F1赛车澳大利亚分站、墨尔本杯赛马等国际著名赛事都在墨尔本举行，是名副其实的国际化大都市。而我们所生活学习的莫纳什大学是澳大利亚规模最大的国立大学之一，其综合实力在各大学中名列前茅，被评为澳大利亚五星级大学。作为澳大利亚八大名校，莫纳什大学以高品质教学、学术研究和高就业率著称于世。正是这样一座美丽的城市和这样一所大学，带给了我无数收获和美好回忆。

下了飞机，我们乘坐大巴穿过美丽繁华的墨尔本市中心，就来到了我们所居住的学区，它就坐落于莫纳什大学旁边，整个二层都是我们住的地方，房间像酒店一样，宽敞明亮，出了房间，还有公共活动区域，有着很大的客厅、餐厅，这里就是我们在墨尔本的根据地。每天晚上我们都会在客厅交流一天的收获和发生的有趣的事情，一起玩逻辑游戏，一起看世界杯。说实话，我本身并不是一个爱热闹的人，国内大学中大家也大都忙于学业和各种学生组织里的事务，没有更多深入的交流。但是这次，我们有十几天的时间一起生活学习，所以对于这次经历，我倍感珍惜。在这14天生活中，我们建立了深厚的感情，没有了国内繁重学业的压力，除了享受上课提高口语和旅游，我有了更多的时间去思考自己的人生，因而对自己的人生和职业也有了新的规划。十几天的生活，是对我们身心的极大充电，为下个学期的学习打好了基础。

每个周一至周五的上午，是我们的学习时间，为我们上课的三位外教都非常受同学们的欢迎，我们都很喜欢上她们的课，她们经常采用一些令我们耳目一新的方法来教学。

1. 与国内课堂老师讲学生听不同，这里的课堂有着更多的提问和小组讨论，教学方式也多种多样，例如在small talk的教学中，教师设置了各种各样的情景让我们进行即兴表演，这不仅仅是对我们口语水平的锻炼，也提高了我们与人交流的能力。

2.在国外，作业大多以小组presentation的形式呈现。我认为presentation是一种非常有效的锻炼英语口语和心态的方式，如果一个人能做到在演讲时落落大方，清晰地阐明自己的内容，那这个人的口语一定很好。同时，一个presentation需要四人合作，小组讨论出大致方向后每个人各尽其责，这也提高了我们的合作能力。虽然以目前来看，很多教学方法由于上课人数等因素的限制不能应用于教学中，但是它仍然值得我们去学习和借鉴。

3.除了提高英语水平，我们还深刻了解了澳大利亚文化.墨尔本是移民聚居的城市，三分之一的墨尔本居民为生于澳大利亚以外的移民，在墨尔本被使用的语言超过180种之多，这里有来自全球233个国家和地区的移民和116种宗教信仰。除主要语言英语外，希腊语、意大利语、法语、西班牙语、中文、越南语、黎巴嫩语、韩语等各种语言都有人使用。在墨尔本居民平常收到的政府部门和公用服务部门的信函上，除了英文之外，还用16种常用的非英语语言列出传译服务电话，方便不熟悉英语的居民和政府部门沟通。不同族群的人们聚居城区，在生活习惯、节庆、餐饮上各成不同风格，为墨尔本带来多元文化的丰富情趣。

4.在这短短的14天中，我们生活在墨尔本，接触的是各种各样的外国人，我们沉浸在纯英语的氛围之中，耳朵听的，眼睛看的，口里说的，脑子里想的，都是英语。虽说学习的时间只有两周，但我感觉到自己在口语表达、语法词汇、演讲技巧等方面得到了大幅度的提高。

每天下午的时间是我们自由活动的时间，墨尔本当地的交通非常便捷，虽然我们住在墨尔本的市郊，但是乘坐火车可以很方便地到达墨尔本主城区，市中心也有免费电车和公交车可以搭乘，非常方便。作为全世界最宜居的城市之一，墨尔本风景名胜众多，我们曾在墨尔本之星上俯瞰整座城市，也曾在维多利亚女王市场品尝当地著名的小吃，还在国立美术馆中观赏毕加索、达利等名家的艺术作品，但是最令我印象深刻的还是在墨尔本的第一次代购之旅，它让我明白钱果然是不好赚的。因为距离的关系，挑选商品（我要代购的是小首饰）只能通过视频的方式，而摄像机镜头也有失真，所以只能一遍又一遍麻烦导购小姐姐将玻璃柜的商品取出，当我的顾客犹豫不决想换另一只时，只能回去退货重新选，同时也因为语言的不通，与店员的交流中存在很大的问题，但是墨尔本店员让我见识到了他们超棒的服务态度，虽然我一次次的麻烦她从柜台中帮我取货，一遍又一遍地挑选调换，她的脸上却始终带着微笑，让我如沐春风，最后终于帮顾客选到了合适的首饰，心里还是很开心，也让我体会了生活中的艰辛，挣钱的不易。

除了上课和自由时间，我们还有丰富多彩的集体活动，比如参观糖果巧克力工厂、澳大利亚野生动物园和大洋路，除了品尝当地特色美食和观赏美景，最令我印象深刻的是当地人对生活的热爱和他们与自然的和谐相处，相比我们，他们少了许多浮躁，大多数是在享受生活。陌生人也好、熟人也好，见了面总会打声招呼点点头、微微笑，假如一不小心稍碰了你一下，他们总会主动地道歉。在等车人多的时候，他们会不约而同地排队，这一制度没有写在纸上，却写在他们的脑海里，没有人提出要这样做，但好像这已经成了一种无形的不成文的制度了。墨尔本的公共汽车上，当有些乘客下车时，也会很礼貌地说一声thank you再下车，这是我在国内从未见过的。他们不吝啬表达自己的情感，对陌生人报以微笑，对美的事物报以赞美，对生活充满热爱，墨尔本人注意礼节，please，thank you，sorry常挂在嘴边。墨尔本讲究仪表整洁，注重形象及风度。墨尔本人喜爱宠物，常常与宠物一起外出放风，给其穿衣，放在车上与其同行。墨尔本人喜欢收藏，特别注意对历史文化遗产的保护，墨尔本人懂生活，按时上下班，保证自己充裕的时间享受生活。墨尔本人喜欢体育、驾车旅游、泡酒吧，每当周末，墨尔本人全体出动，或看体育比客，或逛商场，或去酒吧享受生活。墨尔本人对人友好，乐于助人，经常主动来帮助你，他们幽默、风趣，从不吝啬对别人的夸奖。墨尔本人才是这座城市的灵魂。

第一次出国就能来到墨尔本是一件很幸运的事，这是一个文化底蕴深厚的城市，在墨尔本的两周时间里，感觉自己收获了太多。“读万卷书，行万里路”，这是中国传承至今家喻户晓的教育古训。本次交流活动，不但给我创造了一个真实的学习英文的环境，更大大开阔了我的视野，让我学会了合作，学会了与人交流，体验了多元文化，培养了自信。墨尔本的优雅美丽将一直飘荡在我心里，成为我生命中最美好的一段回忆。

远渡重洋，满载而归

材料科学与化学工程学院　王祖桪

在过去的半个月里，有幸跟随学校的交流团队前往莫纳什大学参与暑期课程，充实了我的假期生活，并留下了不可磨灭的鲜明记忆。

当飞机到达墨尔本时，南半球便用凛冽的寒风为我们送上了她的祝福。我打开行李穿上了带去的最厚的衣服，没有想到这件最厚的衣服竟然这么快就派上了用场。初来乍到的心情总是很复杂的，在风中我憧憬着自己即将到来的两周异域生活，但是又不免有些慌张，害怕自己不能很好地适应这边的生活，也害怕不能跟上这边的学习进度。但这一情绪没过几天便烟消云散了，当地人的友好热情，学校老师的认真负责，同行伙伴之间的和谐相处，让短短的十几天现在想来还充满着激情。当飞机飞离墨尔本，身边的陌生人已经变成熟悉的老友时，那种对这片土地的不舍难以言表，充斥在我总结的字里行间。

这次出行的主要目的毕竟还是学习，便从学习开始讲起。我们所接受的课程是莫纳什大学的预科学院的预科课程，并不是莫纳什大学某个系的专业课，所以一开始我们的担心实则是不必要的。至于预科课程的内容，个人认为对我们的用处还是蛮大的。多是一些对初到澳大利亚的人适应其环境的讲授。对我们来说不会有特别难懂的、跟不上的情况发生。而且老师们也都十分的负责，关心每个人的体验。我们在墨尔本期间有过三位老师，有土生土长的澳大利亚人，也有一生走遍世界最后选择在墨尔本落脚的浪子，同时我们还接触了这个预科学院的staff。在这里不得不提到第一天到澳大利亚让我印象深刻的一位日本老师。这是我第一次面对面欣赏日式英语，其震撼要远大于之前那些道听途说。而她给我们讲授的大抵是些在墨尔本的安全问题和生活问题，在配有PPT的情况下我们还是很轻松就能理解的。而之后我们学到的内容主要是墨尔本当地的风俗习惯，墨尔本文化的特色，团队工作的团队建设以及演讲的注意事项，可以说我们所接触的真是非常原汁原味的西方教育。前文提及我们的课程是预科课程的一部分，而这个课程的指向很显然侧重团队合作与自我展现。在初来乍到的新生中，最先让他们掌握的是如何进行合理高效的团队合作。可以说与我们的自学氛围有一定的出入，但孰优孰劣却不好定夺。若要我下个定论，我还是觉得这种合作学习虽然有趣，但效果未必有我们习惯的老师传授加上自学的方法好。

再说学习课程的内容特色，由于学习语言的关系，莫纳什大学的授课多注重实践。比方说第一天的课程就是以做任务的形式来进行的。我们分组去寻找校园里的各大地标，虽然可以通过自己查询地图的方式完成，但是在国外各种地图都不太好用的情况下，我们被逼无奈和各国友人交流。在和学校的各种工作人员的沟通下，我们很快就完成了任务，同时也被各地糅杂的口音折磨得焦头烂额。但不得不说这为我们之后的生活打下了很好的基础。没几天我们就用这种方式了解了如何在墨尔本生活。不得不承认的是，学习语言，最重要的还是去实践，去使用这种语言。回国之后，也更好地明白了该如何学习英语，甚至拓展到其他学科也是一样，熟能生巧，多练习，把知识真正变成自己的东西。学习无非就是如此。能在短短的十几天悟出这样可以指导我一生的道理，也可以说是不虚此行了。

说完学习，想讲讲在那边的生活，毕竟体验生活也是这次出行的重要目的之一，在体验生活中，可以直观地感受墨尔本的文化。多元，介绍墨尔本的文化总是离不开这个词汇。而真正理解到多元的含义，还是在生活中的方方面面。墨尔本的街头有各式各地的佳肴，单凭餐厅风味，可能真的判断不出它到底来自于什么国家。我在墨尔本住了两周，就吃了土耳其菜、越南菜、印度菜、日本菜、中国菜，还有各种叫不上名字的菜。出人意料的是，无论是哪种风俗的菜品，真的有那种自己独特的正宗的味道。在那里喝早茶吃的点心真的比哈尔滨的要强不少。当然，有好就有坏，我想我们住宿的地方提供的伙食同行的朋友就不是很能接受。首先是早餐只有面包或者麦片吃，我是一个地地道道的广东人，对早餐还是非常讲究的。打个比方，这食堂的早餐是就算我快没有生活费了也不愿意吃的。而午餐和晚餐的水平就像坐过山车，有时我能吃上个三盘满满当当，但有时也会剩下一大盘子晚上再通过别的方法饱腹。但不管怎么说，那边的肉还是都不错的，我在一开始总是抱怨那边做三明治的冷盘肉片种类太单一，牛肉咖喱太咸，煎鱼就像没放盐，烧鸡烧得太干……每天都是这么几样。但回了国居然时不时会想念那个时候随便吃肉的快乐，更何况，我们还常常走进市区觅食。顺带一提，我们在澳大利亚得知袋鼠作为这个国家的象征之一，居然是政府允许食用的。而我们一方面不愿意“以身犯险”去尝尝味道，一方面抱着鼠鼠这么可爱怎么能吃它的心态，没有把它摆上我们的餐桌。

说完食物，让我印象深刻的还有当地的生态环境，能让人真切地感受到何为人与自然和谐相处。不说各种广场上的海鸟不惧行人，和游客共享一片蓝天，我们说说皇家植物园与我们去看的一个小动物园。皇家植物园位于离市中心两三站地的地方。当时我们出行前并没有对其抱有多大的希望，在地图上看可以说是一个大一点的街心公园，但谁也没想到这是我们在墨尔本遇见的最惊艳的景点。外面还是繁华的球场与体育场，踏入植物园的一刻，仿佛误入密林深处，参天大树遮天蔽日，其枝干之粗壮，根基之稳固，没有百年生长不出。一座城市在现代化的过程中，仍能在钢铁怪兽的雄起中为这块翡翠留下生存的一席之地，不禁让人惊叹。再往深处走，豁然开朗，见到了一天空之镜嵌在绿地之中，也是天朗气清，正所谓“半亩方塘一鉴开，天光云影共徘徊”。在水中的是天空，而在远方的是墨尔本市中心的高楼大厦。层层叠叠的绿叶中透出城市的光影，让人觉得突兀但好像又理所当然，在这个和谐自然的世界里又有什么不可能呢？我们还去了当地特有动物的一个公园，在这个小动物园里，不像国内一样在人与动物之间竖起一道不可逾越的铁网。在这个公园里人行的小路不仅属于游客，而且属于各种各样的飞禽，甚至还有澳大利亚的象征，国徽上的动物鸸鹋。袋鼠住的地方和我们之间只有几根拴着绳子的木桩。与其说是拦着袋鼠不让其逃离，倒不如说是让游客别走进去打搅了袋鼠的清净。想想也对，如果我是袋鼠，在这个有吃有喝又宽阔明亮的乐园里生活，有什么理由能让我离开呢？所以我们看到的袋鼠每一只都懒洋洋地躺在地上沐浴着阳光，人在这里享受着见到袋鼠的快乐，而袋鼠在这里也享受着属于自己的幸福生活。虽然我们一开始在郁闷没有见到站起来蹦蹦跳跳的袋鼠，但后来一想，既然这才是袋鼠平日生活中最舒适的样子，那我们可以说是见到了最真实的它们了吧。

让我感到震撼的不仅仅是这里人与自然的相处方式，还有这个城市深厚的文化底蕴。众所周知澳大利亚是一个没有多久历史的移民国家，刚刚建设不久的人类居住地难免对文化建设有所欠缺，但是在墨尔本，处处都能感受到艺术的气息。我有幸参观了当地的国家美术馆，里面的藏品全球，贯穿古今，甚至不乏莫奈、毕加索的真迹。当然，这并不能说明什么墨尔本的文化色彩。我们走在街上，看着形态各异的涂鸦，看着路边的卖艺人手中的从吉他到各种叫不上名字的乐器，喜欢美术和音乐的人也许生在这里是一种幸福吧。同时，这里的建筑也有各式各样的风格。城市里的弗林德斯车站整个顶棚都是教堂式的哥特建筑，而车站对面的商场却又是充满棱角感的现代风格；一边是古色古香横跨亚拉河的平板桥，而另一边又是高高耸立的铁路桥、立交桥。这座城市的多样性、包容性成为了催生当地文化最好的温床。

其实在我看来澳大利亚之行最重要的莫过于结识了一群志同道合的好友。在出发之前还叫不出名字的我们现在已经拥有了伙伴之间最紧密的羁绊。也许人在异国他乡最大的温暖便是从老乡身上感受到的那种熟悉的亲切吧。我们一起学习，一起购物，一起游玩景点，在墨尔本的大街小巷留下了我们的足迹，但在最终，我们也把友谊留在那片国度。来自不同专业的一群人，在最终也回到了不同的专业去。回到学校回到了自己熟悉的生活圈，和大部分团友的关系也变成了点头之交，甚至都不一定能在这个小小的校园里再次相见。那些一起开过的玩笑，一起坐过的列车，一起留下的美丽瞬间，伴着一张机票，变成了微信里熟悉又陌生的头像。但即使是这样，看着这些伴我度过两周的好友们的头像，我心里还是会泛起层层涟漪，想到曾经的种种欢笑，但又伴着如今浅浅的忧伤。我的新朋友们，什么时候一起吃个饭呗。

赴莫纳什大学交流学习心得体会

理学院　王紫玲

2018年7月8日至7月21日，我非常荣幸有机会去澳大利亚莫纳什大学参加了为期14天的短期学习交流课程。这次的交流让我印象深刻，这是我第一次有机会能够近距离地接触、了解甚至学习国外的教学模式，体验国外的学习氛围，因此倍感珍惜。在整个学习过程中，我收获颇丰，不仅提高了自身的英语水平，增长了见识，开拓了视野，而且使自己不再局限于一方天地，见识了“人外有人，天外有天”，学习到了新的教育模式，意识到了自己的短板并找到了改正的方法。不管是在学习上、生活上还是思想上，我都有较大的收获，受益匪浅。现将这次学习情况汇报如下。

学习上，就学习内容来讲，这两周的课程一共由3个老师上，分别是Amy，Lisa，Mariane。其中Amy第一天带我们熟悉校园，办理Monash ID。由于我们是来自同一个学校不同院系，大部分的人还是互相不认识的，因此Amy让我们互相认识一下，第二天给我们介绍了澳大利亚的历史背景和特色，土著居民及其文化、艺术和语言。我们大家都被澳大利亚吸引了，非常憧憬能看到考拉和袋鼠，并且Amy跟我们说在澳大利亚，有许多人喜欢吃袋鼠肉，并且这是合法的。一些胆大的小伙伴就对袋鼠肉心心惦念。第三天，Amy带我们去了巧克力工厂和动物园。第四天Amy给我们介绍了墨尔本有一个特色是small talk，作为生活中不可缺的调味剂，它广受推崇，Amy告诉我们small talk的作用并教我们如何开展small talk。除此之外她还教我们做presentation的技巧及学习发音技巧并要求我们在周五讲一个PPT。第五天大家讲自己的PPT，Amy针对我们的PPT指出了我们的优缺点，并给了我们一些建议。第二周的课程是之前的深入，Lisa教我们如何自我介绍及相关的礼貌，Mariane向我们介绍了team work的优点，如何定位自己的角色以及提高团队合作的效率。经过这两周的学习课程，我能明显地体会到国外教学模式与国内的不同，有其明显的优点。首先，澳大利亚的教育方式更加自主，要求学生探究式学习，更注重学生思考及实践能力，区别于国内的“填鸭式”教育（即老师教什么，学生学什么，而不去想为什么是这样的，完全依赖老师与书籍，不是自己主动思考、探究）。而我认为澳大利亚的这种教育方式能更让我们印象深刻，效果也会更好。比如，在熟悉校园这个环节上，Amy不是给我们校园地图，向我们指出哪是哪，而是选择将我们分成几个小组，给每个小组一个问题，然后给我们5分钟，自己去找问题的答案，问题都是针对校园环境的，像common room里有几个冰箱，有几种茶；找到911路车站并拍照等，这就让我们在寻找答案的同时了解了整个校园，让我们的印象更深刻，同时效果也更好。其次，国外的教学更加注重师生之间的互动，课堂教学方法灵活多样，以学生的需求和层次为中心来设计教学，积极与学生互动。比如，刚开始老师发现我们都比较腼腆，不是那么主动。老师针对教学内容，经常会给一个情景，要求每个小组去模拟当时的对话及动作，让其他的小组猜。这不仅活跃了气氛还锻炼了我们的胆量和我们的上场能力。第三，国外的课堂更加活跃，老师会针对教学内容，在课堂中增加一些小游戏来帮助同学们更好地理解、掌握知识。比如，在学习握手的礼仪及自我介绍时，为了让我们更好地掌握其细节，老师将我们分成两排，分别向自己对面的同学介绍自己并握手，完成之后依次向后挪，和另一个人握手，这样我们不仅掌握了自我介绍及握手的要点，还通过学生之间的互动，调动了我们的积极性。最后，国外的某些教学方式非常新颖。比如，在我们学习方位时，老师将我们每两个人分成一组，给其中一个人一幅图，要求他描述这幅图画，另一个人画出来。之后，两人对调，给一个人半张图，另一个人描述让他将这幅图补全，我们不仅学习了方位，而且锻炼了我们的口语及细节方面的问题等。虽然国外的模式有许多值得我们学习的地方，但是当时我们只有不到二十人，人少，很多方法都可以尝试，但国内大部分的班级都是五六十人，用这种教学模式会很费时间，因此，国内是否适合这种教学模式还是待定的。只是我可以在学习中借鉴一下，改善一些自己的学习方法，想必会事半功倍。

在生活上，墨尔本作为世界著名的旅游城市，连续多年被评为全世界最适宜居住的城市，是南半球最负盛名的文化名城。其优美的风景，浓浓的文化氛围都让我们深深着迷。我们去了大洋路，这条全长276千米的公路，沿途奇景迭出，几乎处处都是绝景，一望无际的海面，呼啸的海水，到处都是海浪拍打礁石的声音，十二使徒岩耸立在海面上，没有一块是相同的。夕阳斜照，群鸟飞舞，游人来来往往，形成一幅盛世美景。其沿岸的壮阔波澜和笔直绝壁，不禁让人感叹大自然的鬼斧神工。大洋路深深地震撼了我，我为大自然所迷倒，为截然不同的景色所惊叹。除此之外，Amy还带我们去了巧克力工厂和动物园，巧克力工厂里有各种琳琅满目的巧克力商品，有传统的巧克力块，也有栩栩如生的用巧克力制成的各种小动物，如熊、兔子等。我们品尝了12种不同口味的巧克力，感觉那的巧克力比国内更浓郁，大家都挑选了符合口味的巧克力带回家。除此以外，我们喝了英式早茶，浓浓的咖啡淋在冰激凌上，搭配英式蛋糕，非常的美味。在动物园，我们看到了心心惦念的考拉及袋鼠。考拉憨态可掬，但是我们一致认为它真的非常的懒，我们在那待了许久就是为了看它活动，结果它一动不动地趴在树上，将四肢蜷缩在一起，只是偶尔抬头吃叶子。尽管如此，大家都被它萌化了。我们还看到了各式各样的动物，甚至还有鸭嘴兽。值得称赞的是动物园的环境，景色非常优美，说是一个植物园都不为过，动物们都不是被约束在四四方方的室内，而是最大程度地让它们生活在室外适合它们的环境。墨尔本有着浓浓的艺术氛围，来到城中心，每处都自成风景，路边的建筑，一花、一草、一木都设计得非常有特色，让人看着赏心悦目。随处可见鸟群与人们一同嬉戏，一点都不怕人，人们也不会伤害它们，给它们喂食、与它们合照。这样人鸟和平相处的画面真的让人心里非常平静。这些美景都让我感触良多。

学习，美景，怎么能缺少美食呢。由于墨尔本大约有三分之一的人口是由海外移民而来，使得墨尔本的饮食文化融合了亚洲和欧洲的口味，从而使这里的美食独具特色。墨尔本是一座充满人文情怀的城市，这里有浓郁的咖啡文化，人们一天的生活从一杯咖啡开始，同时也通过咖啡联络感情，消遣时光，因此这里的咖啡格外香醇。除此之外，每天下午四五点时，夜幕即将降临，咖啡馆开始打烊退到一旁，随处可见的酒吧开始登场。墨尔本的特色是户外酒吧，酒吧比咖啡馆更喧闹拥挤。我们随意去了南岸的一家酒吧，华灯初上，临近河边，微风拂面，坐在酒吧里，眺望远处，欣赏市区夜景，主干道上像银河一样的车流，写字楼里如星火般的点点灯光，一切美景尽在眼前。看着车水马龙人潮涌动，感觉自己与一切无关，忘记了学习的疲劳，抛下了生活的烦恼，就连身体都变得轻盈起来。在唐人街吃到各种口味的中餐，但可能是为了迎合当地人的口味，中餐会有稍稍改动，与国内的美食不一样，这也是另一种不一样的体验。我们去了维多利亚夜市，有各种风格的手工品、艺术品或流行音乐，更有来自不同国度的乐队的表演。

在寒冷的冬季，烤着火，品尝着来自世界各地的不同的美食，上百个摊位，有烤串、西点、各式海鲜饭、烤羊腿等，总有一个符合你的口味。白天的市场喧闹，充满着商家的吆喝，而夜晚的夜市则缤纷多彩。打折的新鲜水果、面包、蔬菜和肉类，价格更为低廉，但是质量却并不会因此打折扣。总而言之，墨尔本的美食别有一番滋味。

最后，非常感谢学校给了我们这次难得的机会。在莫纳什大学的14天，我倍感珍惜，每天都收获满满。虽然短暂，但足以让我开阔眼界，提高自己的口语水平，从最初的磕磕绊绊，到最后有很大的改善。学习国外的教学理念和方法，意识到自己学习方法的不足，找到改善的办法，并在今后的学习中运用它们，这是十分珍贵的。我认为这一次的学习非常值得。

墨尔本你好，墨尔本再见

人文社会科学学院　胡明月

你好，墨尔本。

冬夏的交替、时空的距离都不足以打消我初见墨尔本的热诚与激动，异国的风情总是如此动人心魄，令人沉醉不能自已，皓月当空，我站在一个白篷的公交站点跟一群有缘人等待着接机车的到来。大家偶尔说上一两句话但大部分时间相互沉默，带着些许疲倦，我望着四周，灯火通明的机场大楼，来来往往的机场大巴和偶尔走过打着电话行色匆匆的外国小哥，这片自然而充满历史厚重感的土地使常居浮华之中的我内心感到宁静。

一、关于外教教学

在墨尔本的第一周里，第一天，外教Amy带我们去办了学生卡，给我办学生卡的是一个小姐姐，她十分友好，让我感受到了澳大利亚人的热情。笼统地讲不同国家的人的性格可以分为peach（桃子）和coconut（椰子），peach性格的人热情，coconut性格的人在刚刚见面时会显得有些冷漠，可爱的澳大利亚人应该是以peach性格为主。他们爱笑、乐于帮助他人，跟我去之前对澳大利亚人的设想还是有一定区别的，在我的刻板印象中西方人应该是高冷并且非常注重自己私人空间的，但是去了之后发现并不是所有西方人都有歧视，都不友好。澳大利亚是一个文化多元的国家，包容度很高，Amy热情地让我们了解了有关学校的信息，有关在澳大利亚生活的注意事项。我们还了解到她是英国爱尔兰人，有过很多游历经历，还到过中国，不是素食主义者但是不吃肉。她的课堂很有意思，她给我们制订任务让我们走出课堂完成，有一些小游戏还有一些团队自拍，都十分有趣。

第二天，Amy推荐给我们很多旅游地点，教我们小谈话的技巧和话题，让我们选择自己组做课堂展示的主题。第三天，Amy带我们去巧克力工厂，见识了大家公认的巧克力“黑暗料理”，但是我觉得还挺好吃，我们在这里吃了一顿免费的早茶，工厂一进门的地方有三大盆可供免费品尝的巧克力，也着实让我见识了一下发达国家的资源富余度。下午Amy老师带我们去了动物园，看到了澳大利亚特有动物考拉和袋鼠，它们给我的感觉是格外的懒，一直眯眼睡觉。动物园里还有鸭嘴兽、一些海洋生物和鸟类鼠类生物，都让我完成了人生第一次的认识。

第四天，Amy老师给我们讲了做课堂展示的技巧和做课堂展示PPT的技巧，这些都让我收益颇深，如PPT要简洁，课堂展示要与观众有眼神交流，等等。第五天，我们每人上台做了课堂展示，我们组做了墨尔本旅游景点的介绍，也是我们亲自去过的地方，这些在之后的内容中会详细讲解。

第二周有两个外教，分别是Lisa和Marine。

前两天教我们的是Lisa，她教会我们一些人际交往的技巧，课堂上有许多同学们自己互动的环节，拉进了我们之间的关系。

后三天，Marine负责教我们，他教我们认识自己的性格和团队协作，和我们做了很多有意思的游戏，如让我们写下对自己性格的评价，再分别让两个人写下对我的性格评价，都是分别用三个形容词，贴在一起看区别。团队协作的游戏是设定南极洲冒险的情景让我们每个人自己选角色、选团队和要携带的物品，最后评价我们的阵容分配和携带物品的合理性，让我们在趣味学习的同时收获了知识。

二、小组课堂展示

小组课堂展示中，我们组定的是每天去一个额外的地方作为旅游景点向大家介绍，我需要展示的部分是第一天去的城区里的唐人街，我们在里面吃了河粉、春卷，还逛了有中国特色的小店和超市。

第二天去了城区里的水族馆和观景台，在水族馆里见到了很多水生生物并观看了动物表演、3D电影。观景台设施齐全，在顶层可以俯瞰墨尔本市容。第三天去了维多利亚女王夜市，吃到了烧烤和海鲜饭。第四天去了一趟超市，购置了生活用品和食材，回来吃了一顿队友们用买来的食材做的中餐，像是在墨尔本过了个年。第五天上午下课后一直在宿舍休息。

周日我们一行人去了大洋路，这是一条沿海的路，路上风景秀丽，车程很长，海和海边的风景、鸟类都十分让人心旷神怡。

第二周我们除了上课时间，还去了一个艺术馆，里面有很多名画和雕塑等，陶冶了情操。

三、澳大利亚的风土人情

澳大利亚的交通方式有公交车、有轨电车、火车、自行车和出租车。一般来说，公交车在火车的终点处接起，前往其他交通方式不到达的地方，如医院、大学、郊区购物中心和外郊等，市郊火车比电车和公共汽车要快，但不到达许多内郊地点。菲林德街车站是主要的中转站。每周，火车早上5点开班，午夜收班。有轨电车通达整个城市和内郊。电车从市中心开始编号。墨尔本是骑车游览的好地方，该市路面平坦，并有设计好的大都市区骑车游览路线。其中有两条线路最佳，一条是绕菲利普湾岸边，从墨尔本港到布莱顿的自行车路线，另一条是沿亚拉河，从市区出行二十多千米的自行车路线。使用墨尔本交通卡（Metcard），可乘坐墨尔本所有公共汽车、火车和电车，不同交通工具之间的转乘同样有效。

澳大利亚过马路是需要按按钮的，等灯变绿才可以通过，这样可以提高效率，不必让车在没有行人过马路时停留也不用让行人刻板地遵循一定的等候时段，这让我感受到了先进。

Amy带我们去巧克力店，看了巧克力制作过程和品尝了一些各式各样的巧克力，我好奇为什么她会带我们去巧克力店而不是其他的店，于是我上网搜了一下澳大利亚人与巧克力的渊源，说起爱巧克力，没有哪一个地方的人们比得上澳大利亚人般疯狂，他们每人每年吃逾7.5千克巧克力，平均每人每月吃掉七十多颗，更以平均每人年吃二十个复活蛋巧克力成为全球吃复活蛋巧克力最多的国家。了解到当地人的喜好也算是一大收获了。

澳大利亚动物园给一些鸟类设着围栏却像没设一样，那些鸟可以随意在人群中飞翔，它们如此不怕人令我惊异。由此我想可能是这里的人不会把它们抓起来当作美味吃掉，也可能是这里的人更加重视生态保护，有更完善的管理体制等，但我相信这只是发展阶段问题，中国也终将发展为如此。

穿过咖啡馆，走进主街道间的横巷，七彩的涂鸦画作吸引着每位走过的人的目光。在这些看似乱涂乱画中，体现了一种随性又富有内涵的艺术。据说这里与发源自美国纽约黑人街区的涂鸦和饶舌、街舞一样，已经在世界范围发展成为另一种艺术形式了。从刚开始，或是年少情绪发泄的乱涂乱画，亦或只是在墙上歪歪扭扭地涂自己帮派、地盘的符号，到现在，成为了一些具有绘画天赋的年轻人表现创造性和感染力的画布。

在摩天大楼楼下偶然买到Tim Tam饼干，后来得知这是澳大利亚非常有名的一种饼干，后来Marine还买了这种饼干送给我们吃。他是理科出身，当老师之后改变了性格，变得健谈，又有很高的趣味性，让我看到了一个人的自我修养之高。

四、一群难忘的小伙伴

相聚是一种缘分，而遇见这一群如此善良又如此有趣的灵魂的朋友们当真是三生有幸，我们几乎每晚都在一起讨论心得体会，计划出行和在一起组派对玩耍。白天在一起学习时，我们互帮互助，共同完成任务，体现了团队协作精神和凝聚力。再见有时，后会有期。

五、带队老师

带队老师是哈尔滨工程大学船舶工程学院的王超老师和国际处的张蕾老师，他们都是非常认真负责的老师，每天陪伴我们上前三十分钟的课。因为我们是第一批来这里访问的团体，所以一切都在摸索中，他们认真了解这里的授课模式，积极与这里的负责人对接，在各个方面对我们的照顾都十分周全，令我感受到了许多温暖。

六、文化差异

澳大利亚是个文化多元的国家，也是一个讲求平等的国家，如果到澳大利亚的寄宿家庭（这是听老师讲的，我们并没有住寄宿家庭），一定要动手帮忙做家务、做饭，不然就会让对方不舒服，中国家庭可能对孩子这方面的要求要少很多，甚至有时就是宠溺着孩子，这是教育方式的差异。

澳大利亚的文化多元也体现在食物上。澳大利亚的食物有很多品种，来自不同国家，以印度和意大利饭菜为主，除了生冷的饭菜外也有热菜热饭（在食堂的体会），在食堂还有专门为素食主义者准备的饭菜，让我感受到了包容。我有幸到学校外就餐几次，不同种类的饭菜就更多了，有不同国家的，有同一个国家不同样式的，也有本土的一些品牌性美食。

七、感触

学校和住的地方环境优越。那里的人很讲究礼貌用语，打饭时不用礼貌用语会被提醒。这里劳动力昂贵，商店开门的时间非常有限，我们住在郊区，可供利用的商店就更少了，原因除了劳动力价格高也可能是因为他们这里人口少并不需要那么多的商店。不过这样也有利于锻炼人们的计划性，提前把东西买好以备不时之需。

我在这里学会了多问问题，表达自己的看法，因为只有这样我们才能得到更好的提升。

墨尔本再见啦，我们有缘再见。

青山不改绿水长流，后会有期。美好的时光在记忆中流逝，但时光却永远带不走美好的记忆。记得我们在课余时间去过的城市，圆顶教堂，尖耸入云的高楼，以及肆无忌惮在人群、车辆中穿梭的野生鸟类。时而驶来的马车更是为这个城市增添了些许古朴的气息。墨尔本街头的涂鸦，道路两旁部分早早就关门的杂货小店以及特立独行地在墨尔本冬天灿烂开放的花。其实街道上就有一些卖花的花棚，也可以见得墨尔本花都名号绝非浪得虚名。路上行人鲜有行色匆匆者，傍晚江边烤肉店也有不少人在里面吃饭、闲坐，享受惬意。我在心中慢慢揭开原本让我感到神秘的墨尔本人的生活风格的面纱，简单无忧、轻松慵懒，一种“宠辱不惊，看庭前花开花落。去留无意，望天上云卷云舒”的闲适意境。白天阳光洒在花朵上，清风拂过，那丝丝暖意萦绕在我的心头，夜晚静谧却也有充满烟火气的去处，这种感觉更能沁入心底摇曳着我的回忆。这些相处的时光像新鲜冰镇的柠檬水，宛如心底最深处有清泉流过，直想啸歌。这段记忆是泛着蓝紫的金色光彩的，期待着有天能有机会与墨尔本重逢。

惊喜学习之旅

理学院　苏晓琴

2018年7月8日，我们从夏天的中国来到了冬天的澳大利亚，开始了为期两周的莫纳什大学课程学习项目。

出发前，通过网络我了解到澳大利亚是海关最严的国家，因为没有出过国，心里还是有点紧张的。下了飞机我们跟着老师往外走，由于我带了鞋子，所以在入境卡上填写了这一项，然后在检查的时候我跟大家走了不同的通道。我听到检察人员问我shoes，其他的我也没有听明白，只能猜测问我带的是不是鞋，我一时紧张只能想起来点头，然后工作人员给我指了出去的方向。到了下一个工作人员那里，他指着我手里拿的填错的入境卡，问我这是什么，我很想告诉他这是我写错的，但是突然一下子我不知道怎么表达了，只能用手比划告诉他这是可以撕掉的。出了海关，我真有一种想哭的感觉，想说什么根本就表达不出来，不过这也让我明白，要趁着这个机会多多练习我的口语。

我们到达的时候已经是当地的九点钟了，我们乘坐莫纳什大学安排的车来到住宿的地方，经过登记安排，我们每两个人一个房间。不得不说，我们的住宿环境真的很不错，酒店式的公寓，不仅房间里设备齐全，我们住的楼层还有一个厨房和一个客厅，这也为今后的集体学习、娱乐提供了方便。

第二天我们先在楼下的餐厅吃了早餐，这的早餐也真的是简单，自己烤面包片，抹上果酱，可以夹一些火腿、西红柿、洋葱，自己制作一个三明治。在挑选酱料的时候我看到一种黑色的酱，以为是巧克力酱，但是当拿回去尝了尝的时候，我差点吐出来，一种说不上来的难吃的味道，其他同学拿叉子试了试，没有一个人喜欢。这种酱叫Vegemite，有同学进行了搜索，这是一种被国人称为"澳大利亚臭豆腐"的东西，实在是让人印象深刻。

然后我们前往学校，与老师进行第一次会面。老师见过我们之后，带着我们来到了上课的教室。那里的教室和国内不同，每个同学有一个带有小桌板的椅子，椅子上有轮子很方便移动。我们围坐在教室四周开始了正式的学习。Amy老师首先进行了自我介绍，然后老师把我们分成几个组，每个组各自完成自己的任务。任务种类有很多，包括在学校里面找各种各样的地方。我认为这种教学方式非常棒，我们虽然是一起去学习的，但是彼此之间并不是十分熟悉，老师没有直接让我们进行自我介绍，也没有直接把学校介绍给我们，但是通过完成老师布置的任务，我们不仅熟悉了彼此，而且对学校有了大致的了解。一起完成任务获得的熟悉感，总是比单纯的自我介绍要来得自然得多。完成任务的过程中，我们去了学生中心，去了图书馆，还有车站，不仅让我们熟悉了这些地方，而且我们开始克服心理障碍与外国人进行简单的交流。

我很羡慕他们的图书馆，图书馆内布置得非常惬意，可以让人很放松地阅读，装饰也很漂亮。但是国内的图书馆，尤其是高校图书馆，大部分都是为了学生们自习的地方，而不是阅读。他们的学生中心更像是一个百货商场，里面充斥着浓郁的咖啡香味，还有卖点心的，有办公处、邮局、健康中心，还有小商店，总之这里能满足各种各样的需求。

下午，我们来到了日常的学习教室。跟我们一样，这里也会有学生在空置的教室里自习。但是这里的教室不像我们的在一栋楼里面，而是更像一个个集装箱，在教室外很显眼地喷绘着教室号。老师还给我们讲解了有关墨尔本的公共交通，墨尔本所有的公共交通都需要通过一种叫Myki card的公交卡进行搭乘。而且一定要记得touch on，否则是会被罚款的。

在接下来的一周里，Amy老师带我们学习了澳大利亚与中国的文化差异，第二天就给我们布置了一个任务，每个小组要在周五进行一个有关文化差异的presentation，具体内容自选。Amy老师给我们讲解了如何做好一个presentation，首先要注重我们的英语发音，老师给我们做了一个小游戏，每个组进行英语句子的传递，来告诉我们单词的发音有多么重要。并且还用一些发音相近的单词对我们进行了训练。其次，老师告诉我们要注重眼神的交流和肢体动作，需要和观众有所互动。还有就是PPT需要合理安排，需要充分调动观众的热情。Amy老师还给我们讲了small talk对他们社交的重要性，专门带我们去乘坐电梯练习small talk，短短的十几秒进行一个简单的对话。老师特别强调我们说英语，即使是在我们私下讨论时，每次不自觉说起汉语总是会被她提醒。而且，老师不允许上课看手机，我们可以通过笔记本电脑查阅资料，但是不允许使用手机。虽然我们平常上课老师也不希望同学们用手机，但是没有办法，上课的人数太多，老师根本管不过来。但是通过这次的交流学习，我发现我并不是不能离开手机，一上午的课，即使不用手机也没有什么问题，所以，我一定会改掉这个坏习惯的。

第二周的课程由另外两个老师讲授，主要学习的是有关社交的礼仪知识，其中有电话用语，small talk可用的话题。总的来说，学习内容并不是很多，很轻松。

在墨尔本我们每天的学习都是到中午12点45分，所以下午和晚上都是自由活动时间。Amy老师告诉我们，他们晚上睡觉比较早，如果我们要出去的话，尽量早点儿回来，避免危险。所以我们一般都是下午出去玩儿，晚上六七点钟就会返回。莫纳什大学的克莱顿校区在比较远的地方，去城区需要坐火车。每次我们都会坐车到Flinders Street Railway Station，这是墨尔本的中央火车站。火车站的造型很美，像是一件艺术品。火车站的斜对面就是著名的圣保罗教堂，而火车站的正对面也是著名的旅游景点联邦广场。当然，这些景点从外形上看都很漂亮，但面积并不大很快就会转完。

在我的感觉里，墨尔本的市中心范围并不大。比较有名的旅游景点包括商业区都集中在火车站附近。第一次我们去了墨尔本的商业区，看到了唐人街，商业区与中国并没有太大的区别，但是在国外看到唐人街还是很亲切的。我们还乘坐公交车去了据说是南半球最大的购物中心Chadstone，里面真的很大，虽然只有两层，但是我在里面还是会迷路，不过我实在是不喜欢购物，也仅仅是参观了一下。

值得一提的是墨尔本的皇家植物园居然也在市中心。从地图上看，可以看到火车站附近有一大片绿化。在植物园的旁边还有两个公园，大片大片的绿地非常适合散步休闲。植物园是免费开放的，里面环境非常好。同时去植物园的那一天也让我体验到了墨尔本多变的天气。我们本来是看着天气明媚决定去逛一逛植物园的，可是当我们到了植物园以后发现，乌云马上就要过来了，我们仅仅是围着植物园大致走了走，就下起了大雨。幸好附近有一个战争纪念馆，我们进去参观了一下，顺便躲了个雨。当我们再出来的时候，天气已经重新恢复晴朗，真的感觉是被天气戏弄了一番。

我还去了维多利亚国家美术馆，这里的美术馆免费对外开放，里面有世界各国的作品，场馆很大，能感受到扑面而来的艺术气息。

墨尔本的希斯维尔野生动物保护区是在Amy老师的带领下参观的，这里的动物大部分都是澳大利亚特有的动物，包括国宝考拉、袋鼠、鸸鹋，还有很珍稀的鸭嘴兽。我们去参观的时候看到了考拉，很可爱的一种动物，据说它每天能睡二十个小时呢。我们还看到了天上的精灵的表演，很多的鸟儿在饲养员的介绍下向我们飞来，很是精彩。

在墨尔本，我们有玩有学，两周过得非常充实，也很精彩。但是，最让我难以接受的是他们的食物，刚刚到的时候觉得很新鲜，什么都想尝一尝，但是仅仅过了不到一周，我就开始受不了了。虽然我是很爱吃肉的，但是他们的制作水平实在不高，能把那么好吃的肉做成那样，也是很不容易了。最让我难受的是他们没有炒菜，两周里我见过的蔬菜就只有水煮胡萝卜、豆角和西兰花，而且还是纯白水煮的，什么佐料都没有。说他们吃的健康吧，又天天吃油炸土豆和肉；说不健康吧，他们又整天吃水煮蔬菜。非常搞不懂外国人的饮食，果然还是中国美食最好吃。

两周以后，我们结束了墨尔本之行。这两周里，我们真实体验到了国外的生活，有了自己的见解，克服自己并且开始学会用英语进行对话，有很多收获——不仅是在学习方面，而且也收获了友谊，更收获了一群好伙伴。这两周对我来说很是难忘，这是一次收获满满的愉快的学习之旅。

相聚墨尔本——2018澳大利亚莫纳什大学暑期课程学习项目总结

经济管理学院　蔡仲伯

2018年7月，来自哈尔滨工程大学的团队相聚在澳大利亚墨尔本市的莫纳什大学，欢声笑语回荡在克莱顿校区的教学楼、城市里的街道、大洋路的海滨，以及我们每个人内心的记忆里。王勃面对滕王阁曾写道“关山难越，谁悲失路之人。萍水相逢，尽是他乡之客。”可在维州的墨尔本市，来自中国的我们，尽管素昧平生，却打成一片。注定是灵魂相吸、兴趣相投的人，才会越过迢迢山海，不远万里，只求相聚。

回想这十四天的学习项目，最铭刻于心的，不只是见过了多少叹绝的风景，不只是尝遍了多少珍馐，也不只是领略了何样差异的异国风情，而是这里一路上收获感受结交的人情。人情才是这趟旅途最大的收获，在还没分别的时候，我都已经开始想象下次的重聚了。一路上见证太多有趣的灵魂一起发生的奇妙化学反应，让我对这群志同道合的朋友不舍，旅途中发生的事已经足以让我在一次次想念时开怀大笑，让我的思绪再回到墨尔本的冬天。

此次出游给我印象最深和触动最大的是澳大利亚当地的人文和环境，莫纳什自由畅言的课堂与随处可见的鸟和动物，都让我感受到这是一个自由的国度，这是一个以人为本的国度，这是一个尊重花鸟鱼虫的国度。就像随时欢腾在街头巷尾、火车站大厅的小鸟和海鸥们，我们也欢腾在墨尔本的各个角落，用我们的脚步与视野去丈量与审视这个国度。我发现，大家都自足于当下稳定的生活，尽管不是事事顺心，但生活在这里的居民，都乐于与身边的自然一同享受既有的生活，不紧不慢。这是在我自己的国家不太常见的，在中国，人们似乎都匆匆忙忙，疲于工作，无暇停伫脚步。而这里的人们都在和自己的好友至亲，一同享受他们理应享受的生活，我希望被责任和义务压制着的人们，也能享受自己的生活。

澳大利亚当地的自然环境就像英国的殖民船尚未登陆时一样，土地还是同样的洁净，树木还是同样的茂盛，天空仍是纯粹的蓝天白云，空气中基本没有什么杂质，狭长的海岸线还是一样沐浴在清澈的海水中。人类的发展进步本不需要以牺牲自然环境为代价，人类对于自然不应该是一味简单的索取，而是要学会取舍，珍惜我们昨日的来处，不忘明日的出路，重视并维护好我们唯一的自然。我的国家在人与自然的相处中，还需要时间去调整自身的位置与角色，达到和自然握手言和，与环境牵手相好。在利用索取自然的同时，也要尊重保护它，为了我们自己，创造一个更加宜居、更加舒适的自然中国。向世界证明，中国是一个高速发展的自然宜居国度。

我总会想到离别前的那个晚上，大家都聚在平时游戏的起居室，十六个同学兴致勃勃地分享着自己所领略到的墨尔本，我发现墨尔本比我想象中的更加五彩斑斓，城市的魅力就在于它像哈姆雷特一般，每个人对其的感受都不尽相同，同样的时间、同样的轨迹、不同的眼睛，所领略的风景就会有万般风情。在大家的分享中，我又到了涂鸦街，欣赏到了不同流派街头艺术家同样精彩的作品；我又到了维州国立美术馆，再次见到了莫奈、毕加索笔下的世界，见到了世界各地的奇珍异宝；我又到了唐人街门口那家湄江米粉店，坐下来吃了一碗最爱的越南特色牛鸡米粉。在大家的交流中，我脑海中像放电影一般回顾了来到墨尔本的十四个日夜，我发现，一路上满满的都是友情，满满的都是收获，就像我之前说的，人情才是本次交流最大的收获。看着大家兴奋的笑脸，我心里也同样感到快乐，更希望这次旅途能够延长，让大家再一起共度一些时日，在这片异国的土地上留下更多属于我们的回忆。

我最爱的景点当之无愧就是大洋路，这是澳大利亚政府为了纪念第一次世界大战中参加战争的军人而建的海滨公路。在这次旅程之前，我很好奇为什么通过修建一条公路来纪念缅怀参战的士兵。但真当我踏上这趟旅途时，我看见雄奇凶险的海滨景色，海浪就像勇猛的士兵一样，不顾一切地向着自己的目的进发，一阵阵拍打着沙滩和砾岩。尽管是墨尔本的寒冬，但我们还是在吉布森台阶那边下到了海滩，从另一个视角仰视了享誉世界的十二门徒岩，一路上太多举世闻名的风景与地点让我目不暇接。我想，也许是澳大利亚政府认为他们的军人就像大海一样心胸宽广，就像前赴后继的海浪一样，为自己的目标一次次发起冲锋。大洋路是看不厌的，无论你来多少次，无论你多想叹观止矣，你总是会耐不住去探索他更多的英姿。值得一提的是我在阿波罗湾午休时，在一家中餐店和朋友们吃到了袋鼠肉，我喜欢尝试新东西，川菜的水煮味遇上澳大利亚的袋鼠肉，感谢万能的国人，感谢之余，再多吃一些袋鼠肉。在阿波罗湾的公园里面，我第一次摸到了野外的鸽子，它们友好地在你身边走来走去，就像老朋友和自家的宠物，这不曾在国内体验到的奇遇让我深受触动，也许只有在澳大利亚这样注重动物保护的国家，人们才能真正有机会去亲近自然，而不是嘴上说的爱护自然人人有责。这是一项需要去做的行动。我挺乐意领教国外一些好的先进的文化思想，让我看到国人的不足，也让我对未来充满了期待，“冲突”才会促使进步，才会让我去做别人不曾做过的事情，兼并为自己所用，我想，这就是这次旅途我学到的最重要的技能。

在莫纳什大学，一共有三位老师给我们授课，我最仰慕的就是Brown，出生于荷兰的他在阿姆斯特丹完成了本科学位，在瑞士考取了硕士学位，在英国、美国、印度、澳大利亚进行了自己专业领域的研究，半辈子都在地球各个角落进行探索。我觉得能够对自己的专业如此热衷并为之倾尽半生，辗转于世界，对我而言就是人类对于无尽的知识不断探索的范例。当他像个孩子一样在课堂上与我们嬉笑，与我们分享他自己最爱的Tim Tam饼干，少了一分刻板的课堂更能够抓住我心，而透过Brown描述出的世界，总是让我心驰神往。我觉得是他也仍然保持着一颗童心，在自己喜爱的领域徜徉，不受外事羁绊，不为外界纷扰，这就是他能够抓住我们的心，和我们打成一片的原因。知识不只可以改变命运，对我而言，我更加看重它能够带我生活在我想存在的世界，而不为其他事情所累，保持我与生俱来的创造力与童心。而Amy和Lisa老师一个像妈妈一个像姐姐。Amy看着阿牛跳街舞的时候，就像是妈妈看着儿子一样，眼中充满了赞许与慈爱。而在希尔斯维尔自然保护区的时候，Amy不辞辛苦地向我们介绍澳大利亚当地的动物，就像是害怕我们错过澳大利亚的任何一丝精彩。而当我犯错的时候，Amy也是直截了当地指出了我的错误，并接受了我的道歉。为师，不只是传授知识，更多的是传授自己的处世之道。Lisa的课堂则是一直充满着活跃轻松的气氛，让尽管玩到深夜的我们依然充满了活力，不停的小活动穿插于整个课堂，在澳大利亚的课堂。没有呆板的横纵排列的座位，大家都围成一个圈，各抒己见，畅快交流，这是一种自由的相处模式，它能更方便学生之间的交流，但在国内一个班级学生过多的情况下，可能难以开展。

十四天的交流很快就结束了，在此之前大家都经历了很多结束和道别，对我而言，我惧怕分别。卓别林说“世界就像个马戏团，他让你兴奋，却让我惶恐。因为我知道，离别总是有限温存，无限心酸。”或许在墨尔本的十四天在如海的人生中就如同沧海一粟，这些经历就像十二使徒岩会随着时间消退，但就因为它的衰变与变幻，才使得这次经历愈发珍贵与独一无二。今日离开墨尔本的我不知道未来回首这段旅途的心境，正如我不知晓未来十二使徒岩会变成何样的身姿，但我相信的是，当我下次再回到墨尔本，再回到我们一起走过的大街小巷，再坐到当年的咖啡厅和牛河馆，我仍会保持初见时的期待与忐忑，希望我的身边依旧是这群志同道合的朋友，而当年的这些记忆，会让我去追忆，去努力让一切如旧。我想用丁尼生在《尤利西斯》最后段落作结：“虽然我们的力量已不如当初，已远非昔日移天易日的雄姿，但我们仍然是我们，英雄的心尽管被时间消磨，被命运削弱，我们的意志坚强如故，坚持着奋斗、探索、寻求，而不屈服。”

学在墨尔本

航天与建筑工程学院　许丁皓

为期两周的墨尔本学习之旅虽已结束，但有些感触却依然留在我的脑海挥之不去，让我回味无穷。两周的时间，说短不短，说长不长。它并没有短到让你感到仓促窘迫，也没有长到让你熟知当地的风俗历史。

在前往墨尔本之前，临近期末考试，既要忙各门学科的复习，还要忙准备签证资料与护照。初次出国，既紧张又兴奋，十分荣幸有机会出国见识各种不同的文化历史、风土人情，也有点紧张，怕交流障碍，怕水土不服。由于首次出国，所以并不是很了解需要做什么准备工作，手忙脚乱之中，怕耽误大家的行程，所幸的是，我顺利按期做好了准备。去之前去中国银行兑换澳币，汇率几乎是5:1，瞬间看到一小叠人民币变成了薄薄的两张澳元，就觉得赚人民币消费澳元简直好夸张，于是更加激起了我要努力奋斗的情绪，为自己为社会做出更大贡献。

度过了五个小时的飞行旅程，先是从哈尔滨飞到了广州，一天劳顿，在广州住了由南航提供的中转住宿酒店，等待着长达九个半小时的另一段航程。这一天，心情十分激动，由于第二天早上五点便要从酒店出发赶去机场，我几乎一夜未眠，早上四点便起床去吃早餐，早早地就开始赶路了。

虽然是早早地赶路，但是还是晚上快九点才到墨尔本。出发之前就做好了各项准备，比如说过海关的各种禁令，比如不能携带非本土生物入境，随身不可携带超过三十支香烟之类。很早就听说过澳大利亚的海关十分严格，但是到了墨尔本我却十分惊讶，仅仅是拍了个照片，检查了护照，然后通过一个电动门就搞定了，并没有网上说的翻书包，翻行李箱，挨个检查行李之类。后来我才知道，墨尔本的人都十分散漫，并且没有夜生活，非常悠闲，可能是因为大部分海关人员下班了，剩下的又工作懈怠，才没有检查。所以我想这可能就是墨尔本在澳大利亚被称为墨村的原因之一吧。

下了飞机让我惊讶的是，在中国还是盛夏，澳大利亚却已是凛冬。虽然我知道这里是冬天，提前做好了准备，带了很多厚衣服来，但是刚下飞机的那一刻，穿着短袖短裤，我被寒风吹了个措手不及，冷到怀疑人生。但是过了海关，我换上了冬装，便能清楚地感觉到，墨尔本的冬天其实并没有很冷，不像哈尔滨的冰天雪地，也不像中国南方的湿冷，而是一种沿海的海风瑟瑟，有种凉快的冷。

莫纳什大学的学生十分热情，在机场的时候，便有同学在此等候，并给我们每人发了一小袋东西，里面有当地的电话卡、墨尔本地图、澳大利亚地图、莫纳什大学地图、墨尔本的各个游玩景点等，让我感到十分亲切。

一阵劳顿折转后，十点多赶到了宿舍，只有大门没有锁。进门之后，所有别的门都是锁上的，十六名学生和两名老师挤在一个小小的大厅里，似乎有点不知所措，但是带队老师是万能的，联系了莫纳什校方，于是有人出来给我们房卡，领着我们去了各个宿舍，教我们如何使用房卡。这里的宿舍是酒店式管理，与我们学校的四、六、八人寝有不少区别。这里洗发水、沐浴露和牙刷都是每天更换的，毛巾和浴巾都是一周换一次，每天中午都会有人来打扫卫生，整理床铺。房间里配有电视、空调、冰箱、吹风机甚至是健身器材。我在衣橱里还发现了一个保险箱，可能是用来给学生保管贵重物品的吧。总之我感觉莫纳什大学的住宿条件真的是非常好了。

第二天上午开始上课，我们的课程都是从上午八点开始，到中午十二点四十五分下课吃午饭。宿舍楼下就是食堂，每天中午和晚上都给我们准备了各式各样的伙食，每天都基本不重样。我觉得这两个星期让我每天都吃西餐、牛肉、鸡肉，可以说吃的很腻了，经常会有牛肉块、土豆泥、意大利面、三明治之类的，吃了太多这种所谓的优质西餐，我却无比怀念学校食堂里各式各样的中餐，特别想吃炒土豆丝、兰州拉面。墨尔本的每周三晚上都会有维多利亚女皇夜市，我们几乎每人都去了那里。非常大的一大片地方，门口和里面有着各式各样的食物，我记忆最深的是lame shank，也就是羔羊腿与土豆泥做的一种食物，十七澳币，非常好吃。也吃了这里一家中国人开的烤串店里的烤串，当我不知道要吃些什么串的时候，那个伙计突然就用一句标准的普通话问我，让我十分惊讶也十分温馨，在墨尔本几乎每天都说不到几句中文，突然讲中文真的很令人欣喜。还有门口的烟熏牛肉，在牛肉外面包了一层盐，放入火炉熏烤后取出，二十二澳元一份。我刚拿起来咬了一口，我滴个天，齁死我了，然后我看见别人都是把外面一层全是盐的烤焦的皮撕开，再吃里面的肉，于是一阵尴尬从我的脚底冒到了头顶。当我撕开表皮吃里面的肉，盐味全被熏烤进了肉里，牛肉又嫩又香，鲜嫩多汁，好吃到了极点。我还尝了他家的热狗，里面的烤肠让我印象深刻，与中国的烤肠不同的是，这里的烤肠里面有芝士沙拉酱，也是十分好吃。

一共有三个老师教过我们，Amy、Lisa、Marine。Amy是我们的第一任老师，也是教我们时间最长的老师，有五天。Amy教会了我们如何介绍自己，不仅仅是在生活中，更是在以后的招聘、工作中，学会了如何正确恰当地介绍自己。Lisa教了我们两天，教会了我们如何与人打招呼，如何与各种人交流，以及如何在合适的地方用合适的情态动词。Marine是我最喜欢的一个老师，这是一位男老师，讲了很多干货，他是莫纳什大学的教授，专攻生物学。他在全世界很多地方都工作过一段时间，包括中国的广州，他专攻的项目在全球范围内研究的人都比较少，所以需要到处寻找工作的地方。Marine教了我们如何在平时交流中语言更加丰富，用小对话更多地介绍自己，以及如何在工作学习中做presentation。这三位老师的讲课方式也都十分幽默。与中国课堂不同的是，在这里，你回答问题不用举手，也不用站起来，想到什么就可以直接说，教室也比较小，所以课堂上学生也比较少，老师可以让每个同学都有很多发言机会，并且课堂更多采用小组讨论的形式，更加自由，锻炼思维，老师也能更好地注意到每个同学的学习状态，所以并不会有同学上课睡觉的情况出现，提高了课堂效率。

一开始上课，以为老师们能说一点中文，后来发现他们除了会说你好，别的什么都不会，只能硬着头皮用英文交流。记得刚开始的时候，我们大家和Amy交流起来还算有点小障碍的，除了因为我们的英文不是太熟练，还因为Amy有一点澳大利亚的口音。当时，找教室都是靠两位带队老师帮忙。不过经过几天的学习后，我感受到我的口语有了明显的提高，最起码正常交流、处理一些小事情的时候，不会再像刚开始到墨尔本一样手足无措了。上课的氛围也非常好，老师总是轮流提问，完全没有落下某一位同学，所有人都在十分积极地参加课堂的学习与互动。经过两周的学习后，我能清晰地感觉到我们整个团队的英文水平和交流能力都有了很大提高。我感觉这次墨尔本交流学习之行，不仅使我开拓了眼界，提高了英文水平，而且学习到了很多技能。这次学习之旅对我来说，意义无可比拟。

在墨尔本，我们去了很多地方。第一周的周三，Amy带着我们所有人去了Healsville野生动物保护区。在那里，我们看到了很多很多野生动物。在我的想象中，袋鼠是一种比较高大并且十分强健的拳击手，但是不知为何，我们去的时候，基本所有袋鼠都在睡觉，而且基本都用的同一种睡姿。也看到了澳大利亚的标志性保护动物考拉。考拉真的和小时候看的《动物世界》上说的一样，基本一天都在树上睡觉，十分懒，而且每一只都挺胖，看来没少吃好东西。我们还看了一个Bird Show，有一男一女两个饲养员手托着各种鸟类，指挥着它们展示自己各种不同的技能。他们也会走到观众席边开始表演。你可能不会知道一只凶猛的肉食性鸟类就从你的头上呼啸而过，几乎要把你的帽子掀翻是什么感觉。可惜的是，我在地图上看到一种动物，叫马斯塔尼亚恶魔，是一种似狗非狗，似鼠非鼠的动物，我就特别好奇，找了好半天，找到了它的园区，可惜遇到产卵期，被工作人员提前带走，我一只都没有看到，只能通过旁边的喇叭体会它“魔鬼”般的叫声。我们还去了Yarra Valley巧克力工厂，挨个品尝满屋子的巧克力，真是甜到怀疑人生，这辈子都不想再吃甜食，并且在老师的带领下，我们还吃了早茶。我们小组都是大一的学生，所以也比较有共同语言，几乎每次都是一起行动。我们在第一天就去了唐人街，吃到了传说是世界上最好吃的米粉，也看到了很多中国同胞。后来我们去了一个墨尔本最高的观景台，看到了我看过最好看的夜景，在高空看见了澳大利亚网球公开赛用的比赛场地和许多高尔夫球场。还有墨尔本水族馆，看到了很多在中国没见过的热带鱼，有些我甚至叫不上名字来，并且有的鱼池底下有半球形透明的罩子，几乎可以零距离观察这些鱼。第一周的周末，我们所有人都去了大洋路，看到了著名的十二门徒岩和世界上最好看的沿海风景之一，也吃到了心仪已久的袋鼠肉，可以说是流连忘返了。

虽然回国有一段时间了，但是在墨尔本经历的一切到现在都历历在目，这次活动可能是我目前所经历过的最有意义的一次经历了，见识到了各种不一样的文化，品尝到了各种美食，也遇见了一群让我这辈子都会记得的同学，真的十分幸福。

许澳的十四天

航天与建筑工程学院　许　澳

墨尔本之行结束了，虽然只有十四天，但这十四天给人的印象非常深刻。或许大学四年最让人怀念的日子就是这十四天。

其实最开始我并不打算参加交流学习项目，一方面，我的英语口语非常差，基本上无法正常与人用英文交流；另一方面，我比较内向，不是很知道怎么与陌生人相处。但是后来经过长时间的深思熟虑和强烈的思想斗争，我认为信心是命运的主宰，我不应该懦弱、不应该退缩。我觉得我不应该放弃任何一次可以进步的机会，应该锻炼自己。于是我决定参加这次学习活动，使自己得到提高。

初到墨尔本时，我的心情还是很激动的。墨尔本风景很美，并且能够摆脱家乡七月的酷暑，来到一个凉爽甚至有些寒意的地方。但是初到的喜悦也没能掩盖内心的忐忑畏惧。

陌生的同学们，陌生的室友，陌生的环境。第一天上课时我就几乎要崩溃了，还记得第一天Amy老师让我们自我介绍，而且同学们之间也要介绍，互相问一些问题。当时一听到这些我的心情就非常低落，我承认，我很懦弱，不敢面对这些。我用蹩脚的英文和大家交流，还总是出现我听不懂别人表达的什么，或者别人不知道我说的是什么的情况，当时真的特别不想上课了，想逃避，想回住的地方躲着。我不喜欢老师上课提问问题，更别说主动回答问题了。我觉得我总是会找一些借口，比如别人告诉我上课要积极主动的时候我会说我高中就不喜欢回答问题，可是我的成绩也很好。但是我没有意识到，因为缺少与大家的交流，我整个人都变得格格不入、内向、沉默寡言。另外国外的教学模式就是这样的，小班模式，这样老师就能充分地提问到每个同学，并且保证每个同学都有机会回答老师的提问。但是多亏了小组成员的帮助，我才从困境中走了出来，逐渐适应了课堂的教学模式，他们告诉我要对自己有信心。我说害怕出错别人会嘲笑我，但是他们告诉我大家都是来学习的，并且没有人能保证自己不犯错，所以你不要担心别人会嘲笑你，正如别人犯了错你不会去嘲笑他们一样。这些劝导使我豁然开朗，为我接下来十多天的快乐生活打下了坚实的基础。

不敢说我的英文水平提高了多少，毕竟基础不好，而且这么短的时间内想有很大的提高也是不太可能的。虽然去墨尔本的第一目的是学习口语，但是我对墨尔本的风土人情也了解了很多，开阔了眼界。去之前，我想象的墨尔本是一个繁华的城市，应该是到处霓虹闪烁，有着多姿多彩的夜生活。到了之后才发现，霓虹闪烁是没错，但是人们好像休息得比较早，店铺很早就会打烊。大家都说是因为墨尔本人比较“懒”，这或许只是一句玩笑话，但是也能够让我们反省反省自己，整日忙碌奔波，与家人的感情慢慢淡化，没有时间去陪陪家人，看似勤劳，而这背后丢失了太多的东西。墨尔本不像中国，那里的人们不住在像火柴盒一样的一栋栋楼房里，他们有单独的房子，有属于自己的一个小院，他们可以在院子里栽种任何他们想种植的植物，而我们却很少有这种机会，因为我们住的地方也许刚好只能容纳我们自己。其实我很羡慕他们的懒，不，是安逸。他们生活在慢节奏中，可以做他们想做的。有一件事令我印象深刻，一次坐公共汽车，车上有一个坐轮椅的老年人，他和司机很愉快地聊天，等到他要下车的时候，司机把他推下车，然后他居然丢下一车人继续聊了将近五分钟，而这期间也没有人催促他。这件事可以被当作一件趣事讲出来，但深刻地思考却又能理解更多。另外在墨尔本，无论在什么情况下，司机都会让行人先行，这点和我们中国人就不是很像了，在中国司机好像总是认为他们最大，行人都应该让着他们似的。

墨尔本也有缺点，我们最不能忍受的就是这里的食物，早餐没有了吃惯了的豆浆、油条、馒头、粥，突然换成面包、三明治、麦片、凉牛奶真的很不习惯，许多同学都抱怨过早餐，表示这样的早餐使他们胃疼。另外，我不喜欢芝士，甚至可以说是讨厌，但是那里很多食物中都有芝士，并且很多地方都飘着芝士的气味。去之前我们对墨尔本的食物充满无限的向往，那些澳大利亚龙虾、澳大利亚牛排真的是深深地吸引着我们。虽然没有吃到这些，但是也吃到了其他美食，比如说袋鼠肉，我一直都很喜欢袋鼠，它们傻傻的很可爱，但是去了墨尔本后发现袋鼠和我想的不太一样，不知道是不是季节的原因，那些袋鼠都特别懒，一字排开，躺着。不过袋鼠肉还是不错的。之前一直觉得吃腻了中餐，总是幻想着去国外生活，这样就可以每天都吃西餐了，但真的到了国外以后才知道自己有多怀念家乡的食物。去墨尔本吃的第一顿中餐是我们自己做的，我们小组的同学真的是万能的，当时看着他们在厨房辛苦地忙碌的身影真的特别感动。而当吃到熟悉的味道时，我的眼泪一下子就涌了出来，家乡的气息在这个夜晚使我的内心激动不已。

一开始的时候，因为与大家都不认识，所以非常担心，怕自己不合群，怕自己上课出错被嘲笑，怕遇到困难没人帮助。但是后来发现这些担心都是多余的。同学们都很友好善良，虽然只相处了十几天，但是总给我一种大家是几十年的老朋友的错觉。大家都互相帮助共同进步，比如说会一起逛超市，一起出去玩，会给其他同学分享自己去过的有趣的地方，也会把自己拍的美景的照片分享给大家，让每个人都得到快乐。每天晚上大家会聚在客厅玩游戏，我现在很怀念那种感觉，如果因为熬夜早上起不来大家也会去叫醒他，就算因为一个同学耽误了大家的行程也没有人去怪他。

说了太多的吃玩和生活，我觉得应该谈谈墨尔本的教育，也就是我对墨尔本教育模式的一些看法，毕竟去墨尔本的主要目的是学习。这里的教学模式和我们不一样，我们上课就是好多学生在一个教室里听课，老师也不能兼顾到每个同学，往往是老师在讲台上讲课，下面的同学玩手机的玩手机，睡觉的睡觉，说话的说话。这样的课堂效率怎么可能高？而在墨尔本，小班模式，一个教室十几个人，老师一目了然，每个人在干什么都能看到。Amy老师之前就说过她很反感上课玩手机，并告诉我们上课不要玩手机。还有像我上面说过的，我不喜欢老师上课提问，我们这里上课老师不怎么提问，所以大家没有办法集中注意力听老师讲课。而在墨尔本，老师上课就会提问，并且保证提问到每个同学，这样我们根本没有时间没有机会玩手机或者睡觉。而且老师注重让学生讲一些东西或者分享自己的一些经历，这样同学们就会认真地学习，而且不是老师讲，别的同学也不会觉得枯燥。这样每个同学都能获得一个好的成绩了。

其实去墨尔本这一趟收获了太多太多，我们去过巧克力工厂，在那里品尝巧克力到怀疑人生，虽然那些巧克力都很好吃。我们去过野生动物园，看到了袋鼠、考拉等可爱的动物，那里为了防止动物吞食气球而死亡于是用泡泡水代替气球，免费给大家发放泡泡水，可以说是非常人性化了。我们去过水族馆看到了各式各样的海洋动物。我们也坐将近一天的车去了大洋路，不过大洋路真的让人叹为观止。眼前的一条路，一边是悬崖，而另一边是无尽的沙滩，能够感受到咸咸的海风。真的被大自然的鬼斧神工所折服。其实墨尔本的那些街头艺术也很吸引人，人们可以随意在任何一堵墙或者其他地方画他们想画的任何东西。他们也可以在大街上用自己的歌声去赚钱。我也很羡慕墨尔本的人少地多，这样他们有大块的空地去养牛羊，养他们想养的动物。去墨尔本这一趟其实挺让人感慨的，感受到了墨尔本与我们国家的不同之处。另外也学到了很多东西，我从中体会到我们应该多去一些地方看看，去开阔我们的眼界。但是在墨尔本的这十多天我最大的收获是十多个好朋友及可爱的老师。现在还时不时地想念大家，怀念在墨尔本的美好时光。如果有机会，我一定还会去墨尔本，去那个曾经带给我们快乐的地方。

读万卷书，行万里路——莫纳什大学学习生活总结

理学院　赵君如

这次有幸能去莫纳什大学学习生活两周，感觉自己收获很大，这也是我第一次出国，一切都是非常新鲜的，这是一个全新的体验。

就在墨尔本两周的生活，我想从风土人情、交通方式、饮食、学习四个方面进行总结。

在风土人情方面。虽然我们上午有课，只能下午晚上出去玩，但在14天的时间里我们还是把墨尔本的城区给玩了一圈，城区的购物中心、皇家植物园、水族馆、尤里卡88、摩天轮、Chadstone，我们几乎把墨尔本转了一圈。墨尔本这座城市还是非常漂亮的，绿化做得非常好，是一座充满了现代化气息的城市，特别是当夜色降临，那了满城高楼大厦的灯光非常漂亮。在周末，我们也一同报了当地的大洋路一日游，大洋路确实很漂亮，大自然的鬼斧神工令人震撼，那湛蓝的海水也令我印象深刻，真的是太漂亮了，那才是大海应有的颜色，而国内的大多数海水浴场海水都有些绿中泛黄了。见识了那湛蓝的海之后，回国随家里去海边时都不想下海，海水质量的差距真的是非常大。在大洋路，另一个让我印象深刻的地方就是中国人好多，整个大洋路感觉有三分之一是中国人，连中午吃饭的地方都印着中文，服务员都是中国人。在大洋路也尝了一下袋鼠肉，感觉还是蛮好吃的，没有别人说的那么难吃。也是因为难得出一次国的原因，在墨尔本，自己变得格外能逛，好多地方如果是在国内我可能根本不会去的，但主动地出去逛逛也让我发现原来没事多出去走走也是蛮好的。

同时，也不得不感叹地广人稀是真的好，就没看到一座高层建筑是用作居民住宿的，所有高层建筑都是办公用，人们都住着小洋房，住宿条件确实比我们要强很多。但也有让我们不适应的地方，那就是他们的商店基本上在下午五点钟就会关闭，这在国内是难以想象的，毕竟在国内晚上人们也是很有购买力的。澳大利亚人可以说是很会享受生活了，五点之后小酒吧里真的是挤满了人，格外热闹。他们的小酒吧相当于我们小餐馆和酒吧的结合，不仅能喝酒，人们也可以在这享受牛排等一系列美食，这一点和国内酒吧也有很大区别。墨尔本这座城市给人一种很悠闲的感觉，整座城市的节奏相比于国内来说并不快，单单就生活来说这种节奏还是很舒服的。相对来说，澳大利亚人比我们要“懒”多了，从他们商店晚上并不营业就能看出这一点，同时，大街上随处可见流浪汉，数量非常多，明明政府给他们提供带有住房的工作，工作强度也不大，就是发发传单之类，但他们宁愿露宿街头乞讨也不去做这份工作。当然，这可能也和澳大利亚的政策有关，如果十年没有工作，政府每月会给他们发补贴。作为一个中国人，真的是很难理解这种做法。

交通方面，最让我不适应的地方就是澳大利亚车辆是靠左行驶的，而我国是靠右行驶。刚到澳大利亚，坐车前往莫纳什大学的时候，看着对面方向的车都在右边，感觉特别别扭，包括走在马路上都还是习惯性地靠右边走，过了几天才逐步适应靠左走。澳大利亚人过马路的方式也很令人新奇。在澳大利亚，红绿灯并不仅仅设置于道路交叉口，横穿马路时也必须通过红绿灯，如果要过马路，要先按一下路边的一个按钮，如果不按按钮的话红灯始终不会变绿的。他们信号灯变化方式和我们也不一样，我们的信号灯是

在绿灯结束后闪3秒黄灯然后变红灯，而在澳大利亚，绿灯时很快会闪红灯，但这个红灯是提示行人快速通过，会闪挺长时间的，之后会直接变成红灯。这种方式最开始我们也都挺不适应的，一开始都在等时间，没人去按那个按钮，后来碰到一个当地人才知道要按按钮，然后还没走几步就看见开始闪红，但跑过去后发现红灯竟然还在闪。澳大利亚的主要交通方式是电车和火车，我们出行的主要交通工具是火车。和国内不同，墨尔本的城市火车非常发达，我们可以从大学附近的车站直接坐火车到市中心的城区，非常方便，如果能享受学生半价的话也是非常便宜的（虽然我们享受不到）。而在城区里，电车就更为方便，四通八达的线路可以使人抵达城区的任何地方。并且在澳大利亚，我们使用交通工具时支付方式全部为澳宝卡，这是当地的交通卡，电车、火车、公交都是用它支付，这些全都是无人售票，上车前和下车后全凭自觉刷卡扣费，当然，如果被抓到逃票的话是要缴纳200澳元的罚款的。

在饮食方面。澳大利亚的食物受其文化多元化的影响，也具有多元化的特点，英式食物、印度食物、中国食物等，可以说澳大利亚没有自己独有的菜系，但另一方面，这种多元化餐饮也的的确确是澳大利亚特有的，将其总称为澳大利亚菜也不为过。和我们地道的中餐相比，澳大利亚的这些菜明显要差很多，很多东西也就尝个新鲜，再吃一遍时就会觉得没那么好吃了，而且烹饪方式还非常单一，特别是对蔬菜的处理，我就没吃到过多少过油的蔬菜，全是生吃或是简单地焯水后就吃了。肉类也非常油腻，厨师水平是真的没法和国内相比。同时，早餐也是槽点满满，全是面包配果酱！整整两周，早餐就没换过，真的是令人无法接受。在墨尔本的15天里，唯一能让我觉得比国内强很多的就是他们的快餐了。不得不承认，他们从英国人那学到的薯条炸制技术确实比国内炸的速冻薯条要好吃多了。还有他们的汉堡也是很不错的，不知道是不是心理作用，他们的巨无霸汉堡感觉要比学校门口的大一圈。在小酒馆也尝过他们的牛排，味道还可以，和在国内吃的有点不同，也和要的熟的程度有些关系，但整体来说还是有些差距的，个人不是很喜欢那种味道。

在学习方面，最令我印象深刻的就是小班授课。不得不说，人少就是好管理。一间小教室，十几个学生，非常方便老师进行管理。课堂上，老师可以清楚地知道每个同学的学习状态，可以更好地进行授课。而且我们的第一次见面课也令人印象深刻，和国内不同，老师并不是简单地自我介绍后就进行讲课，Amy老师通过对我们进行分组，以小纸条的形式给每组安排不同的小任务，比如在学校内某个公交站牌下照相、找到学校里的邮局等，通过这些小任务加深我们对学校的了解，方便我们之后在学校的生活，在国内老师是绝不会带着我们认识校园的，毕竟人这么多，肯定是忙不过来的。

同样，在莫纳什，感觉老师和我们的距离更近一些，在课堂上老师会和每个同学进行互动，经常性地进行小组之间的讨论，有利于我们加深对问题的理解。同时，每节课老师都会使用不同的分组方式，在和别人的交流中，有助于增进同学间的友情。而且这些互动可以很好地调动同学的学习积极性，最简单的例子就是这样可以让学生不犯困，在互动中，除非前一天熬夜到太晚，否则真的是不会犯困。就拿我来说，我是绝对不会想到我能在纯英文的课堂上不犯困的，从小到大，我的英语一直非常差，这次来莫纳什，和其他同学也是有很大差距的，但在老师安排的互动中，多次的挪位、移动，根本没有打瞌睡的机会，也使我能更好地理解老师讲的东西，这也是小班教学的好处。

不知是学校的安排还是怎么，给我们授课的几个老师都非常的风趣幽默，能和我们很好地融入在一起，但在国内，能给我这种感觉的老师非常少。

我个人是非常喜欢他们这种上课方式的，这种上课方式让我觉得非常舒服，哪怕受限于英语水平不够好，并不能很好地听懂老师讲的所有东西，但这种上课方式很自然地让我想努力去听。我觉得我们的上课方式也可以多多少少的学习一下他们的方式，真的很不错。

这次去澳大利亚，一切的一切都非常新鲜，让我对国外的生活有了一个全新的认识。首先，不得不承认，澳大利亚的不少东西确实比我们国内要好，但是也没有网上很多人说的那么好，看来看去，还是觉得中国好。我还是更适合在国内生活。最后，祝福我们的国家越来越好。

猫本过冬记——澳大利亚莫纳什大学交流心得

船舶工程学院 陈佳炜

墨尔本有一个很可爱的别名，猫本。Melbourne，Melbourne，读着读着就成了猫本，就好像午后慵懒地躺在软垫上晒着太阳的小猫一样，当然，在我的理解中，“猫”又好像“multi-”的发音，走在墨尔本的街道上，你会发现，这一整个城市，是一个永远multicultural的地方。它屹立在澳大利亚的海岸线旁，不像悉尼那般繁华，不如珀斯那样宁静，但它静静沉淀着几个世纪以来的斑驳历史，注视着这个快速前进的社会，包容着来自世界各地的文化，又始终坚守着自己的底蕴。我很感激学校给了我一个到莫纳什大学学习交流的机会，正是这个机会，让我在南半球度过了充满快乐与惊喜的两个星期。

冷，是一下飞机墨尔本给我的第一印象，这好像是一句废话，毕竟七月份是人家的冬天，后来我们的老师甚至还给我们看了澳大利亚圣诞老人十二月份带着圣诞帽却穿着短袖的照片。墨尔本最出名的当属它“一天四季”的气候，昼夜温差很大，早上的冷是带着水汽的冷，但一到中午，有的时候太阳出来，暖烘烘得让人昏昏欲睡，又或者是刚刚还是大晴天，一会儿就飘起了绵绵细雨。

第一天到我们住的宿舍已近十二点，它是莫纳什大学的私立住宿学院Mannix College，宿舍对面便是莫纳什大学，每天上下课步行也只需大概五分钟。宿舍很棒，和国内的宿舍不同的是，房间里除了拖鞋简直是应有尽有，一台电视，一个小沙发，一个小冰箱……每层楼都有一个公共的厨房和很大的客厅，厨房里锅碗瓢盆一应俱全，如果吃不惯食堂的伙食，自己动手做菜也是一个很好的选择，有一段时间宿舍里住着很多印度人，食堂的伙食也几乎顿顿都有印度香米和咖喱鸡。我们都住在同一层楼，几乎是霸占了这些地方两个星期，有了厨房客厅就好像有了一种家的舒适感，我们的领队老师每天就在厨房煮煮早饭，晚上就大家聚在一起玩玩游戏，而不是各自待在自己的房间里大门不出二门不迈，这么一个客厅，反倒给了大家一个更好的机会了解对方，增进感情。但是因为在郊区，所以一整片地区晚上都是安安静静的，除了高速行驶的汽车基本上见不到什么人，晚上的克莱顿确实有一些阴森，郊区的车速和红绿灯也很可怕，一不小心就有被车撞的危险。毕竟国外并不如中国对于一些药物枪支管控那么严格，第一天到的时候，确实发生了一些不愉快的事情，之后我们的老师也要求我们在九点一定要回到宿舍，以免发生意外。

两个星期以来，我们一直在一个小教室里进行小班教学，前前后后总共有三个老师，分别是Amy、Lisa和Marine。

Amy和Lisa主要教我们语言和墨尔本的风土人情，在她们的带领下，我们更快地了解了当地人眼中的墨尔本。Amy的课不仅仅限于一个小教室之内，第一堂课她就给我们探索莫纳什大学的任务，带我们去办理了学生卡，告诉了我们在墨尔本生活的小技巧，课上的游戏也总是需要跑来跑去，这其实很有益于我们对课堂的专注与兴趣。她带我们去巧克力工厂品尝巧克力，喝早茶，去动物园见到了考拉、鸭嘴兽这样神奇的动物。

Lisa的课则像是在锻炼我们的交际能力和动手能力，让我们画画，我还成功把钢铁侠画出了美猴王的“艺术感”。

然而，我最喜欢的还是最后几天Marine给我们上的课。我一直觉得他是个神奇的男子，才几十岁就好像跑遍了半个地球，从一个沉默寡言一心科研的学者，成为了一个能说会道善于启发他人的老师。他从人的性格开始，讲到做人处事的方法，讲到如何培养自己在团队中的协作能力，让我们在他的帮助下逐渐认清自己，他的课既现实又深刻。我记得有一次，他给我们做了个小测试，把我们在性格上分成了engagement、results、process和support四组，分组确实和大家平时表现出来的相差无几，可是他后来说的一番话却让我印象深刻。他说：“虽然我给你们分了组，但是一个人永远不要认定自己的性格，当你自己认定自己就是怎么一种人的时候，就很难再跳出自己的舒适圈去做改变，人是应当随着时间随着经历不断改变的。所以，相信自己有无限改变的可能，先改变自己，才能去改变其他。”我不知道他经历了些什么，但从他的课堂中，我总是能感受到他思想的深度和宽度。

Marine布置的作业里有这么一个问题：通过这次的课程，你最终做出了什么改变？

对我来说，这种改变无疑是巨大的。我学会的第一个重要的东西就是面对无知，勇于质疑。我从小到大的课堂，老师留给孩子质疑的时间和机会都太少了，更多的是“我说你听”的单向灌输教育模式，渐渐地，我们放弃质疑选择接受。但是澳大利亚的课堂，老师始终微笑着在鼓励我们提出问题，当然，小班制的教学会让我们觉得每个人都受到了重视，每个人提出的问题老师都能注意到并且给出他的答案，这在中国现今的教育上还是任重而道远的一件事情。

第二个改变，变得自信。害怕说错，害怕被嘲笑，于是干脆就不说不做自然也会不错，但是上了这些课，遇到了很多不一样的人之后，我才发现，说错也是一种前进的方式，也没有人有空来嘲笑你。我之前也不敢和English native speaker说话，怕自己的语法错了他们会听不懂词，用错了会很尴尬，但是真正到这个环境里之后，我发现他们大多对英语很宽容，是我们对自己太严格了，有的时候因为害怕做错反而显得拘束，倒不如勇敢说出来，错了也能快点改正。

除去课堂的学习，在课外的学习也是很重要的一部分。每天下课后，我们就会坐着火车从克莱顿郊区进到真正的墨尔本城市，在那里，没有老师，全靠我们自己来解决一切问题，这才是真正的对语言能力的考验。

墨尔本的皇家植物园，是我去过的印象最深刻的地方。植物园一听起来大概有些无聊，我们一开始也始终没把它列入游玩的名单，但事实上，待在植物园的那一个下午，是我在墨尔本度过的最惬意的一个下午。墨尔本皇家植物园始建于1845年，汇集了上万种来自世界各地的奇花异草，在其中，也有无数名人亲手种植下的纪念树，你可能喊不出手边的花花草草的名字，不知道它肩负着如何伟大的历史，但只要走在其中，看着高耸的热带雨林，穿过沁人心脾的香草园，来到一人高的仙人掌旁感受沙漠的气息，不自觉地，人就会慢下来，思想会开始在空中漫游。黑天鹅在波光粼粼的湖中嬉戏，草坪上坐的那一家人看着那么幸福，湖边木椅上相互依偎的情侣好像没有什么能将他们分开。夕阳时景色最美，你可以从热带雨林里望见不远处的一栋栋摩天大楼，阳光从西边照射过来，透过茂密的树林，远远望见在阳光下朦胧闪着光晕的高楼，几千米的距离，就像是自然与人类的距离，这个植物园就像是隔绝了一切城市的浮躁，给人一个庇护之所。点一杯咖啡，坐在湖边，晒着太阳，看着猎奇的植物，赶着四处蹭食的飞禽，聊着天就感觉是一件很幸福、很享受的事情。

从克莱顿坐火车到城里的二十分钟里，沿途基本上全是各式各样疯狂的涂鸦。墨尔本有一条最具有代表性的涂鸦巷——霍尔巷，这一条短短的涂满了色彩各异的涂鸦的夹在两栋高楼之间的窄巷，几乎成了人们来墨尔本必须打卡的地方。其实，不是说一定非要走到某个景点见到某个建筑拍个照就算了解这种文化了，墨尔本的街头文化无处不在，它不是一直待在一个地方静止不变的死物，而是充满生机的不断流动的灵魂。要想了解真正的街头文化，就可以走在墨尔本的街头，看看街头艺人的表演，或是坐着tram，漫无目的地乱转，看看四处古老的建筑，或者坐上Yarra river的游船，看看江边那一整条金碧辉煌的金融街。

边学边体验的两个星期，足以让我熟悉了墨尔本这个全球第一的宜居城市。从Flinders Street Station走出来对面就是联邦广场，广场上的人三三两两喂着海鸥聊着天，很幸运那几天有漫威展满足了我成为复仇者联盟一员的愿望。再走几步是著名的维多利亚州立美术馆，里面展出着千万艺术藏品，既有毕加索、莫奈的名画，又有天马行空的Moma现代艺术展，逛得累了还能在三楼躺在沙发上看巨幕电影。

去南十字火车站，在一个露天的小汉堡店，你能吃到整个墨尔本最好吃的汉堡，特别是它的Mighty Melbourne。

去唐人街，看老外们为了小笼包排长队。

登上墨尔本最高的Eurcka Skydeck，扒着栏杆眺望夜晚灯火通明的城市。

逛南半球最大的购物中心Chadstone，买东西塞满自己的行李箱。

来动物园水族馆，和小孩们一起看考拉睡觉、袋鼠晒太阳。

还有，一定要开车穿过原始森林去感受一次大洋路，看看正在消失的壮观的十二使徒岩，幸运的话还能看到不远处的鲸鱼喷水，走近峡谷吹吹太平洋的海风，最美丽的还是大洋路的夕阳，太阳从平原慢慢落下，一整片天空自上而下呈现出蓝紫红的渐变……

时间太快，两个星期转瞬即逝。其实一直以来，除了对这趟旅行的期待，我更多的是忐忑，不仅仅是到了一个全新的语言环境，身边更是全新的伙伴。从一开始我就发现，团队里的好多同学都是结伴或者互相认识，但是我们学院只有我一个人，我谁都不认识，就很害怕这次交流我会比较沉默。但是回国后，我每每想起在澳大利亚的这段经历，发现我最要感谢的，就是从一开始就愿意主动与我说话的小伙伴们。团队里的每个人都很好，我们一共十六个学生，八个大一八个大二，但是学长学姐们完全没有架子，很快大家就玩到了一起。我们的课堂也是，不同于我经历过的很多英语课，我们的课堂确实活跃得有些“过分”，大家都在尽自己最大的努力去说英语。我很庆幸在我周围总是会有那么一些能说会道的人，领我出自己的小天地，给了我一种切实的安全感，所以我能无所畏惧地做自己，敢于表达自己的想法，哪怕说错了，我也不会觉得有什么懊恼。一直以来，我都生活在同样的舒适圈里，周围的好朋友也都是和我差不多性格和经历的人，当我跳出自己的舒适圈去审视其他人多样的生活的时候，我才会发现自己的狭隘，我才会努力去扩大自己的视野，这也是这次交流教会我的一个很重要的东西，不断地去看去了解，去享受人际交往的快乐。这次的交流，恰恰是这十五个小伙伴赋予了它最深刻的意义，很多事情是因为与我在一起经历的人，让我不断在日后想起时，都觉得与众不同意义非凡，遇到彼此，既是一种命运，也是一种幸运。2018年夏天我们一起在南半球度过的冬天，也注定成为我人生中不可或缺的一部分。

澳大利亚悉尼科技大学
2018 暑期课程学习项目心得篇

序

黄　琎

每当我看到南半球的阳光海岸时，就不禁会想起那些在悉尼的黄金般的日子。

——题记

在2018年的蝉刚开始躁动的那个季节，我带领着学校的交流访问团搭着飞机，飞过了茫茫的太平洋，抵达了位于澳大利亚东南沿岸的悉尼市。此时正值南半球的冬季，悉尼却并不寒冷，伴着碧蓝的天色和耀眼的阳光，反而给人以一种飒爽的感觉——这大概便是我对悉尼的初印象了。

我们一行前往此行的目的地——悉尼科技大学。这也是我们即将开始为期两周的交流访学之旅的地方。一路上伴着车窗外明媚的阳光，飞驰向后的树影和学生们与司机的交谈，我也逐渐对悉尼科技大学有了更深的了解。

悉尼科技大学（University of Technology Sydney，UTS）坐落于澳大利亚新南威尔士州首府悉尼市中心，是一所充满活力并且注重创新的大学，属于澳大利亚名校之一。从各种排名方面的统计数据都可以看出这所学校的优秀：在最新的QS 2019全球大学排名（QS World University Rankings 2019）中，悉尼科技大学位列全球第160名。"悉尼科技大学拥有多元文化的校园和充满活力的国际交流与研究计划，帮助毕业生为现在和未来的工作做好准备。学校有超过40 000名学生，其中国际留学生超过10 000名，是澳大利亚规模最大的大学之一。悉尼科技大学毗邻悉尼的中央商务区。未来三年，学校城区 Campus Master Plan将为大家呈现一所最先进的大学来满足21世纪学生的需求。"——UTS的官方网站上如此自信地介绍着。

这是哈尔滨工程大学第二次与悉尼科技大学开展交流活动，而这次活动的宗旨也始终如一：通过学习和体验不同国家的历史、经济、文化，拓展本科生的国际视野，提高其跨境文化交际能力和不同角度分析、调查人类发展所面临的核心问题的能力。而从学生们在这次活动中各方面的积极表现来看，这一次活动无疑是成功的。

在悉尼，我们只有短暂的两周时光，但是这两周的行程安排得松弛有度，精彩绝伦。每个工作日的上午，学生们都会来到UTS的一间漂亮的教室里，跟随UTS的经济学教授Peter学习澳大利亚的文化和经济知识，中午就餐于一处充满亚洲风情的美食街，下午课后学生们三三两两结伴去悉尼市中心游览，晚上则可以在Darling Harbor沿着海港边点缀了路灯与风灯的木板路上悠闲地散步，去感受那迎面吹来的微凉海风中些许的海腥味；到了周末，我们则会一起进行一两次远足，如乘船前往著名的塔隆加动物园，一边观赏美景，一边欣赏澳大利亚特有的动物们，或是乘上两个小时的火车前往位于城郊的蓝山国家公园，漫步在狭长的山间小道上，观赏满山的桉树在阳光照耀下空气里所显出的那一层淡淡的蓝色雾气；我们也会在每周四的Shopping Night前往著名的Peter Street，在打烊之前和当地人一起流连于悉尼的各大商场选购自己心仪的商品与将要带回给亲友们的礼物……我们渐渐地感受到了悉尼这座城市独有的魅力与风情，了解了澳大利亚人与我们大相径庭的生活方式。

UTS的校园也成为了我们最喜欢的地方之一——这里有可以随时取阅图书、自由讨论的图书馆，这里有热火朝天、各抒己见的讨论式教学，这里有温暖舒适的午后阳光，这里有夜深人静的灯光与烟火……在悉尼，生活的步伐被放得很慢，人们不必行色匆匆地赶去上班，可以花一个下午的时间在城市中心的植物园里慢跑或闲聊，这里的时光慢到让人可以静静地去欣赏路边的一朵雏菊。

悉尼，像在夕阳变幻中的海港大桥，璀璨绚烂；像在Opera house里回荡了数十年的歌剧，魅影重重，缠绵不息；像绽放在Darling harbor的烟火，刹那芳华，明艳动人……

悉尼，是一个可以承载梦的地方，愿悉尼之行让你们成为真正的逐梦人！

赴悉尼科技大学短期学习感想

信息与通信工程学院 孙小雯

2018年暑假，我有幸参加学校前往悉尼科技大学短期学习的留学项目，这是我第一次去国外体验学习，感触良多。

悉尼科技大学位于澳大利亚新南威尔士州首府悉尼市中心，是一所充满活力并注重创新的大学，澳大利亚名校之一。学校拥有独特的学习模式，强大的研究成果和与行业及专业人士合作的良好声誉。在最新的QS 2019全球排名中，悉尼科技大学位列全球第160名。世界年轻大学（校龄小于50年）排名全球第15，澳大利亚第1。

在2017年的QS排名中，UTS护理专业排名全球第4，澳大利亚第1；艺术和设计专业位列世界第29；法学院排名第43。

悉尼科技大学拥有多元文化的校园和充满活力的国际交流与研究计划，帮助毕业生为现在和未来的工作做好准备。学校有超过40 000名学生，其中国际留学生超过10 000名，是澳大利亚规模最大的大学之一。学校的世界级校区坐落在澳大利亚新南威尔士州悉尼的心脏地带，距离悉尼中央车站仅有几步之遥，步行即可到达悉尼各大景点和景区。

我们预定的酒店离学校很近，从酒店出发步行十分钟就可以走到教学楼。而且酒店距华人街很近，比较繁华，无论是超市还是商场都很好找，购物和交通十分方便。悉尼的设施很人性化，比如每个路口设置的交通按钮，有行人过路时按下按钮，才会有绿灯显示，这极大地节省了司机和行人的时间，可以说是很有效的发明了。

第一天我们参观了学校，学校环境优美，设施齐全。作为学校校园升级计划（UTS城区 Campus Master Plan），学校会在十年的时间里花费超过10亿澳元升级现有的建筑和设施，并新建符合绿色星级认证的建筑物。

学校的工程和信息系统学院大楼于2014年建成，建筑垃圾回收率达到98%。楼内有先进的雨水收集装置和节水系统，通过收集处理和再利用，可以满足卫生间用水需求及楼外绿色墙壁的灌溉要求。同时，这栋建筑也是一个“实验室”，学生可以通过设施监测楼内空气质量、二氧化碳水平、挥发性有机化合物、混凝土离子侵蚀和建筑结构运动等大量数据，保证整个楼内的环境水平。

学校商学院（Dr Chau Chak Wing Building）于2015年开始使用，通过了绿色五星认证。建筑提供节能服务，包括无水制冷机，同时利用二氧化碳和挥发性有机物传感器来检测楼内环境指标。楼内灯光也通过日光感应器及发光二极管LED和T5光源的综合使用来节省资源。

悉尼科技大学图书馆除了最基本的书籍和电子资料，还在2014年正式建立了由中国国家主席习近平发起的中国馆。中国馆是一个集书籍、视听材料和多媒体显示于一体的综合信息中心，学生可以在此进行阅读和自主学习。这些资料能够帮助学生更好地了解中国的文化和历史。该馆也是中国政府有史以来向澳大利亚赠送的第一所中国馆。教学楼里有许多供小组学习的教室，我们就是在那里学习的。学习过程很有趣，Peter教授很可爱且风趣幽默，让我们能开心地学习他所教授的“枯燥的知识”。课间休息之余，他也会跟我们讲一些悉尼周边好玩的地方，比如他所居住的蓝山。

在悉尼，每天都过得很充实。每天上午两节关于贸易经济的课，中午我们会一起去学校的一个餐厅Spicy Alley吃午饭，菜的种类很丰富，包括中国、泰国、日本等一系列美食，所以每天中午可以说是一个很放松很愉悦的时间了。下午下课后我们经常去Darling Habour散步，遍地的海鸥在身边悠闲地踱步，海面在灯光的映照下熠熠生辉，清新的风可以吹散这一天堆积的疲劳和忧愁，是一个非常棒的散心地。临近的商场里还有一家很有名的pancake，菜单里的pancake真的超级好吃。

周末我们组织去名胜游玩。第一天去了悉尼建在岛屿上的动物园，见到了许多可爱的动物，而且我被动物园的生态环境建设震撼了，特别是一些稀有动物的生活环境，做得很到位。

第二天我们去了蓝山国家公园（Blue Mountain National Park），著名的千米蓝山咖啡就来自这里。蓝山国家公园位于悉尼以西约100千米，是一道长长的山脉，那广阔的沙岩高原、陡峭的悬崖和幽深的峡谷等奇特地貌，还有90种不同品种的桉树及超过400种的动物种类，使其于2000年列入自然类世界遗产。

蓝山名称的由来，是因为从远处眺望时，这座山被一层蓝色的迷雾围绕，这实际上是当地桉树林挥发的油滴在空中经折射而呈现的蓝光。蓝山国家公园有辽阔的丛林景观、峡谷、瀑布，壮观的石柱群，风景秀丽，环绕蓝山山脉内有多处度假中心和村落，吸引澳大利亚当地人和世界各地的游客纷至沓来。公园内生长着大面积的原始丛林和亚热带雨林，其中以尤加利树最为知名。尤加利树，也叫桉树，是澳大利亚的国树，有500多种，是澳大利亚珍贵的动物无尾熊的唯一食物。

在栈道上行走时，清新的感觉尤其强烈，被参天古树环绕着，我平白多出几分敬意和寒意，古老的气息萦绕在周围，让人为之倾倒。此次蓝山之行，我们还体验了世界上最陡的山道列车，开阔了眼界，收获颇丰。

第二周我们去了悉尼有名的海滩，脱下鞋下去嬉戏被突然的海浪冲湿衣服，在石头堆里捉螃蟹，看见难得露面的小企鹅展开翅膀……一切都那么美好，让人流连忘返。回归校园后，由于有group presentation的任务，老师教授了我们许多对话和仪态的技巧，还有关于内容的要点，我学会了许多presentation的知识，这对我回国以后准备英语考试也有很大帮助。在每晚的努力下，presentation展示顺利完成，那一刻既放松又有一点失落，我们完成了自己的目标，却要和悉尼这个美丽的城市告别了。

短短的两周里，我们去看了美丽的悉尼之眼，在最高点俯瞰悉尼夜景。在悉尼歌剧院旁疯狂拍照，表达自己的激动。我们在许许多多美丽的地方留下足迹，从一开始的不安到现在的眷恋，悉尼教会了我们许多，也让我们深深地爱上了它。我们终将分别，但记忆永存。

而且通过这次学习，我也了解到了祖国与其他国家的深厚联系，真切地感受到了祖国的强大，不论是超市里的那些熟悉的商品，还是在课堂上学到的中国与澳大利亚经济政治关系的不断深入，都让我明白了，中国现如今在世界上的存在感。中澳建交45年间，中国社会取得了巨大的、令人难以置信的发展。双边人文交流取得长足进展，其中以学生之间的交流最为积极。1973年，中国到澳大利亚的留学生只有5人；2016年，在澳大利亚的中国留学生有16万人。中国也成为澳大利亚留学交换项目中，学生最喜爱的留学目的地。

“来了就不走了。”45年间，许多澳大利亚人在中国落地生根，组建了自己的家庭，拥有了属于自己的事业，甚至成为中澳两国人耳熟能详的名字。学校图书馆中中国馆的建立也体现了这一点。相信在未来，中澳关系发展的深度和广度必将继续拓展，助力更多人实现梦想，有更多精彩、美好、动人心弦的故事发生。我相信这一天一定会很快到来，会有更多的人受益，体验不同的风土人情，收获阅历。

与此同时，学习的分量在我心中加重。初来时英语交流的艰涩和困难，让我深深明白了学习的重要性。如果以后想要去一个繁华的城市优秀的公司，语言交流必不可少，如果还是困在一隅之地，得过且过，甘心做一只井底之蛙，不理解外面世界的快速发展，那么我终将会被淘汰，我要更加努力地学习，为未来奋斗，向着把自己变得更好的目标奋斗！有朝一日，我可以凭借自己的力量去自己想去的地方，过想过的生活，做想做的事，不浑噩度日，不自怨自艾，不追悔往昔，活成自己最想要的样子。

记悉尼科技大学

信息与通信工程学院　从　露

为期两周的交流活动转瞬即逝，在这段时间里，所见所闻可分为两部分，其一是在学习中收获颇丰，其二则是日常生活中有很多与国内不同之处，让我开阔了眼界。

学习方面，我们主要学习了经济学的一些基础知识，并学习了presentation的一些相关知识。虽然我并不是一个经济学专业的学生，但是老师教授的知识都是极为浅显易懂的一些经济学原理，经过认真学习后，我对经济也有了进一步的了解，同时也发现了悉尼经济与我国的区别，即资本主义与共产主义在经济宏观政策上的一些区别。除了经济，收获最大的便是对于presentation技巧的掌握。Presentation是我们在今后学习生活中也会经常用到的一个必须技能，并且会逐步在我们的学习生活中占据越来越重要的地位。对于presentation，首先要做到的是能够克服在人前发言的紧张感。诚然如授课老师所言，紧张是每个人都会有的情感，不论是每天都要教课的老师，抑或是经历了成千上百场演讲的演讲家，在一场presentation之前，仍会有不可避免的紧张感，但他们的出色之处就在于他们能够克服这种紧张，甚至让这种紧张成为激励他们前进的一个因素。老师教给我们很多办法，比如在正式演讲前多次演练，并找一些朋友来倾听给出改进意见，成为overprepared；比如在开始演讲之前，要进行一些深呼吸；比如在你站稳之后，停顿几秒钟，再开始自己的演讲，等等。除此之外，老师还教给了我们如何在presentation中，运用合适的肢体语言来吸引听众的注意力，便于让听众理解。从站立、走路的姿势，到讲话时应该配以合适的手势，从开始引入的语气，到过程中抑扬顿挫的语调，从上场的眼神，除了演讲中的眼神交流，老师从方方面面为我们做了详细的解释。在演讲技巧外，我们还学习了如何准备PPT，以及如何作为一个团队去完成teamwork。在这个过程中，我们从不甚相熟的校友，变成能够齐心协力朝着同一方向努力的队友，从彼此的生疏羞涩，到能够各抒己见彼此帮助，我想这便是除了学习知识之外的东西，也就是友谊。

以上均是在课堂中所获得的知识，但是这次交流所得却并非仅仅局限于课堂中，在平时的各种参观中，我也看到了很多差异。

在参观悉尼科技大学时，留给我极深印象的是他们的图书馆。图书馆分为地上与地下两个部分，我们首先参观了地下图书馆。由于书籍数量众多，但使用数量却有限，该地的人便建立了地下图书馆，或者说地下藏书库，这个藏书库足足有十米之深，而这也并不是悉尼唯一一个地下图书馆。该图书馆由大到小来对书籍进行分类录入，并为每本书贴上专属标签进行身份认证，录入图书馆专用系统，当有人需要借阅这些图书时，就可以在地上图书馆的机器预约藏在地下图书馆的图书，地下图书馆接收后就会由机器手自动在书库中寻找并取出同学需要的书籍，由专人送到地上图书馆，这样节省了很多场地。当然这并不简单，因为在借阅后仍需要有专人取送，需要你留下地址和联系电话，在一段时间后才能拿到你想要借阅的书籍。这些可以由传送机器来做，不用耗费人力，而且中间的间隔会比较短。但是悉尼科技大学没有采用这种方式的主要原因是地上图书馆与地下图书馆过远，建立传送结构耗费太大，该学校的新的地上图书馆将建在地下图书馆上方，询问过校方有关人员，他们表示在新图书馆建成之后确实会采用传送装置来简化从地下图书馆借书的流程。

除地下图书馆的别具匠心，不仅能够节省空间存放大量的不常用书籍，而且能采用机器来代替人工寻找借阅书籍节省时间外，地上图书馆的构造模式及设计理念也与国内存在较大区别。地上图书馆与国内的图书馆最大的不同在于，图书馆内不仅有大量的书桌、自习室等，方便大家学习，而且同时配以游戏室、电话室等，提供大家休闲娱乐的场合，并且不打扰其他同学的学习。

从图书馆的构造来看，尤其是地下图书馆的构造，所用的科技含量并不高，启发我们可以用一些简单的想法来达到节约用地、提高利用率的目的。

利用一些并不尖端的科技来给生活提供方便并不仅仅体现在图书馆的设计上，在日常生活中也可见一斑，例如公共汽车在停靠时，会利用充气抽气的设施，降低上下车门一侧的高度，方便儿童及残疾人上下车。此外，给我留下深刻印象的是参观的一家银行。这家银行虽然也进行储蓄等一些经济活动，但也同时进行一系列自己的科技研发，这些研发虽不高端，却结合银行的作用给人们提供了很多方便。其一，银行机器人。这个机器人并不能直接提供服务，但可以用多种语言向他人打招呼，进行一些简单的互动，可以使枯燥的等待时间增加很多乐趣。其二，浏览器追踪。这个设备通过捕捉人的视线所在，来统计受众在浏览网页时对不同内容的关注时间，以此数据来指引网页版面的编排和内容的分布。其三，电子储存器。这是一款为儿童打造的电子银行，可以以孩子在家中帮助父母的方式，挣取零花钱并直接存入电子银行，当总额达到一百时，就可以取出。其造型十分可爱，能够吸引小朋友，同时又能激励小朋友帮助父母做家务，并对理财有初步的了解。其四，指环银行卡。虽说现在手机支付十分方便，但是在游泳馆时，由于水的缘故并不适合携带手机游玩，这时一个戒指银行卡就体现了它的巨大作用，既不怕水，又方便携带，不影响运动，确实是热爱游泳和喜欢海滩的人的福音。

由此可见，悉尼对于科技的亮点在于应用。我国在科技水平上的实力毋庸置疑，能够将科技应用于生活，想必会给广大人民群众的日常生活带来许多便利。

除去科技的应用方面，悉尼给我的印象便是遍地都是中国制造。本来想要买一些本地特色带回国内，结果在逛商场的时候却发现，很多看起来很精美，又比较有特色，而且价钱又不是很贵的小礼品，竟然后面都标注着made in China，即使有一些不是中国制造，也可能是日本或者韩国制造，只有极少一部分原产地是澳大利亚，而且价格都极其昂贵，这就体现出了两国的国情差异。

澳大利亚人口近年来一直处于负增长状态，劳动力稀缺，其产品大多以科技含量为卖点，在一些需要大量劳动力的产业上，都选择进口商品，因为劳动力的价格要远远高于商品的价格。也正是因为劳动力价格高昂，才导致市场上的商品以中国、日本、韩国制造为主。而从商品中中国制造商品的比例又可以看出，我国确实是一个劳动力市场富足且廉价的地方，我国的商品可以以物美价廉的优势来取得上风。同时，近年来，我国又加大对科研的重视，加大科研的投资力度，积极推动中国制造向中国创造改变，不难预见，不久的将来，我国的商品定然不仅仅在价格上取胜，在科技含量上也会力压他国，取得更为广阔的市场，对于经济发展也会有极大的帮助。

总体来看，在悉尼的这两周时间内，我见到了夜晚悉尼不平静的景色，让我不停感叹与怀念国内良好的治安环境，在遇到事情时，第一个生出的想法便是回国去，回到祖国的庇护中去；我也在悉尼街头看到了许许多多的中国人，有旅游的、游学的，让我感受到了中国的强盛，能让我们有机会在另外一个国家游学参观；我也听到了讲课的教授多次夸赞中国，是中国在经济危机时为世界做出了许多贡献，让我认识到我的国家在世界的舞台上也扮演着一个重要并起着积极作用的角色，同时我也再次为自己是个中国人而深深地感到骄傲。虽然短短的两周交流已经结束了，但是这次交流教会我的东西与知识，带领我开阔的眼界、增长的见识，以及再次对我国国力强盛的认识并不会随着这场交流的结束而消失，正相反，它们都会一直深深地烙印在我的脑海里，时刻激励着我努力学习，奋发图强，在祖国的庇护下茁壮成长，能够在日后为国家的强盛贡献自己的力量，今日，我为国家的强盛而感到骄傲与自豪，他日，我定为国家的发展与安康添砖加瓦！

悉尼，再见！

悉尼见闻录

信息与通信工程学院　付之逸

距离悉尼游学归来已近两周时间，方才动了写见闻录的念头，三千余字，也算是一篇小小的总结吧。

虽然是暑假之初的出游，但现在回忆起来，我竟然有了一种恍若隔世的感觉。也许是在悉尼的时光太悠闲，让我总怀疑这会不会是一场不切实际的幻想。

幻想也好，回忆也罢，不管怎样，这段时光都会化为我人生中的一朵小小浪花，随着时间的潮起潮落，翻腾着，涌动着，生生不息……

初　至

刚搭乘飞机千里迢迢从哈尔滨飞至悉尼的我，连步伐都是急匆匆的。两日间竟从北国炎炎夏日变换至南半球的萧瑟冬日，心里倏地有一种荒谬的感觉，又飘飘然地开心起来，“竟然到了悉尼啦”，内心似乎有个这样的声音在大喊着，莫名的幸福感涌了上来，包住了我。车窗外，天空蓝得惊人，阳光似乎是金色的，亮得晃眼，陌生的西文店招从车窗这窄窄的玻璃间一晃而过。一切都是陌生的，但一切也都是新鲜的……

新　识

UTS的Joyi带我们在旅店登记入住，随后便问我们是否有兴趣在附近参观一下。既然初来乍到且又闲来无事，怎可辜负了这样美丽的天气，大家便欣然应允，随Joyi一道前往达令港参观。

从旅店出发，绕几个弯，又前行数十步，一个美丽的海港忽地出现在大家眼前。远远望去，只见一片蔚蓝色向天边蔓延开去，一阵阵微风吹拂着海面，阳光照在上面，留下了粼粼的光。有几只海鸥在海面上翱翔，时不时地落在码头上小憩。码头上是热闹的，有着熙熙攘攘的人群，但却并不给人急促的感觉——人们来来往往，都是悠闲的模样，三三两两地沿着码头走着，或有一两位骑着自行车急匆匆赶路的行人，人们也都会微笑着纷纷避让，让那叮铃声一路随着骨碌碌的车轮向前去了。

转眼间，日色渐高，是到了午餐的时间了。此时恰好到了海港城的一家商场里，大家便三五成群地散了，各自计划午餐去了。

鉴于这是在悉尼的第一餐，我决心隆重地对待，于是与另外三位好友一道，一起点了个披萨，还附四听可乐。这午餐果然让人满意，咸甜的披萨和冰爽的可乐混合着刺激着我的味蕾，让我在那瞬间觉得自己似乎已经是个澳大利亚人了。

问　学

第二天便算是正式开始在UTS的访问和学习了，仍然是Joyi带领着我们，参观了UTS

的教学楼，并领着我们去看了我们上课所要用到的教室。

中午是UTS的欢迎午宴：两块被切成整整齐齐小方块的披萨，每人一听碳酸饮料。大家坐在餐厅的长桌边，开心地谈笑着，都对接下来两周在悉尼的安排发表着自己的意见，希望不要错过在这里的每一刻时光。

午餐过后，就要开始我们在UTS的第一堂课了。让我们惊讶的是，虽然我们是工科的学生，但是我们即将要学习的课程竟是经济学。这个消息着实震撼了我一番，以至于在回教室的路上竟有些忐忑了。好在教室里是一位和蔼亲切的老教授，他笑眯眯地向我们介绍自己，他叫Peter，是UTS商学院的一名教授。而后他表示他将给我们介绍一些基本的经济学知识，同时也会给我们介绍有关澳大利亚文化、澳大利亚经济、中澳贸易关系等方面的内容，并且他请我们不用担心，“I think engineer students are very clever.”他如是说道。

接下来的两个小时内，他给我们介绍了一些经济学的基础知识，如GDP、GFC等。而让我感到惊奇的是，经济学并没有如我想象中的那样死板枯燥，与之相反，Peter给我们展示了一个生动活泼，并且与我们日常生活密切相关的经济学。这简直颠覆了我一直以来对经济学的看法！带着这种惊喜与好奇，我兴致勃勃地听完了两个小时的课程——一门从未涉足并且是全英文授课的课程，还有一些意犹未尽，这对于我来说可以算是一桩值得骄傲的事情了。

在此期间有一个短暂的休息，这时Peter问我们想不想来杯茶或者一些小饼干，接着他笑着朝我们眨了眨眼睛：“Follow me，I'll show you.”于是他带着我们走入了教室旁的一间休息厅里，休息厅里有着许多舒服的沙发椅，房间的一侧有一个料理台，另一侧则有着一张大大的桌子，桌子上果然摆着各类茶包、速溶咖啡、牛奶及小饼干。我们欢呼了起来，纷纷围在桌边取用零食，然后或立或坐地在房间里休憩。这里很快就成为我们心中的“秘密基地”，每逢课间休息或者是午餐闲暇，都要来这里坐一坐，聊聊天，吃点儿零食。

两周的学习时间过得比我想象中的还要快，而通过在悉尼科技大学商学院短期的学习，我惊喜地发现，我所学的理工科与经济学并不是没有相似之处的。不仅如此，我甚至发现，通过理工科所训练出的逻辑思维，完全可以用来理解和学习经济学。这种在新的知识领域找到熟悉的学习方法真是一件让人愉快的事情。

在课程结束之前，我们还有一个以小组为单位的、主题为“中澳贸易关系”的presentation。我同样也从这个团体活动中学习到了很多。

在来到UTS之前，我甚至对presentation为何物一无所知。在这几天的准备中，我们五个人的小组分工明确，互相配合。大家时常在下课之后聚在一起，讨论或练习presentation，为了使内容更加充实，我们又查找了大量的资料和文章来阅读，以期丰满我们的presentation。

最后的结果自然是让人满意的。而最令人开心的事情，则是通过这次对presentation的准备，学习到了准备presentation的全过程，这无疑为我在以后其他presentation的准备中提供了参考和学习的范例，这就像是一盏明灯，为我指引了前进的方向。而且，我还发现，相对于平时的听课和看书，presentation是一种更为主动的学习方式，通过这种方式学到的知识往往更令人印象深刻，也许多年之后，我会忘记在Peter课堂上学到的一些经济学知识，但我相信我依然会记得所学的中澳贸易关系的知识。

游　览

来到悉尼，除了学习，我们还有大把的自由时间可以用来游览悉尼的美景，毕竟是从小就从教科书中知道的城市，如今终于亲自到了，自然是要好好游览一番的。

从刚刚抵达悉尼的那一刻起，我就在计划着课余时间的出行：著名的景点诸如悉尼塔、蓝山、塔隆加动物园自然是要去的，然而我也想探索一下隐藏在悉尼的小小的不为人知的角落，毕竟，真实的生活往往就隐藏在这种朴实的秘密中。

在正式上课的那天傍晚，我就与同伴去了悉尼塔。悉尼塔坐落于悉尼的市中心，位于Westfield商厦的顶层，旁边就是著名的彼得商业街，澳大利亚城市的繁华在此一览无遗。

在来到悉尼之前，身处哈尔滨的我对于大城市的认知还停留于“大”和“远”，认为出门一定得依靠交通工具，因此，我对在悉尼的出行也抱有着同样的看法。

然而，亲身在悉尼走了一遭以后，我改变了最初的看法。相比于北京、上海，悉尼实在是太小了，各种著名景点之间往往只隔了一两个街区，完全就能走着到达。

于是在我们照着地图走到了悉尼塔下之后，正好华灯初上，商厦外墙的装饰灯接连亮起，连成了一片璀璨的夜景，有淡淡的黄色灯光洒在黑暗的街道上。下班后的人们三三两两来到商场里休闲。一旁的路灯下有歌手在弹唱，轻柔舒缓的调子让人不由放缓了脚步。

我们终于如愿抵达了悉尼塔的顶层，这是一层环形的大厅，向外望去，满眼皆是灯火璀璨。站在大大的环形窗边，便可鸟瞰悉尼的全景，从悉尼歌剧院到海港大桥，入目皆美景。

感　悟

我在悉尼虽然只待了短短的两个星期，但是这两个星期却异常地充实，也给了我全新的体验和感受。从西式课堂的自由气氛，到悉尼街头的闲适惬意，再到城中绿地中人与动物的自由相处……这一切一切无时无刻不冲击着我，给我带来了视听上的巨大震撼。

在这两个星期里，我既在悉尼科技大学学习了从未接触过的经济学的知识，又在闲暇的时间里造访了悉尼各处的美景，从悉尼塔到塔隆加动物园，从蓝山到Paddington Market，从Darling Harbor到新南威尔士大学……既有游人必去的网红景点，也有不为人知而当地人颇爱的小众集市。这次的旅行让我前所未有地深入体验了澳大利亚的文化和风土人情。

与此同时，我也感受到了祖国的强大，在与悉尼市民接触的时候，当对方得知我们是中国人的时候，便会笑眯眯地向我们点点头，夸赞一句“China is great!”这时候，我便感到一种无与伦比的自信和自豪。

结　语

虽然仅仅是两个星期的时间，我却得到了丰富的锻炼。这一次游学为我提供了更加广阔的视野，也丰富了我的人生经历，不管是现在还是不远的将来，这份体验都必将为我带来无尽的益处。

赴悉尼科技大学学习交流总结

信息与通信工程学院　倪思奇

刚刚经历过考试周，紧张而又劳累的期末复习生活可以算是告一段落了。考试一结束，我们就开始准备第二天的悉尼之行。毕竟是第一次出国，还是非常兴奋的。

2018年7月7日，我们早早地来到机场准备登机，然后经历了长达十几个小时的飞行，到达了悉尼，虽说很辛苦，但到达悉尼的那一刻，我们都变得精神了许多。下飞机时，有一种明显的感觉，这儿的空气真好，虽然羡慕也只能暗自感叹。第一天，我们去了悉尼的著名景点达令港，也叫情人港，由当地的老师带领，向我们介绍去哪吃饭，去哪购物，以及一系列我们需要了解的事情。

第二天，我们就开始了学习生活。上、下午各一节课，每次两个小时，课程不算多，但是英语听力是硬伤，边听边写边用手机查，上课的是一位友善幽默的老教授，用两天的时间给我们讲述了澳大利亚的经济和工业发展，发现这里面中国已经占据了非常重要的地位。在2008年经济危机时，中国帮助澳大利亚渡过难关，并在未来10年的时间内，成为了澳大利亚经济贸易最大的出口国，而且我们也了解到澳大利亚的GDP持续上升接连8年不降的主要原因是他们一直依靠国内的资源，如矿产、动物等向中国及其他国家出口，而当地的工业在我感觉并不是很发达，他们在大量地购买成品，而非原材料。除此之外，他还向我们介绍了澳大利亚的文化和价值标准，讲了澳大利亚以前是英属殖民地，还讲了他们热爱的运动，如橄榄球、篮球、足球等，被人们称为袋鼠军团。结束第一天的课程后，我们决定去悉尼的著名景点悉尼塔。我们通过电子地图和手机上的指南针，加上碰到好心的中国阿姨，最终找到了目的地。在悉尼塔的门口，我们见到了胡主席的蜡像，瞬间感到很亲切。登上塔见到了悉尼的全景，包括各种地标、海港大桥、悉尼歌剧院，还有中国银行，看到中国银行的时候瞬间感觉到祖国如今是多么的强大，让在异国他乡的我们感到无比自豪与骄傲，我认为这一天是这两周最开心的一天，大家一起在国外努力找路的乐趣和登顶的喜悦，让我无比兴奋，久久不能忘怀。

第二天的课程教授向我们讲述了全球化经济危机的原因及其造成的影响，还有澳大利亚的货币政策。第二天晚上，我们去看了达令港的夜景，非常的美，的确是一个令人流连忘返的地方。第三天我们开始了校园参观，先去看了Data Arena，发现这是一个很精确的信息系统，而且是全球性的，我们看了宇宙，看了东京，最后远在悉尼看到了哈尔滨工程大学，然后参观了他们各个教学大楼，楼里的楼梯就像哈利波特魔法学校的楼梯一样。紧接着我们去参观了悉尼科技大学的选书系统，很先进，但是我觉得国内也有，关键是造价太高，价值十几个亿。中午在料理长廊吃过饭后，我们在带队老师和导游的带领下去了海港大桥和悉尼歌剧院，感觉很壮观并且留下了很多珍贵的回忆。晚上回去之后我们好好地休息了一个晚上。第四天，我们坐船去了北悉尼，很幸运那天是一个大晴天，温度很舒适，所以我们来到了沙滩一起玩，这是我第一次看到大海，所以很开心。中午吃了当地特色食物，去了其他几个比较有名的沙滩。在最后，在几块石头缝间发现了一只大螃蟹，我们一起抓，玩得很开心，但是并没捉到。

第五天上午参观了UTS的图书馆，下午开始第一次准备presentation，大家分好了工，知道了各自应该做什么，然后开始准备起来。可以说我们组是最先开始准备，也是最认真准备的一组。到了周末，我们决定一起去北悉尼，在动物园看到了国宝考拉、袋鼠、鸭嘴兽等国内没有的动物。

第七天去了蓝山，很是壮观，山路很陡峭，但是看见美丽的风景也是很值得的。在回去的路上和当天的带队导游聊了很多，导游是UTS的大三学生，当聊到运动的时候发现我们都喜欢打橄榄球，并且我们都是校队的，他跟我说了很多，包括为了打橄榄球经历了很多的故事，我们聊得非常开心，最后在准备分开的时候，我们握手互相拥抱表示感谢。那天真的是特别幸运的一天，因为发现了一家特别好吃的中餐馆，而且老板和大厨都是东北人，所以感觉很亲切，吃饭的时候遇到了一家三口从哈尔滨来这旅游的，我们还顺便帮助他们指了路，告诉他们怎么去悉尼歌剧院。晚上回酒店之后我们开始着手准备presentation，一起讨论商议，该如何做好这项作业。第一周的行程就这样结束了，学习的知识很有用处，收获很多，同时也去了很多世界著名的景点，包括没提到的澳纽军团战争纪念馆等。

第二周相对来说学习的时间更长一些，第八天还是第一天的那位老教授向我们讲授了有关澳大利亚的政治、经济、外贸等一些方面的数据，第九天的上午是UTS的一个叫作HEPLS的组织帮助我们，教授我们应该如何演讲及一些演讲的技巧，下午是UTS的科学孵化室，主要是给我们一些启发，然后根据这些启发我们自己设计出一项小产品来，由于我们小组考虑到各个国家的不同，其国内电器的型号也有所差异，所以我们设计出一个可塑性能强的万用插头，得到了一致好评。第十天上午我们参观了UTS Jumbunna，它是一个服务于学生团体的组织，下午参观了英联邦银行，一些新兴的技术、高科技产品和智能机器人让人叹为观止，同时我也在感叹，带我们参观的人口语能这么好，我也一定要好好练习我的口语。

第十一天又来了一位新老师，看样子应该是阿拉伯人，老师很幽默风趣，对我们也照顾有加，当得知我们有一个同伴发烧生病时，他及时关切地问我们是否需要帮助。这一整天都在帮助我们准备最后的作业。第十二天，上午依旧是那个教室，依旧是那位老师帮我们准备最后的作业。中午去了一家当地的中餐馆，味道很不错，下午就开始了我们最后的group presentation。由于之前分工明确，准备充分，我们别具一格的演讲特色，加上由我制作的一个向大家展示的小视频，积极与同学和老师互动，很好地把握了主题，时间得当，语言表述清晰，最终取得了最高分。其他小组也表现得相当不错，现场惊喜也是不断，就这样我们两周的学习交流生活就算告一段落了，负责接洽的老师做了一个记录我们两周生活的小视频，给大家看得非常感动，最后学校送给我们一个杯子做为纪念。结束了一天的行程，第十三天是我们要走的一天，下午6:00的飞机，所以早上退房之后收拾好了行李，就出发去最后逛一逛悉尼。我又来到了第一天去的情人港，坐在水边看海鸥从身边飞过，看着行行色色的人在旁边晒着太阳感受着这个美好的下午，一切仿佛像定格在这一瞬间，舒适而又温馨。

结束了这次旅程，感慨颇多，感受到这些发达国家的高素质，但是给我更多的则是祖国的强大，祖国真的是最安全的地方，在国外几乎夜晚都不敢出去，因为会经常遇到酒鬼和一些不好的人。国内的各类服务既快捷又方便，国外却还一直停留在国内十五年前的状况。而且当我去超市时会发现70%的商品都是made in China，当地的华人也特别多。所以感受到了祖国的强大，感谢祖国的繁荣昌盛和富强能让我有机会去国外开阔眼界，但是无论是他们的网络还是交通都远不如国内便利，我会更加努力，好好学习，让祖国建设更上一层楼，成为世界上独一无二的国家。

赴悉尼科技大学交流心得体会

信息与通信工程学院　刘宇聪

一、学习情况

感谢学校给予我机会，于2018年7月6日至22日，前往澳大利亚的悉尼科技大学学习交流。

悉尼科技大学位于澳大利亚新南威尔士州首府悉尼的市中心，是一所以商、法、教育、科技为主的综合性大学，澳大利亚名校之一，被誉为澳大利亚最受尊敬的大学之一，其成功之处在于学校的课程采取面向行业应用和研究的方式，科学而又切合实际地将理论知识和专业技能相结合，并且通过和行业及商界领袖的紧密联系，不断地保持着课程的实用性和先进性，以保证学生学习到最实用的知识，从而也使得UTS的毕业生在职场上更具竞争力。

我参与交流的项目多以澳大利亚的经济为主，以及以中澳贸易关系为主题的presentation结业考核。从澳大利亚经济和产业讲起，包括澳大利亚人的文化和价值观，然后是经济全球化及连带的金融危机产生的影响，接下来是澳大利亚的金融政策产生的效果。主要难度体现在交流与沟通上，上课时，老师讲的英语是很纯正的，不带澳大利亚本土口音的，语速适中，只是不太了解经济学上的专业词汇，选成了理解上的难度，老师非常和蔼且充满热情，想让学生参与其中，习惯了自主学习的我花了一些时间才逐渐适应，主要是要敢说，不怕错，老师都能听懂，这样口语能力就会不断提高。

我学习的课程主要包括：Introduction Australian Economy and Industry，Australian Culture and Values，the Causes and Effects of Global Financial Crises，the Effectiveness of Monetary Policy in Australia, Presentation Skills。

首先，关于澳大利亚经济的课程均是由Peter Docherty老师为我讲解的，这是一位充满活力与热情，十分和蔼并且热爱经济学的老师，在澳大利亚经济产业介绍的课程中，他讲授了澳大利亚经济的主要特点、对澳大利亚商业现状的思考及澳大利亚金融所面临的挑战。为了能直观地将课程呈现在我们眼前，老师讲课主要由图表及简易的数学表达式组成。例如GDP=National Income，Net Export=Export−Import，以简洁明了直观的方式让我们去理解经济的各种特质，了解GDP的构成方式，以及运用所学的体系解决理想化相对简易的经济问题，然后通过消费、投资、政府、净出口的关系模型，为我们阐述了各种金融常见问题，如金融危机、通货膨胀等，以及分析各种经济统计图表。每当讲到酣处，老师都会情不自禁地说wonderful，多么有趣，在激情与热情碰撞的课堂上，我学到了很多，初步了解了澳大利亚的经济组成及历史经济事件，也对经济学有了一定的认识，受益匪浅。

其次，Presentation skills的课程分为skills和effective communcation两部分，分别由UTS HELP和Mohan Dhall老师讲授。其中，前者主要讲授的是做presentation时的小技巧，从言谈举止入手，走路要显得有自信，双手的放姿也有要讲究，小组其他成员要认真听演讲成员演讲，不能太过显眼等，来更好地完成presentation目标；后者便从演讲的渲染力入手。老师指出，最有力的沟通是通过肢体语言传达的，它能将你的感情传达给别人，想要做出具有感染力的presentation，要有充足的准备，这样才不会出现上场紧张的情况；要有精致的PPT，更能吸引观众的眼球；还要有眼神交流，充分的眼神交流能让观众不易分心，更好地了解你所讲的事情。

在我本人的presentation准备过程中，因为我所讲的点是中澳经济贸易关系与民族之间文化关系的问题，而我之前的成员讲的是经济全球化的影响，所以我的主思路就是经济全球化必定会带来文化之间的交流与融合。想要讨论清楚中澳的经济贸易关系，首先需要了解双方文化关系之间的相互影响。所以我将其分为饮食习惯、民族组成、生活方式和文化遗产四个方面分别阐述双方文化的相互影响，从而促进双方的经济贸易。我先从网上查找两国饮食文化及各国食品的图片，然后查找民族组成的渊源由来及分布图表、文化遗产图片等，花了一晚上的时间将PPT材料备齐，然后用一晚上整理串起PPT，再写稿准备，在这些过程中，既提高了我的英语水平，也使我的思路更加缜密。

在演讲过程中，我做了充分的准备，但还是有一丝紧张，感觉自己的口语能力得到了淋漓尽致的发挥，演讲过后，我感觉自己的能力又上升了一个台阶，英语口语能力也有所加强，能更加充满自信、没有压力地表达自己。这将会是我十分难忘的一段回忆。

二、游玩之旅

游学生活是难忘、有趣且温暖的。

那是一个晴朗的下午，我俯望着机窗外，交错的湖泊、海洋，在阳光的照射下发着粼粼波光，暖色调的建筑，荫绿的大树，抬起头来，一望无际蔚蓝的天，洋洋洒洒慵懒的云。我抑制不住心中的欣喜，悉尼，我来了。

下飞机后，过海关时，除了找了很久赴澳目的的填表，其他还算一切顺利。在前往唐人街的酒店的大巴上，我小憩了一会儿，在飞机上没能入睡，连续把一直想看的《小王子》《罗马假日》《爱乐之城》看完了，此刻的我睡得很舒适，一缕阳光透过车窗撒了进来，脑海中对即将开启的悉尼之旅充满了暖暖的感觉和满满的期待。

办理完入住手续之后，我们首先去了距离最近的达令港，漫步在大理石质的街道上，路旁的阳伞下，人们在喝酒说笑，大片大片绿茸茸的草坪上，金发小男孩坐在妈妈身旁与他的胡迪警长快乐地游戏，海鸥在高桥下来回穿梭，路边高高的棕榈树似乎一直延伸到了海天相接之际，港口停泊着无数的船只，在夕阳的照射下，这一切的一切形成了多么美好的画面，此刻的我，多么想静静地躺在草坪上，看着挂在船头的夕阳带着它的粼光慢慢落下海平线。

虽然有两个小时的时差，但是太累了，悉尼时间下午六点半我就早早入睡，养足精神准备迎接全新的一天。

两天的课程结束后，总算迎来了悉尼市区一日游，我们从唐人街出发，一路走向环形码头，参观了当地著名的教堂、公园，在蓝色的天空下，这一切一切的风景都充满着蓝调典雅的风格，一股微风吹过，让人感到十分的清新。

傍晚时刻，我们漫步到了海港大桥之下，这里与悉尼歌剧院隔海相望，海边小路的路灯慢慢亮了起来，在桥墩下，一大束阳光从树叶间铺了下来，洒在草地上，这宫崎骏式的风景画让我久久沉浸其中。

悉尼歌剧院，做为悉尼的地标建筑，我从小就为它所吸引，曾幻想过很多次，夜色下的悉尼歌剧院，典雅的音乐，坐在海边的阳伞下享受这一切，是多么令人向往。悉尼歌剧院离UTS有差不多三四千米的距离，有学校发的澳宝卡，从Central站坐到Circular Quay站只需要10分钟，十分方便，我白天晚上都来过，点一杯冷饮，坐在悉尼歌剧院下方的餐厅外，观赏周边的夜景，真的是非常惬意的一件事。

由于游玩悉尼市区的第二天，我们开启了悉尼海滩度假之旅，这一趟，我的手机从来就没有闲暇过，拍拍拍，所到之处皆为美景。我们先在环形码头坐船，然后步行前往第一个海滩，Manly beach，我们兴奋地脱了鞋子就奔向大海，碧海蓝天，一望无际的海岸线，暖煦的阳光，清爽的海风，沁人心脾的空气，真是太美妙了。

然后我们乘坐大巴去往第二个海滩，一路上，各式各样的小别墅非常的清新范。然后是Coogee beach，这里是一个巨大的弧形海湾，金色的沙滩上，无数的阳伞撑起，像点缀在沙滩上的蘑菇，海里，有人在嬉戏，有人在冲浪，这对从小向往大海的我来说，无疑瞬间充满了喜悦与满足。

然后沿着海边岩石小道走，凉爽的海风让我感觉一点也不吃力，海崖、灯塔、海滨小镇，一幅童话故事里的景色呈现在了我们的眼前。那一天我们总共走过了五六个沙滩，我却一点也感觉不到劳累，很晚都没有入睡，可能熟睡的梦中重现一遍所有的景色有点奢侈吧。

隔天，我们同样从环形码头乘船前往塔隆加动物园。在动物园里，看到了期待已久的可爱的考拉，圆滚滚的考拉挂在树上，总感觉不小心就会把树枝压断，还有长得特别像鸵鸟的大鸟鸸鹋，懒懒散散的袋鼠（哇，都好懒的完全不像能打拳击的样子），还有时不时站起来的小猫鼬，以前在《动物世界》里才看过的动物着实让人感觉特别有意思。

第一周的周末，我们搭乘火车，来到澳大利亚著名的蓝山，传说这里的山看起来都是蓝色的，所以叫蓝山。果不其然，一眼看去，这里的山犹如有仙气一般，都呈现出青蓝的颜色，加上天气凉爽空气清新，让人感觉到一股大气和辽阔的感觉。参观了三姊妹峰，坐过最陡的矿车，看过最蓝的山，也算是了无遗憾了。

第二周是在上课和紧张筹备presentation的过程中度过的，也很充实。

在澳大利亚的生活中，交通方面，相比于的士和公交，最便宜便捷的交通方式就是地铁了，用学校发的澳宝卡比买单程票更加优惠，离UTS最近的是Central站。然后前往动物园或者去别的海滩可以选择从Darling Harbour或者Circular Quay两个码头乘坐轮船前往，超市里的东西比外面便宜很多很多，比如外面一瓶500 mL的水需要3澳元，而超市里一瓶2 L的水只需要4刀，所以可以选择在超市里买吃的。购物赠礼方面，可以选择去药妆店购买木瓜膏羊皂，购物首选奥特莱斯，十分便宜。处于信息化时代，最新鲜的咨讯无疑来源于因特网，关注微博、YouTube等软件关于澳大利亚的信息，是游学生活不可或缺的一部分。

出国留学会是人生中很宝贵的经历，它对于我们的人生观、世界观都会有很大的影响。通过留学我们除了可以学习到国外先进的科学技术，领略到国外先进的教育理念，还可以体验到国外丰富的文化和风俗，丰富自己的人生阅历。出国留学对于我们来说是大有裨益的，从学习上来讲，不仅可以熟练掌握一门外语（英语），而且可以了解到国外的历史文化等各方面知识。从就业讲，取得国外的文凭后可以选择留在外面生活和工作，也可以在国外工作一段时间，积累些国外工作实践的经验再回国，再就是直接回国找份专业对口或者自己喜欢的工作了。而且我们中国的学生大部分的独立生活能力都不如国外的学生，出国留学可以很好地锻炼我们的独立思考能力与独立解决问题的能力，可以很好地锻炼我们自己，开拓视野，增长见识。这对于我们以后的工作和生活是很有利的。在独立生活的过程中可以不断锻炼自己合理安排时间、理财，以及人际交往的能力。对于国家来说，二十一世纪是信息时代，科学技术正在高速发展，我们与国外的差距是客观存在的，出国留学可以使我们接触到先进的科学知识和管理手段，将来回国之后可以大大提高我国的科学技术水平，通过学习可以不断缩小我们与世界先进水平的差距，但是，出国后才体会到，我们的祖国也正在变得越来越强大，与世界先进国家的差距也越来越小，悉尼一行也让我体会到了这一点，这让我为我的祖国感到自豪也感到骄傲。

通过本次悉尼之行，认识了许多新的朋友，感受了不同地域的文化，收获颇多。特别感谢哈尔滨工程大学给了我们这样的机会，让我们去感受新的世界，让我们收获了知识增长了见识。世界很大，生命很短，让我们放开眼界，活在当下，享受青春吧！

澳大利亚游学交流体会

信息与通信工程学院 刘雨晴

尊敬的领导、亲爱的老师们：

大家好！非常感谢学校给我们假期外出学习及这次分享交流的机会。

2018年7月8日至21日，我们20名同学在老师的带领下，有幸来到悉尼科技大学参加为期两周的暑期课程学习项目，悉尼科技大学的老师为我们开设了丰富多样的课程并以旅行等方式带给我们许多难忘的文化体验。回顾这两周的学习交流生活，仰取俯拾，满载而归。而作为游子身处异国他乡，虽只有半月，心中仍有去国怀乡之感，在心念祖国的同时，更觉祖国强大，来日可期。现将本次学习生活情况总结如下。

一、学习内容概要

根据校方的安排，主要学习了国家经济、历史、文化与表达技巧四方面的内容。教学采取课堂讲授、讨论、参观实践等形式。期间聆听了Peter和Mohan等多位专家学者分条析理的讲授，并参观了UTS校园和诸多城市著名建筑。

1.国家经济

Peter教授从澳大利亚的工业和经济发展讲起，为我们讲解了从华尔街开始的全球金融危机的发生来源与其所造成的影响。不仅如此，我们还了解了澳大利亚的货币政策与其和中国的贸易关系，并在Peter的描述中对澳大利亚人的文化与观念有了初步的了解和认识。对于我这样一个工科学生来说，经济完全是一个陌生的概念和全新的领域，在来到UTS之前我从没想过自己会对inflation、deflation、consumption等一系列的英文金融术语进行系统又生动的学习并与它们朝夕相处。在语言、文化有差异的情况下去学习接纳新事物，对于在座的大多数同学都是一个不小的挑战，教授我们的老师也深知这一点，他尽可能地放慢他的语速，用最简单易懂的词语明确地表达，加上他细致的PPT，我们都能明白他的意思。教授的博洽多闻与诲人不倦实在让人佩服。

在UTS学习经济的经历，让我认识了全新的领域，这不仅是在学术意义上让我多了解了几个名词或是一些单词的概念，而是在学习一些基础的金融知识的同时，纵观国家大势，培养独立分析思考的能力，了解多年来中澳两国贸易的发展形式与对彼此的影响，增长了我的见识，视野也得以拓展。

2.历史文化

从教授口中了解到的澳大利亚历史文化不过是寥寥数语，而要感受一个国家的风土人情和深刻认识它的历史文化，这些远远不够。读万卷书不如行万里路，这应该就是我们不远万里漂洋过海来到澳大利亚的原因。漫长的飞行旅程确实让人难以忍受，但当我拉开窗板，我发现我正飞翔在大洋洲的上空，那是碧绿的岛屿，那是蔚蓝的海洋，那是正在被黎明的光晕照亮的天空！心中的期望之火瞬间将几日的疲倦一扫而光，也就是这一刻，我切实地感受到，曾经的遥不可及已然变成了触手可及。当我真正站上澳大利亚的土地，感受7月的冷风，澳大利亚历史文化对我的熏陶也正式开始。

在去宾馆的途中，我开始慢慢打量这座城市。街道上的人很少，除了市中心有几十年前建的高楼大厦，其余地方只有分布稀疏的矮小房屋，透过车窗，放眼望去一片绿色，这座城市的绿化覆盖率高达70%。澳大利亚地广人稀，就拿悉尼来说，这座城是上海的两倍大，却只有区区500万人口，但物种却十分丰富，路边是各种从未见过的灌木。

随着行程一天天的推进，澳大利亚在我心目中的形象也一天天地丰满而鲜明。在情人港登上游轮，悉尼海港大桥和歌剧院近在咫尺；在Taronga动物园看考拉、袋鼠、鸸鹋，近距离接触了澳大利亚大陆上的特有动物，还有我至今也不知道名字的长嘴鸟；与当地人闲谈，了解澳大利亚舒适恬淡的生活氛围及靓丽独特的人文风情；在漂亮的澳大利亚导游的带领下领略悉尼古今，悉尼塔、圣玛利亚大教堂、海德公园、维多利亚女王大厦，曾经只在照片中见过的景色一一出现在自己眼前，我也用手机留下了自己的记忆，思及以往，回味无穷；在年轻帅气的澳大利亚小哥的带领下沿着海岸线徒步走过许多风景如画的海滩，在沙滩上追赶浪花海鸥，一边看海一边享受当地最著名的炸鱼薯条，心旷神怡，宠辱皆忘。

细节更能体现出一座城的素养，在这里，你不必担心卫生间没有纸，所以上厕所没有顾虑，甚至在随意一个厕所里，总能找到使用完厕所用于清洁马桶盖的消毒液。“Sorry！”肩部轻轻地蹭过，对方却煞有介事地转过头来一脸歉意，我急忙也低头回答道：“Sorry！”走进商店门时，前一个顾客总是会主动地帮我们推着门，并附上友善的微笑；在排队结账时，人们整整齐齐自觉地站好，没有人大声喧哗，没有人随意插队。

风景可以从图片上看到，人文可以从书本上得知，但是异国的风情却只有亲身经历才能有切身体会。在邦迪海滩，抱着冲浪板带着爽朗笑容的帅小伙；在街道上，拿着喷漆和同伴一起绘着绚丽图案的街头艺人；在蓝山一间充满异域风情的餐厅里，蓄着大胡子的老板向我们介绍他的sweet wife。自在的司机和惬意的小曲，温柔的阳光和泡的恰到好处的咖啡，这就是我感受到的澳大利亚风情，自由无忧的风情。

3.交流能力与表达技巧

身处异国他乡，并不是事事皆顺，语言对我来说便是一大难题。平时和当地人的交谈中常有不懂的地方，有的只好敷衍过去，或请对方再说一遍。开始时出门在外买东西点餐难免有些手足无措，只能悄悄地观察当地人是如何做的，然后自己去模仿。尴尬是每日不可避免的，但也能在一次次的尴尬中慢慢了解澳大利亚人的生活习惯，提高自己的交流能力，慢慢成长，渐渐发现虽然我说着一口中国英语，这也并不影响我们对彼此的理解，我开始变得大胆，也不再为自己生涩的口语而感到不好意思，我开始可以冷静地思考我想说的话，并尽可能地表达我的想法。

日常交流只是考验语言能力的第一关，真正有挑战性的是UTS为我们安排的考核，我们要根据在澳大利亚的所见所学以小组的形式向大家展示中澳贸易的关系。生涩的口语和并不十分熟悉的话题进一步加大了考核的难度。为了帮助我们顺利地完成考核，UTS开设了许多课程，还找来了这方面的专家Mohan帮助提高我们的表达能力，教我们制作PPT的技巧和演讲时要注意的事项，还安排了老师帮助我们开拓思维。虽然在这之前我们都对presentation一无所知，虽然我们可能会对站在众人面前讲话感到害怕，但是在站起身的那一刻大家都将紧张害怕换成笑脸，拼命地为自己多天的努力而战，为团队的荣誉而战。最后我们也终于顺利完成了最后的考核，为自己交上了一份满意的答卷。

二、主要感受

1.我眼中的澳大利亚

澳大利亚环境优美，资源丰富，生活安逸，是世界最大的岛屿国家，具有天然的自然环境。蓝天白云、青山绿水、草地牛羊、湖泊森林等，如同画境，很干净，很明亮，很美丽，美在质朴原始和清静。处处是景，放眼即画。

世界卫生组织对全球1 100个城市调查，澳大利亚空气质量全球第二；澳大利亚地广人稀，物质丰富，福利待遇高。国土面积比我国小一点，但人口仅有2 300万，有丰富的矿场资源。澳大利亚人民很会享受生活，他们的工作远比不上我们父母辛苦。他们认为大自然这么美好，为什么不花时间去感受呢。生活有低保，人人享受终身保障政策，恩格尔系数低，生活支出不大，压力小，没有后顾之忧，生活质量高。

联合国2009年公布的一项人类发展报告显示，澳大利亚的生活质量居世界第二位，仅次于北欧的挪威；澳大利亚公共生活配套设施好、城市化程度高，基本条件农村城市差异不大，水电气、冷热水极为方便。公交车如同国内的列车有运行时刻表，很准时，车内有空调，卫生静谧。另外，澳大利亚虽然没有自己的文化和历史沉淀，但作为移民国家，形成了“容忍互让、兼容并收、文化多样”的独有社会文化，人际关系简单、外界干扰少。

2.人与动物和谐相处

这里对生命的热爱首先体现在对动物的热爱上，动物都不怕人，到处都可以看到人与动物共处。鸽子在草地上走来走去，甚至飞到人的身上；还有海鸥和各种叫不出名字的鸟类。汽车里，经常有各种狗和猫跟主人待在一起。甚至过马路的各种小动物，行人和车辆都礼让三分。这或者就是澳大利亚人敬畏生命的具体体现。人与动物尚且如此，人与人之间就更和谐了。

3.我的祖国

出国学习知识并领略不一样的风情固然是好，但是不得不承认，月是故乡圆。虽然有时也会对国外的东西感到新奇和惊喜，可是每当我走在悉尼早上九点前和下午五点后的街上，看着周围低矮的房屋和熙攘的人群，我就会无比怀念祖国的灯红酒绿；每当我拿着现金买东西并被找回一大堆的硬币时，我就会无比怀念祖国的各种网上支付；每当我在悉尼的半夜饥肠辘辘，我就会在心中对外卖这一伟大的发明说一万次感激。同时，在悉尼的一些商家接受支付宝微信转账，商店里会说中文的导购，路上的中文指示牌，和当别人问起时我说 I come from China 时心里抑制不住的骄傲。这些无一不彰显了祖国的强大，无一不让我感到骄傲和自豪，无一不时刻激发我内心中的爱国情怀。我热爱我的祖国！

出国游学，不是单纯的旅游，它更深入、更丰富、更有意义。它让我能真正体会一个国家，接纳一个国家。我的世界里，不光有中国，更有了美丽而令人向往的澳大利亚，我向世界又成功地迈出了一步。每个人都有自己生活的小圈子，但不能只有这个圈子，千篇一律的生活无法禁锢一个人，自闭保守的心才会阻挡你的视线，使你看不到外面的世界。我们需要时不时地找机会跳出来，去接纳外面更广阔的天地。当你的心准备好装下这个世界，你的生活才会变得丰富多彩、熠熠生辉！短短十几天的游学，我看到了很多，了解了很多，尝试了很多，感悟了很多……这次阅历不仅让我开阔了视野，碰撞了观念，而且成为我人生中宝贵的财富。在今后的学习、生活中，我必将扬新帆，起新航！

悉尼游学记录

信息与通信工程学院　周禹池

在考完试的第二天，我们带着满心的欢喜踏上了去澳大利亚的旅程。

“轻轻的我走了，正如我轻轻地来，我挥一挥衣袖，不带走一片云彩。”这大概就是我的悉尼之旅吧。

悉尼是新南威尔士州的首府，澳大利亚最古老的城市，建在世界上最漂亮的港口之一悉尼港的附近。不像墨尔本热的能把人晒化，悉尼的气候在澳大利亚应该算最宜人的，一年中即使热也热的一点都不燥，属于湿润气候。

悉尼空气质量之好令人咋舌，据说PM2.5的值仅为5。

看起来悉尼的公交车似乎不人道，然而就像这个国家一样，总有一些小细节让人心里暖烘烘甜丝丝的。悉尼的公交车都设有一个倾斜车身的按钮，停站时，只听噗的一声响，车身就会向站台方向倾斜；如果有老人上车的话，司机师傅一定会等到老人家走到座位上坐下才会开动车子，当然一般都会有座很少存在让座问题；推着婴儿车的父母上下车时，前后门都会伸展出一个斜坡，方便推行；几乎每位乘客下车时都会不吝啬的对司机说一声thank you，如果这时你去看司机面前的后视镜，会看到他也在酷酷的跟你点头问好。

由于悉尼是海滨城市，去到一些较远的地方可能会需要乘坐渡轮。有一种票类似于市政交通一卡通，单日消费金额到一定数目就可以公交、火车、轮渡不计次随便坐。

悉尼简直是全世界最酷最好玩的大城市！悉尼歌剧院、海港大桥、悉尼塔这些地标性国际知名景点就不必说了，除了这些，悉尼还真是一个带点小文艺复古，又狂野豪放的地方呢。

在我看来，悉尼的海滩真是悉尼最引以为豪的瑰宝。细软的大片的沙滩在金色的阳光下白的发亮，青蓝的海水一望无际，翻起雪白的浪花卷入神秘的太平洋深处，真正是“海与天连成一线”。夹着冲浪板的帅哥们从高高的悬崖跳到大海里，像灵活的鱼类一样钻出水面，踏上冲浪板向地平线驶去。傍晚夕阳西下，天空被染成纯正的粉红色，美到难以言表。感受过悉尼的海滩，我再也没对其他海岛动心过。

悉尼人个个都会极了生活，即使是繁忙的工作日，海滩上也满是享受日光浴的人，男女老少都穿着清凉，懒懒地躺在热乎乎的沙滩上，直到天色渐沉才披上浴巾，趿着拖鞋，不紧不慢地向公交车站涌去。在悉尼的一个月里，海滩是每天必备routine，悉尼大大小小各色各样的海滩不尽其数，既有Bondi这样挤满新鲜肉体的旅游胜地，也有美到窒息却鲜少有人问津的La Perouse。

除了海滩，悉尼还有很多可玩的地方。

比如市中心的海德公园，战争纪念馆，皇家植物园，美术馆，Circular Quay……战争纪念馆不大，跟国内恨不得圈地式的盖馆差远了，但整个氛围庄严肃穆，整个纪念馆极为安静，却无声地震慑人心。The Rocks岩石区就在Circular Quay，（相当有情调的复古小集市，里面可以淘到各种美美的小饰品，也有特色小吃，闻着倍儿香！此外，Circular Quay也是喷绘、舞蹈、声乐各类流浪艺术家的聚居地）附近。值得一提的是，不同于中国街头那些拉着二胡唱苦情歌的可怜人，许多国外的街头艺术都是积极向上的，往往看客们会停住脚步流连忘返，拊掌称赞，停留半个小时乃至一个小时都不肯走，悉尼就是这样。

其实悉尼周边有很多好玩的，酒庄，种植园，爬山……不清楚长年定居在悉尼的人怎么游玩，基本全是来自世界各地的年轻人，由一个既是导游也是司机的人开着面包车带队出去玩一天，这种体验完全不同于国内的旅游团（大巴上戴着话筒举着小旗子的导游和一片小红帽子）。

我们去的UTS不同于其他学校的是非常务实，注重实践，所以毕业生的就业往往都非常不错。特别是IT、工程领域，口碑非常的好!

要知道，在全球权威QS排行榜上， UTS也是世界五星大学，综合排名全球前200位，其商学院金融与会计排名全球第49位，法学院更是全球第41位。在泰晤士高等教育的世界100所顶尖艺术和社科类大学（The world’s top arts and humanities universities），UTS高居第29位；世界最顶尖100所科技大学（The world’s top 100 technology universities），UTS也排在第70位。

海永远都是那片海，按照自己的旋律演奏着永恒的歌谣；人永远在变，此一刻的我和彼一刻的我就不是同一个我。一趟悉尼之旅让我明白了许多，也成熟了许多。这一次我确立了自己的目标，我想感谢父母和学校给我提供了这样一个机会。

我们先去了悉尼大学，校园中到处充斥着暖暖的绿色，所有的建筑物全都是哥特式风格，我简直不敢相信自己的眼睛，就好像置身于一幅美丽的油画中一样。这番景象让我有了出国留学的念头。之后我们去了悉尼塔上，这是悉尼最高的建筑物。在塔上，我看见了整个悉尼市的全貌，发现这真是一个非常美丽的城市，街道干净整洁，城市中也没有那么喧嚣，一片祥和的样子。

在悉尼，我们是住在UTS学校的附近，这使我们与悉尼的native speaker有了非常近距离的接触，这也方便我们更好地了解西方的文化和风土人情。经过半个月的交流与学习，我发现当地的人生活非常的安逸，城市也非常安静，远远不像中国大陆那般喧嚣忙碌。并且在悉尼，人与人之间的关系非常融洽，汽车会主动等待让人先通过，坐电梯时不急的人会把右边的路让开让赶时间的人先通过，一切都非常友好。我觉得，正是一种融洽的环境才能带来更好的发展，假如中国也能构建起真正的和谐社会，那我相信，中国的发展会更加迅速。

这次旅行，大概是我所有旅行中最充实、最快乐的一次。我交到了许多新朋友，有国内的，也有国外的，更重要的是我的英语口语能力得到了很大提升。在以往的练习中，口语和听力并没有得到明显锻炼，而在和外国人交流的过程中，认真地听，仔细思考着说，慢慢就会喜欢上英语这门语言，并且觉得其实英语并不难。回来之后，我下定决心要学好英语，争取做到可以毫无困难地和外国人交流、沟通。

在悉尼的最后一天，我们对悉尼的人和物都非常不舍，好像凭空之间多了一种感伤的气氛，可是没办法，再舍不得也得离开。不过我相信，这一离开并不是永别，只是短暂的离开而已，凭借着自己的努力，总有一天，我会再一次回去的! See you next time，Sydney!

工程少年的悉尼之旅

信息与通信工程学院　唐崇智

提到澳大利亚，心里会想到什么呢？我想大多数人会第一个想到大片的羊群，丰富的矿产，可爱的考拉和羊驼，罕见的食蚁兽鸭嘴兽，等等。但原谅作为吃货的我第一个想到的是硕大的澳大利亚龙虾，味道神秘的袋鼠肉还有新鲜醇香的牛奶。

终于在哈尔滨工程大学得到了一个可以亲自去揭开澳大利亚神秘面纱的机会——在大一的暑假，我得到了去悉尼科技大学交流学习两个星期的机会。起初得知我入选的时候，第一反应是有点不敢相信，因为我在学校的成绩并不是那么拔尖，接下来就是狂喜和按捺不住的兴奋激动。在心里我已经把我最敬爱的哈尔滨工程大学赞美千万遍了，感谢学校可以让我有这么一个难得的机会。

从开始着手准备护照签证到临行的前一晚，我的心里一直幻想着悉尼的各种情景。我们会去做些什么，会有什么好吃的，会和外国的学生一起学习吗，外国的空气真的很清新吗？各种各样千奇百怪的问题一个接一个地从我脑海中冒出来。直到下了飞机，脚踏大洋洲的坚实土地的时候，我的心才慢慢地不那么躁动。心虽然平静了一些，但是眼睛却怎么也停不下来了。在那片土地上，我就像个刚出生的孩子一样，对周围的一切都充满了好奇，似乎所有的东西都变得不太一样了。

到达的当天下午，我们一行人就在酒店周围逛了一圈。我们住在唐人街，在国内早已司空见惯的中国方块字，在这里却是那么的亲切可爱。看着那些熟悉的方块字出现在这片陌生的土地上，突然勾起了我心中一抹淡淡的乡愁，但更多的是身为中国人的自豪与骄傲。感觉国家一直在我们身边未曾远去，一直默默地守护着我们。那一刻，我由衷地为祖国的繁荣富强而感到热泪盈眶。

悉尼的第一晚，我久久未能入睡，脑海中像放映机一样回放着白天所见的一幕幕，心里在想念着大洋彼岸的祖国和亲人朋友。我知道，明天将会是全新的一天，带着对明天的期待，我渐渐陷入梦乡……

我们一行人这次来悉尼主要的安排分为两个方面，一个是参加悉尼科技大学的学习项目，另外一个当然就是要愉快地玩耍啦。既学习了知识，了解了澳大利亚的文化，又游玩了世界著名的旅游景点。可以想象，这次悉尼之行一定非常有意义了。

What？我们要学的竟然是……

到达悉尼的第二天，我们要开始上课了。在去学校的路上，我就在想我们会学些什么呢？总不能教我们说英语吧。到了教室后，里面有一个满头白发大腹便便的老人，看上去就给人一种学识渊博的感觉。我心里想着难到是教我们历史吗？但是接着就听到他自我介绍：“大家好，欢迎来到悉尼科技大学，我是一名经济学教授……”我的头脑突然有些没反应过来，经济学？给我们学工科的安排经济学课程，能听懂吗？虽然心里有些疑问，但还是抱着既来之则安之的心态开始认真地听了起来。老教授虽然看上去老态尽显，但说起话来却是中气十足，动作也十分利落敏捷，丝毫不像是一个七十多岁的老人。课堂上虽然用的是英语，但是教授为了照顾我们，语速尽可能地缓慢，用词也都是使用简单词汇，遇上我们不懂的词汇他还会停下来为我们解释，中途下课休息时还有美味的饼干、提神的咖啡、香甜的牛奶提供。虽然都是些微不足道的小事，但是这些细节却让我觉得很温暖，对陌生环境的不适应也小了很多。

因为上课内容和我的专业不对口，所以我对经济学的专业知识也没留下什么印象。但是让我记忆深刻的是在讲述知识的时候，教授经常会提及感谢中国，中国对澳大利亚的经济帮助非常大。这真的让我感慨颇多，一直待在国内就不知道其他国家的人是如何看待我们中国人的。但这次出国看来，大多数外国人对中国都心存善意。这份善意当然不是凭空出现的，而是我们国家上到主席下至百姓一起努力几十年的结果。正是因为我们的富强昌盛，才有其他国家的尊敬和平等对待，我们出国交流才能够享受到这么好的待遇。所以这次交流活动，我真心体会到了有个强大祖国可以让人说话更有底气，更有民族自信。当然，我们在享受这些的同时也应该去努力提升自己，回报祖国，让祖国更加强大，让我们的后代同样也能够底气十足地站在其他国家的土地上而不受歧视和欺辱。

哇，悉尼真的好美。

在悉尼的时光，除了稍显枯燥的课堂外，最让人激动的当然就是去悉尼的各大景点游玩啦。在异国的城市里感受着不一样的建筑风格和异域风情，我们在各大著名的景点都留下了自己的足迹。悉尼塔的高耸入云，悉尼歌剧院的优雅典美，宏伟壮观的海港大桥，神圣庄严的圣玛丽大教堂，风景优美的蓝山自然公园，海浪碧波的沙滩，浪漫迷人的达令港，都是那么的让人印象深刻，流连忘返。

悉尼歌剧院是悉尼最容易被认出的建筑，它白色的外表，建在海港上的贝壳般的雕塑体，多年来一直令人们叹为观止。歌剧院位于澳大利亚新南威尔士州的首府悉尼市贝尼朗岬角，三面临水，环境开阔。歌剧院耸立在钢筋混凝土结构的基座上，最高的贝壳有20层楼那么高。外观十分的漂亮，既像飘浮在空中的散开的花瓣，又像三组巨大的贝壳片。在悉尼歌剧院的旁边就是著名的悉尼海港大桥，是悉尼的标志性桥梁，也是地标性建筑，与悉尼歌剧院齐名，占据了悉尼明信片的绝大多数版面，连接着悉尼CBD中心和北岸。离我们酒店最近的就属达令港了，它又叫情人港，有很多购物中心，风景也十分优美，我们晚上经常去那散散步，吹吹海风。达令港是悉尼人的休闲专区，港边餐厅、咖啡厅聚集，这里街道规划整齐，傍晚的时候，达令港上空便会烟花四起，这里烟火的设计很好看，而且配着背景音乐，给人一种浪漫舒适的感觉。达令港可以跟上海外滩的东方明珠相媲美，在这里处处显示着文艺气息，你可以停下脚步来观看他们表演，也可以徒步旅行，总之无论走到哪里，达令港总会彰显着一种迷人的气息。然后就不得不提一下蓝山公园了。去蓝山公园的路程真的很漫长，我们很早就出发了，但是中午才到。虽然有些疲惫，但是看到了蓝山优美的景色后，又觉得一切都是值得的。我们去的蓝山公园是该州的一处著名旅游圣地。据说蓝山由于山上生长着不少桉树，树叶释放的气体聚集在山间，形成一层蓝色的薄雾，蓝山因此得名。我们坐采矿缆车很刺激地近乎垂直地下降进入蓝山，游览了一些景点，在一个大平台拍摄三姐妹峰，在一条大S形的大石椅前看当地原住民敲击一种园形的古老乐器，感觉挺有意思的。山上生长着各种桉树，满目翠蓝。桉树树干挺拔，木质坚硬，含有油质，我们后来买的桉叶糖和桉油应该就是此树提取的。三姐妹峰就类似我们武凌源的三姐妹峰，三块巨石如少女并肩玉立，著名的三姐妹峰，望其形而知名。很久很久以前，三姐妹爱上了另一部落的三个男子，但是部落之间不允许通婚。两个部落之间爆发战争后，当时有一位巫婆为了帮助三姐妹逃过劫难，就把她们变成了山上的石崖，然而巫婆却被杀死，剩下守山谷的三姐妹，再也变不回人。

游览了这么多悉尼的风景名胜，虽然觉得很新奇，但是并没有觉得那么惊艳。相比之下，我们祖国的大好山河丝毫不输给世界上任何一个国家和地区。我们完全没有必要去羡慕其他国家，我们自己就拥有最美丽最壮观的风景。我想我们将来的日子还很长，还有大把的机会去见识各国的风景，但是我觉得不管我们走到哪，不管我们走多远，都不应该忘记自己的根，我们应该相信，最美的风光就在我们触手可及的地方。

两个星期的悉尼之行，终于在踏上返程飞机的那一刻结束了。装载着满满的回忆，我依依不舍地离开了这座美丽的城市。出来一趟，我收获的不仅仅是一堆美丽的照片，更多的是对人生的思考和感悟，我想这才是旅行的真谛。不得不承认，我们国家和发达国家还是有着明显的差距，但是我们也不能妄自菲薄，而应该看到差距后奋起直追。身为接班人的我们更应该有着危机意识，去努力地提升自己，为祖国的发展贡献出自己的力量。

出国交流体会

信息与通信工程学院　宋金钊

2018年7月7日至22日，我很荣幸有机会来到悉尼科技大学参加了为期15天的大学短期交流项目，通过这次短期交流项目，使我有机会能够走出国门，近距离接触了解、学习澳大利亚的经济与文化，以及一些交流演讲的技巧，机会非常难得，所以倍感珍惜。整个学习过程中，我在非常努力地完成学业的同时提高了自身的英语水平，学习了以往没有学习到的知识，增长了见识、开拓了视野、更新了观念，取得了较大的收获，受益匪浅。

出国之前经常在网上看到，也听人说过，国外的教育如何松散，学生上课如何不会坐，基础教育如何不扎实，但同时我也知道澳大利亚是地球上最古老的大陆，也是地球上最大的海岛及单个国家的大陆，它的面积约为770万平方千米，人口仅有两千多万。短短的百年历史，却出现了二十六位诺贝尔奖的获得者。带着几分疑惑和好奇，踏上了去澳大利亚的旅程。 来澳大利亚之前，我深切地感受到了申请学校时的忐忑、办理签证时的烦琐，也体会到了得到毕业证书的喜悦。经过十几个小时的飞行和稍显烦琐的通关手续，终于踏上了这片传说中的南方大陆。漫长的飞行旅程，令人难以忍受，但丝毫没减少我对澳大利亚的热切盼望，反而充满了憧憬。不得不承认，悉尼是一个十分美丽的城市：由于空气质量优良，天空的透明度很高，就像一块蓝色的水晶，总是那样清新宜人；各式各样的建筑物色彩鲜艳，干净清爽的马路两旁，所有的植物枝叶就像水洗过一般绿得鲜亮。难怪美国著名作家马克·吐温用“悉尼的情怀，世界的仙境”来盛赞这里。但是真正来到这个陌生的城市时，除了赞叹却也面临了很多意想不到的困难，除了语言的障碍、教学方式的差异，更有生活方式、饮食、气候等诸多问题。大概几天后我们终于慢慢地适应了澳大利亚的学习和生活，也开始探索这个大洋洲国家不一样的文化。

在课堂上，悉尼科技大学的老师给我们介绍和演示了许多以前学不到的知识，比如GDP、经济分析等，使我们不但了解了经济方面的知识，也亲身体会了这些数字所反映的现象和那些数字图像的魅力，我们可以在其中分析出好多未来的走势，还可以联系到世界所发生的事情，特别是在英语教学中使自己的英语水平得到了提升。英语交流技能课程非常实用，主要介绍了在英语交流技能方面的内容及演讲技巧、注意事项等，比如新的沟通技巧课程设置富有新意，使我们眼前一亮。国外的文化只有到了国外才能深刻地认识到。澳大利亚有自己的文化、俚语和口音，所以对于我们这些外地人来说，想跟本地人深入交流确实是不容易。

例如对老师的称呼，传统的中国教育讲究尊师重教、师道尊严，从小学生们就被教育对老师要尊敬，称呼老师一般是老师的姓加上老师或教授。很多刚出国的留学生，对如何称呼大学里的老师有些困惑，有些留学生直接套用国内的方法Teacher Smith、Professor Smith来与老师打招呼。其实，在西方大学校园，称呼老师采取比较尊敬一些的方法是Mr.（男）或Ms.（女）加姓，如称呼Frank Smith为Mr Smith，Jane White为Ms White。然而，更多时候学生大都是直呼老师其名的，如Frank 或Jane。

我们来谈一谈悉尼这个国家的面貌，关于这个国家的缩影。

1. 悉尼：歌剧魅影。悉尼大剧院是必不可少的参观景点，有一个说法“没来过悉尼歌剧院，就等于没来悉尼”。悉尼歌剧院那帆船的造型，象征着整个澳大利亚就像帆船一样始终航行在海面上，直到永远。悉尼是迷人的，更是精致的。紧接着参观的达令港、海港大桥、海德公园、圣玛丽大教堂等都充分说明了这一点。

2. 秩序井然：汽车都靠左行驶，而且按照统一的速度行驶，不得超过这个速度，也不能低于这个速度。拐弯处经常看到大家互相示意，谦让对方先行。行人更是至高无上的，各种机动车辆都会无理由地让着行人。人们都非常守规矩，听说即使在深夜，没有旁观者没有交警时，红绿灯的指示对每一个过往者，也都永远是一道道圣旨，没有任何人会违反践踏的，这或许已经成为当地的一种交通文化了。这样的秩序在后来学生的课堂上也随处可见。真是环境造就人啊!

3. 人与动物和谐相处：这里对生命的热爱首先体现在对动物的热爱上，动物都不怕人，到处都可以看到人与动物共处。鸽子在草地上走来走去，甚至飞到人的身上。袋鼠惬意地卧在草坪上，等你去造访。汽车里，则经常有各种狗和猫跟主人呆在一起。甚至过马路的各种小动物，行人和车辆都礼让三分。这或许就是澳大利亚人敬畏生命的具体体现。人与动物尚且如此，人与人之间，就更和谐了。

4. 非常安静：可能是因为人比较少，国土又特别辽阔，街上的行人车辆不是很多。晚上五点半以后街上更是特别安静，周六周日四点半所有超市就下班了，一切街景、建筑又那样神奇，让人觉得这里是童话的世界。我们在课堂上看到的学生也比较安静，能静下心来阅读、写字、讨论，而少有无节制疯闹的现象，这可能都源于他们长久以来，在家里、社区里形成的安静气氛。相较我们的学生，对比鲜明。

与此同时我感受到了祖国的繁荣富强。中国文化已经深入澳大利亚，以至于就算不讲英文也可以生活得很好。在公共图书馆里面，中文书籍和杂志占有很大的比例；唐人街酒楼林立，中国的生活用品应有尽有，逢周四、周五还有免费的中文报纸赠送；从发廊的理发师、7-Eleven便利店的员工、菜市场的菜贩、银行职员到家庭医生等，很多都是中国的同胞。所以单凭普通话或者粤语就可在澳大利亚生存了。真的是应了张为维教授的那句话：“一出国，就爱国！”真的是出了国才知道祖国的伟大和强大，我现在都是以祖国的脑残粉自称。看着我国越来越四通八达的地铁和高铁，态度越来越强硬的外交部发言人们和努力工作兢兢业业的每一个普通人，有一种发自内心的自豪感。不得不说中国经济有了突飞猛进的发展，也让我自叹赶上了一个好时代。通过这次出行真的是感受到了祖国的高楼林立，街道的车水马龙，商场步行街的高端大气，服务行业蓬勃的发展，这些事情都从侧面反应出了祖国的富强，我们在上课时也时不时听到老师感叹中国的强大，为我国经济的发展感到不可思议！

最后，感谢学校给了我们这次难得的机会。在澳大利亚的15天，我倍感珍惜，每天都在满满的收获中度过，虽然时间不算长，但已足以让我开阔眼界，了解到了国外的情况，学到了很多新的知识，这是十分宝贵的。我将在今后的学习中，将学到的知识积极运用，并在未来的学习生活中更加努力，为祖国贡献出自己的力量。

出国交流有感

信息与通信工程学院　张哲瑞

人生就好像旅途一样，所经历的人或事都是这旅途当中的风景，随着前行，所有的一切都将逝去，留下的将是那化作里程碑的记忆。对于我而言，留学的生活像云、像雨，又像风。在澳大利亚短短的半个月时间，自不必说那许多的欢笑、惊喜、伤心甚至于落泪。回首那已如烟的往事，怎样形容我澳大利亚交流的经历呢？或许没有比成长这个词更加贴切的了。

短短的14天的旅程已经悄然结束，再次回想起来依旧是记忆犹新，说是14天，实际上却应该说是好几个月，因为我已经在好几个月前就开始准备办理出国需要的很多手续了。

还记得当时我在上工程实践的课程，父亲的微信给我发来了一个推送，当时没有在意，课下竟然听说是一次难得的去澳大利亚交流学习的机会，当时我的想法是我现在什么也不会，出去也就算是在浪费钱财，一开始并不是太上心，之后又听我们班长说起这个事情，说是增加学生见识还是比较建议我们去，当时的我拿捏不准，主要是我对于自己的英语口语不是很自信，但是在我父亲的极力赞成之下，我决定还是出去一次，就当是对自己的历练了吧，于是早在出发的前两个学期，就已经开始着手准备准备出国的各种相关资料了。

在这漫长的准备中，令我感到印象深刻的还是去办护照的时候，那时我和一个班的同学讨论什么时候去，因为那时正好是课程比较多比较杂的时候，护照又需要将近一个月才能办理下来，然后又需要将护照交给中介让他们去办理签证，所以等到辅导员通知我们的时候，实际上时间已经十分的苛刻了，当时为了办理这个护照，我竟然和同学翘了微积分的课程，步行近20分钟去了出入境的相应政府部门去办理。当时的心情是对护照充满了兴趣和好奇，就好像小孩子没有见过新奇的东西似的，现如今回头想想，我们在那里排队等照照片，然后又害怕下午耽误课程，宛如热锅上的蚂蚁一般，内心多多少少是有一些小着急的，在排队的时候我前面是一位和蔼的老人，他看我们几个年轻人，主动过来问候，说是一起办护照，主要看着老人和蔼，并没有太大的敌意，也就开始逐渐聊了起来，从老人的口中，我了解到这位老人已经出国好几次了，这次因为护照过期了，想重新办理一次。我先不说他的性格，主要从他的言行举止上，就默默地感受到一种风度，当时也说不好，总之就是感到这位老人有着很强的个人魅力，谈话间难免我会有些失神。当我与这位老人告别之后，隐隐约约在自己内心发出一个声音：一定要出去看看。

之后就是我人生中的第一次坐飞机，而且是坐如此漫长的飞机，将近飞行了13个小时，从第一次坐飞机的兴奋，随着时间的消磨，变成理所当然，之后变成麻木，最后变成了痛苦，在我看来，坐飞机无非就是上飞机之前各种烦琐的检查，有些新奇的飞行前和即将降落时的超重失重感，其他我感觉和坐火车是一个样，因为我本人坐任何长途交通工具都会晕车，有时就会感到这是对我的一种折磨。所以，当我再次踏上东北的土地时，发誓这几年再也不想坐飞机了。

紧接着到了澳大利亚，一下飞机，那种背井离乡的感觉油然而生，内心无法压抑住那思念的情怀。下飞机后要过海关，用着那压根一点都不流利的英语进行着交流，在英语方面的短板到国外瞬间就体现了出来，就是一种莫名的压抑感，也算是多亏了有人带着，终于来到了悉尼科技大学旁的公寓中，一位来自台湾的老师领着我们去了解悉尼的一些生活习惯和出门方式，我们也就对这座城市有了最基本的了解。

紧接着，到了目的地，也就开始了我们的生活与学习之旅。那位外国老师给我留下的印象十分深刻，他和蔼可亲，不仅没有因为自己是教授的身份而高高在上，而且他也使用了多种说法去说明一个问题，让像我这个懂得不太多英文的人也能够明白他要说的是什么，我觉得教学能够用通俗可懂的语言将一些复杂难懂的东西讲明白，那真的是教育界的精英，领袖人物。俗话说，一日为师，终身为父，虽然只有短暂的两周时间以师生的身份见面，也不知道这一辈子是不是还能有这样的邂逅，但是他的身影已经在我的人生中，留下了不可磨灭的美好的记忆，他的循序渐进的教学方式，他的从简到繁的教学理念，虽然未来不当老师，但是他的理念却能运用到任何一个领域之中，为我的未来也指明了一条道路。

说了说师资，我也还想说说学校的设备，不管是教室还是会议室，都是被科技笼罩的感觉，蔚蓝的色彩，一种科技感油然而生，还让我们参观了他们的3D技术，用我的话来说，是真的长见识了。再有给我印象比较深刻的就是他们的教学楼的建筑，有类似行云流水般的柔软而又铿锵的实验室教学楼，还有直入云霄的教学主楼，里面是学校领导的办公场地，而且每一个教学教室外面都有一个休息室，里面放着咖啡和牛奶，试想在中国，有这么多吃的放在了外面，我敢说，不出一年就能把学校吃穷，也有中国人多、澳大利亚人少的缘故吧，不过，国外人民的素质都是比较高的，这一点确实应该值得我们去学习，去借鉴。

再有我觉得，真正能够体现学校的教学底蕴的地方，就是图书馆。相对于悉尼塔，相对于达令港，相对于长颈鹿、袋鼠、考拉等那些属于澳大利亚的特色的地方，都无法掩饰我对一个学校的图书馆的热爱，真正能够体现学校底蕴的地方啊，当我第一次进入图书馆，听着我们的领路人款款道来，内心的狂热被激发得相当强烈。这就好比你在知识的海洋之中，随手就可以触及到某领域许多的高科技，这也是我一直希望发展，希望通过科技来看清这个世界，通过科技来建立我的世界观的一个梦想，我对新领域的热爱，尤其对电子的热衷，要远远超越那些历史所留下的绚丽的美景，静静地坐在图书馆里面，看着那些学子们欣欣向荣，认认真真地在准备他们的课题、他们的论文，遨游在知识的海洋中，闻着书籍带来的独特的香气，真是让人心旷神怡，难以自拔，每每到了休息的时刻，我就进入图书馆中，也不能说自己多喜欢学习，但就喜欢这样的气氛。

在这里真正实现了资源共享！学习也正如你的生活一样，要靠你自己的不断经营才会结出丰硕的果实。想象一下，当你完成学业，当你身穿学士、硕士或是博士礼服站在大礼堂中，享受着正宗牛津式的毕业盛典时，当学校的院长为你颁发学位并将你帽子上的绶带由右拨到左边时，当你认识的和不认识的同学、朋友、家人为你的毕业而欢呼祝福时，那一刻是怎样的幸福与美妙啊！为了那一刻，用心去经营你的学业，这才是王道！

每个时期的留学生都有不同的任务和心得。留学对于不同历史时期的人，为其赋予了不同的定义与使命。就好像清朝末期的洋务运动“师夷长技以制夷”，到后来鲁迅先生在留学过程中逐渐明确自己救国的方式，再后来从留学生中诞生出新中国伟大的领袖们，留学国外以建设国家。每一代人都用自己的亲身经历表明着，外出留学、文化交流对于一个国家对于一个民族是多么的重要。而正是有了我们这一个个外出的莘莘学子在海外学习的经历，能够更好地去了解世界，去了解社会，从国际的角度来审视自己的国家，并进行着潜移默化的文化交融，才使得我们祖国的文化得以更广地传播。让我们共同努力，相信我们的生命将因此而更加绚烂多彩！我们因祖国的伟大而骄傲，我们因为祖国做贡献而自豪！

最后，让我以一句话与大家共勉：天行健，君子以自强不息！

赴悉尼科技大学短期学习交流总结

信息与通信工程学院　李　屹

短短的两周时间，十四天的异国他乡的学习交流经历让我收获颇丰，开始时惴惴不安的满怀期待，结束时依依不舍的难以忘怀。澳大利亚，在地球另一侧的大洋彼岸，这个神奇的国家吸引了许许多多的外来游客。在七月的一天，坐在飞往这个遥远国度的飞机上，我忍不住顺着窗户向下俯瞰，内心充满了对这次学习交流生活的憧憬。下了飞机，见到了来迎接我们的悉尼科技大学的Joyi，踏上了异国的土地，我才真正感觉到，为期两周的学习交流生活开始了。

悉尼科技大学是一所非常年轻的大学，不同于一些历史悠久的学校，UTS十分具有活力，其教学楼、图书馆等一些教学建筑分布在这座城市中，而并不聚集在一起。我有幸参与了这次的交流活动，感受到了这所新生大学的课堂氛围。实行小班教学的制度让所有的学生都充分参与到了课堂中，Peter教授幽默风趣，在他的课上我们学到了许多有趣实用的知识，了解到了一些澳大利亚的经济文化及中澳贸易的情况。在这些课上，通过其他国家的经济知识我了解到我们的祖国是多么的强大，发展如此的迅速，仿若顺风腾飞的大鹏鸟，扶摇一日九万里。中国自2009年以来一直保持着澳大利亚最大的进口与出口贸易国的身份。虽然确实中国的发展还并不完善，但日新月异的变化却让我充满信心，我相信也憧憬着未来。也许仍有许多人在诟病中国的不足，但没有人可以否定中国的发展。澳大利亚的授课方式与我所经历的完全不同，他们更自由，相比理论更注重表达和实践能力的发展。其中最令我收获丰富的是小组一同准备presentation的过程，我没有体验过这种知识的验收方式，十分忐忑自己会做不好，而且我并不算个自信的人，有些恐惧在众人面前表现自己，尽管UTS HELP的老师给我们讲了许多关于演讲技巧和如何建立自信方面的知识，可是在我的英语并不算好的情况下，很怕自己会出丑。虽然最后的表现也不算尽如人意，但这个过程却令我有了一次表现自己与同他人合作完成任务的经历。我非常庆幸自己能参与这种活动，它锻炼了我的语言表达和演讲的能力。在第二周后期我们迎来了一位新的老师，同时也是对我们的表现进行审核的老师Mohan，他给予了我们很多演讲方面的知识，他告诉我们对于演讲者来说最重要的是自信。但我显然没有做到这一点，并不敢看向听我演讲的观众，尽管在近两周的相处中，我与同学们已经非常熟悉了，Mohan也已经有所接触，但最后的结果远不如我所想象的顺利。这次表现并不令我满意，但我有自信在之后如果还能有这样的机会，我会表现得更好。 这次的学习经历让我有了新的体会，应该锻炼自己的表达能力，因为我相信把自己的想法好好表达给其他人是十分重要的。不多的课程，短暂的时间，我不过是走马观花，难以从更深的角度了解到不同，但无疑这次经历让我丰富了见识，我不再仅仅从课本上了解到国外课堂的情况，而是切身地体会到了另一种教学模式。同时在准备过程中我在搜集资料时了解了很多有关于中澳贸易的情况。我负责讲述关中澳贸易历史方面的情况，中澳贸易可以说历史悠久，但也可以说非常短暂，虽然可以追溯到十九世纪末期，但开始迅速发展无疑是在中澳建交且中国迅速发展之后。

学习不仅仅是在课堂上，更是在这短暂的生活经历中。这次是我第一次坐了如此长时间的飞机踏上异国的土地。我对澳大利亚的了解仅仅是在书本和影像图片中，憨态可掬的考拉、怪奇莫测的鸭嘴兽、一望无际的蓝色大海和金黄柔软的沙滩，这些都令我心驰神往。而且从很早之前就曾听说过国外的很多事情都与国内不同，但不是亲身经历就难以确定。所以这次经历可以让我有个机会对国外的事情多一些了解。例如不来到这里，也难以想象澳大利亚的商场大多竟然在下午五点就关门了，周四是工资日，商场会延期开到九点；更不会知道在这个极为适宜动植物发展的神奇土地上，路旁有各种海鸟，甚至走到它们身边它们也不会飞走；在一些餐馆中竟然真的有袋鼠肉这种食物，真的可谓是最惨的国宝了，虽然很遗憾没能尝一尝。第一天我们就到了位于酒店不远处赫赫有名的情人港，伴随着潮湿的海风，我也感受到了悉尼神奇的气候，阳光下和阴凉处完全是两个季节，上身羽绒服下身短裤竟然是真的存在的。去悉尼当然少不了要看一看著名的地标性建筑，悉尼歌剧院、海港大桥闻名遐迩自然也没有让我失望，在导游小姐姐的带领下我们在黄昏时刻见识到了它们的风采，在泛着橘色的天空，零零散散飘渺的云彩的映衬下美好的就像一幅精心描绘的美丽油画，也许上天也不吝于用最美好的色彩给这两个建筑添姿添彩。在悉尼歌剧院的不远处便是大名鼎鼎的岩石区，我与朋友在悉尼的最后一天感受了这个位于周六开放的热闹集市，不得不提的是在岩石区有一家出名的pancake的店，名不虚传的松软口感与凉凉的冰激凌在口中形成了一种奇妙的和谐。

除了人造建筑，当然也不能错过自然景观。赖于奇特的地理位置，仅仅悉尼这座城市就有一千多个海滩。我们当然没有错过著名的邦迪海滩，可是在邦迪海滩前我们就已经去了一个很不错的海滩，充分享受了赤脚与细软的沙子亲密接触的感受，踩在软软的沙子上，仿若轻柔地抚摸，凉凉的海水打在脚上也十分的舒服。天与海交际在遥远的海平线上，蓝蓝的天空、清澈的海水、金黄的沙滩，简单的色彩却勾勒出了最美好的景色，看着这样的风景画，听海打沙滩的声音，想必再烦躁的心也会平静下来吧。冲浪的人们星星点点地点缀在大海上，仿佛在诉说着人们不甘于屈服自然、勇于拼搏的精神。

蓝山也是一座非常出名的自然景观，虽然三姐妹峰也确实很不错，但我觉得蓝山最值得称道的还是郁郁葱葱的树木与缆车游行。蓝山曾经是一座矿山，有许多矿工们留下的痕迹。缆车游行中除了skyway、cable car这种比较常规的缆车，更是体验了一把矿车在矿洞中穿梭的感受，虽然由于矿洞中过黑无法看清什么，但仅仅这种经历便是一个不错的体验。澳大利亚是一个被称为坐在矿车上的国家，有着丰富的铁矿资源，蓝山曾经便是一座比较出名的矿山，这个被伊丽莎白二世女王称为“世界上最美丽的地方”，漫山遍野布满了考拉喜欢吃的食物的来源——桉树。

既然提到了桉树，不得不提一提憨态可掬的考拉。澳大利亚是一片神奇的土地，它留下了许多堪称活化石的动植物，仿佛任何生物到这片土地都会自由自在地生息繁衍。所以到了澳大利亚怎么能不去动物园看一看呢。到了动物园，见识到了悠哉游哉的考拉、蠢萌的袋鼠。不过对于澳大利亚的动物，我一直都有一个期待见到的动物，那就是兔袋狸，长长的耳朵，乌溜溜的眼睛，属于夜行动物的它们对我来说一直是极为渴望见到的。被称为活化石的鸭嘴兽也远比我想象中小多了，只有普通鸭子长短，但鸭嘴兽所在的馆太过于昏暗，加之我所看到的鸭嘴兽过于活泼，一直在游动，导致我并没有见识到它们的真正面目，有些可惜。在回程的船上由于坐在栏杆旁的我没有拉好书包，导致眼睁睁地看着水杯滑落海中。

虽然短暂的交流生活、旅行体验十分有趣。但不得不说如果长期生活在澳大利亚一定有些舍不得国内丰富多样的食物，虽然冰激凌和牛排十分美味，但食物种类不免有些单一。在澳大利亚有许多的华人，尤其我们的旅店位于Chinatown，我曾遇到多次由于英语不好被证实是中国人后愉快地用中文交流的情况。在悉尼的街头我更是见到了许多辆ofo和mobike，见到了许多来自祖国的商家，我的内心不由得升起一股民族自豪感。我很开心见识到祖国腾飞的景象。回想那段屈辱的历史，祖国被轻视，但现在在我们一代代中华儿女的共同努力下，我们摘掉了东亚病夫的帽子，我希望在未来我能为祖国的建设添砖加瓦，我希望能见识到祖国在我们这一代人手中飞得更高。正如战国时期的楚庄王，不鸣则已，一鸣惊人。

虽然只是一次短暂的学习交流生活，但一定会成为我的一段难忘的经历，它给予了我更开阔的视野去见识这个世界。与此同时我还结识了一些新的朋友，从期待到不舍，也仅仅是两个星期。

我的悉尼之行

信息与通信工程学院　生　兰

现在想起来，就好像做了一场美梦，我去了一个美丽的地方，现在醒了，没有痕迹，却是历历在目。

说句实话，在最开始听说这个项目的时候，我并没有想到自己会去，这是我长这么大第一次去外国，多多少少还是会有些畏惧，但还好我的室友曾经参与过类似这种的游学活动，问我要不要一起去，正在犹豫的我一下便下定了决心，我想要去感受不一样的文化，不一样的气候，也想去丰富自己的阅历。就这样，我报了名，并没有抱多大希望地报了名，但很幸运，最终的名单里有我。随后便是签证护照方面的问题，还好都顺利解决了。我踏上了我的悉尼之旅。

在经历了一次换乘总共十三个小时的飞行，我终于到达了悉尼，一落地就感受到了一股清凉之气，悉尼这么暖和的吗？我一脑子问号，这个时候不应该是他们那里最冷的时候吗，可是我现在只穿了一个半袖和一个薄外套啊，好神奇。可爱的Joyi在机场热情地迎接了我们，还有一个说着一口本地英语的司机大叔送我们去酒店，只记得阳光很好，天蓝得像水晶，透着太阳的七彩光芒。

酒店很舒服，一天一夜的奔波劳顿让我们睡得东倒西歪，很喜欢酒店的速溶咖啡，在冲好的咖啡里加上半杯牛奶，便是我们每天晚上最好的享受了。很喜欢酒店附近的超市，这是澳大利亚最大的连锁超市，我们每天都想逛一逛，竟然就这样在异国他乡找到了在家的感觉，在家里的时候，我也喜欢找到这样一个大大的超市，在里面逛来逛去，就好像下一个货架上放着一个惊喜一样。

我们这么喜欢逛超市其实还有一个原因，就是澳大利亚饭店里的吃的真的不是很合我们的胃口，他们那边好像格外爱吃生冷的食物，这和我们的习惯刚好相反，超市里就有很多速食，我们可以填饱肚子。不过还是很喜欢学校给我们安排的亚洲餐厅，有很多喜欢吃的东西。在那里认识了一个人很好的广东老板，操着一口像是粤语的普通话，看见我们是中国人，就非常热情，真的觉得很温暖。酒店也很贴心，准备了烧水的水壶，悉尼的开水还是非常好喝的哦。

在第一天的参观学校之后，就开始了我们的课程。我们认识的第一个老师是一个很可爱的爷爷，说是爷爷，其实我也不能确定他到底多大，都说白种人不抗老，也可能只是大爷吧。这位爷爷长相是非常典型的白种人长相，金发碧眼高鼻深目，很幽默，虽然有的时候我听不懂他讲的笑话，但是却能被他的情绪所感染，我不会承认我偷拍了他。

爷爷给我们上经济学的课，说实话，我真的是一知半解，本来对这方面也不是很了解，又是全英文授课，哎，说多了都是泪，不过真的很喜欢他。然后给我留下深刻印象的老师就是帮助我们准备小组展示的老师啦，他相对来说比较年轻。他刚来的时候，我总觉得他很凶，可能是他鹰钩鼻子和深邃眼睛的错吧。可是相处下来，我才发现，他好爱笑，也爱和我们开玩笑，他很认真地帮助我们准备展示，我们也在他的课上学到了很多。

对于学校，我还想说的就是，给我们准备的曲奇很好吃，牛奶和咖啡也很好喝。

然后就要说一说我们玩得好不好啦。悉尼的著名景点真的有好多呀，我从小到大在各种图片上已经见过很多次了，但是真正见到实物的时候，我依然会觉得感动，会觉得我站在一个奇迹面前。

悉尼的市中心是这个城市的老街，到处都是悉尼的味道，那里不会有很多高楼，但是每栋建筑都很精美，走在这里，就好像在触摸澳大利亚一个多世纪的历史，人不会很多，楼前面是喝咖啡的人在谈笑风生。走着走着竟会觉得岁月静好，我才不承认我矫情。许多著名的景点就穿插在老街里，比如说圣安德鲁大教堂，我们是在走路的时候一眼望见它的，亲眼所见的宏伟壮丽是没有办法用相机记录下来的，紧接着是悉尼大桥，在某一个拐角之后，它就那样毫无预兆地出现在我的视线里，再向海湾的另一面看，映入眼帘的就是世界闻名的悉尼歌剧院，曾经在照片里，在明信片里，或是在梦里的那些奇迹，如今真的就这样毫无预兆地出现在我眼前。

还有就是在澳大利亚的购物啦，当然要真的说也没什么特别的，女孩子嘛，到了哪都忘不了逛街的，悉尼的商厦不算很高，我们穿梭在悉尼的市中心，当然我们只是穷学生，只能看一看，但是依然很享受那种熙熙攘攘的感觉，就觉得世界流转那么快，但在这一刻，与身边的人竟就是永恒，在这异国他乡的土地上，我们就像一个芥子，但是却又不孤单，我们可以抱成一团。

至今还忘不了在街上问路时说着蹩脚的英语问路正窘迫的时候，突然听见熟悉的汉语，真的会有一种热泪盈眶的感觉，还有华人柜姐向我们热情地推荐商品，以及饭店的广东老板偷偷给我们多加的一块肉，这些也许在国内真的没什么，但是在那里，就像一团火，让我们在悉尼的冬天感受到了前所未有的温暖，谢谢所有我遇到的人，谢谢我的所有同学，还有可爱的带队老师，当然还有我们强大的祖国，我们所拥有的所经历的一切幸福与快乐，包括这次可以去开阔眼界，都离不开祖国强大后盾的支持。

还有这个城市的海岸线，一个哥哥带着我们游历了这里，在一个阳光明媚的下午，我们饶有兴致地绕着悉尼的海岸线远足，迎面吹来的是带有一点腥味的海风，我们还在海里发现了小螃蟹，背靠着沙滩与大海，可能最舒适的生活也不过如此了吧。在这里要谢谢带着我们游览悉尼美景的哥哥姐姐们，谢谢他们抽出时间陪我们，给我们的悉尼之行带来了不可替代的经历。

中国和澳大利亚在1972年建立外交关系，在这以后，中澳双边关系发展顺利，我想这也是两国人民愿意看到的，在这些年里，中澳的贸易额逐年增长，两国取长补短，两国领导人也曾频繁互访，民间交流更是源源不断，我相信在可期的将来，两国一定会迎来更好的发展契机。

我妈妈说在她们那个时候，出国游学从来都不敢想，经济条件严重恶劣，出国手续极其难办，然而这些都是我无法想象的，在我成长的这个年代，学习资源几乎都触手可及。

的确啊，在这过去的几十年里，我们的祖国发生了翻天覆地的变化。我们且不去谈那些政府统计出的大数据，就只说我们在生活中可以切身感受到的变化。妈妈说她学生年代家里条件非常差，每次开学都是家里最揪心的时候，姥爷都要朝各种亲戚借钱，只为了给她交学费。每每说起这些，都有泪光在妈妈的眼睛里闪烁，她看着刚刚从悉尼回来的我，一脸幸福却也一脸羡慕，我是她的希望，也是去帮她完成她年轻时候未完成的梦想。真的谢谢妈妈，谢谢她给我这个机会。

然而，如果没有祖国的发展，我们又怎么会有这样的机会，怎么会有这样的家庭条件，怎么会受到外国人的尊重。我们是中国人，在外的荣辱都是祖国给我们的。还能记起当年积贫积弱的祖国被侵略的时候，那块东亚病夫的牌子，还有公园前“华人与狗不得入内”的标语。再对比现在，我国国家领导人到处交流访问，与各个国家建立外交关系，发展经贸合作，我又怎么能不心生感慨。我们都为这一身黄色皮肤而骄傲，都为自己的中国血统而自豪。我的祖国，我愿意连死都把羽毛融进你的土壤里。

当然，还有我的大学，这座前身为军工的大学，在刚刚到来的时候，我并没有很多感触，但是日子久了，我甚至觉得呼出的气息都属于哈尔滨工程大学。青檐碧瓦，古朴厚重，就如同这里的教风和学风，踏实严谨，朴素认真。在这里，我被知识滋养着，感受着“大工至善，大学至真”的精神，我是一个理工科学生，也许不会用什么华丽的辞藻来表现我的感受，但是我对这里爱的深沉。

悉尼之行就这样结束了，但是它给我的感触还没有结束，我想，这将是我生命中一段不可磨灭的经历，每一个人、每一件事、每一栋建筑、每一个风景，都会融在我的生命里，让我变得成熟，让我对生命心怀感激，对生活充满热爱，对学校一腔热血，对祖国满是自豪。

赴悉尼科技大学学习交流心得

信息与通信工程学院　田京鹭

首先很感谢学校可以为我们提供这如此难得的机会远赴悉尼科技大学交流学习。我非常庆幸自己能拥有如此不同于别人的美好的学习和生活经历，哪怕只是短短两周时间，也如此耀眼夺目，在我的生命中留下了浓墨重彩的一笔。

从我得知我们学校与悉尼科技大学有这样一个计划的那天开始，就无比期待着能够成为其中的一员，去体验异国的生活环境和教育体系。终于，在申报、等待、准备等一系列紧张的准备过程结束之后，我的梦想实现了。

2018年的期末考试刚一结束，我们一行人便登上了去往悉尼的飞机，来到了悉尼科技大学参加了为期14天的课程学习，体验当地的风土人情，美丽山水。通过这次的学习，我第一次有机会走出国门，近距离接触了解与学习国外的教学资源与特点，机会非常难得，所以备感珍惜，整个学习过程中，我在非常顺利地完成了学习工作的同时，不仅提高了自身的英语水平，学习了先进的教学理念，增长了见识，同时也开拓了自身视野，更新了观念，结交了密友，取得了较大的收获，使我受益匪浅。

现将这次的学习情况介绍如下。

第一天，随着巨大的宽体客机呼啸落地，一个早在英语里熟悉的异国他乡，一个在梦幻中早就神往的海外世界，就此映入眼帘，七月的悉尼清晨还是有一丝凉意，但与我们炙热的内心相比，早已算不了什么，出了机场，便遇到了早已等候多时的Joyi老师，本来初次见面，我们同学还有一丝拘谨，但Joyi老师的热心与微笑在一瞬间便拉进了我们的距离，乘着出租车一路欢声笑语地来到了宾馆，在经过一中午的休息整顿之后，我们便去了悉尼著名的达令港，果然美丽的景色名不虚传，波光与蓝天交相辉映，人与鸟类和谐相处的画面无不打动感染着我们每一位，在大概游逛了一圈之后我们便去吃了在悉尼的第一顿晚餐。虽然初来乍到对当地的食物并不太适应，但之后的每一餐却都因为有了大家的陪伴而变得美味与难忘。

第二天和第三天，我们便开始了正式的课程学习，为我们进行授课的是悉尼科技大学著名的经济学教授彼得老师，由于老师采用的是全英文教学，未曾尝试过如此教学方式的我们未免显得有些吃力，当老师察觉到之后，便立刻询问了我们的感受并放慢了语速，老师的细心与理解真的是令我们倍感温暖，瞬间拉近了彼此的距离，也让我们听得更加聚精会神。这两天的课老师主要讲解了一下澳大利亚经济的发展历程，面临过的挑战，以及面对危机时的处理方法等。不仅让我们初步地了解了澳大利亚的经济发展历程也为澳大利亚人民处理问题时的智慧深感赞叹。除此之外，老师也透露给我们在此次课程结束的那天，会有一个集体展示，让我们每个小组做好准备。

第四天，终于开启了我们的观光之旅，继上午参观了数据系统和图书馆管理系统，深深为科技的力量所震撼后，下午我们去了期盼已久的悉尼歌剧院，在导游的带领下，我们一路上参观了各式各样的悉尼古建筑，不禁感叹古代匠人的智慧与能力。正是他们当时不畏艰辛困苦，努力克服各种想不到的困难，才筑就了如此震撼人的人类瑰宝。

随后，伴随着海浪声和海鸥的叫声，我们到达了海岸边，近距离地参观了悉尼歌剧院，真的很震撼！岸边的空气湿润，天边的夕阳正红，那一刻真的让我觉得不虚此行，同时也更加感谢学校给予我的这一次拓宽眼界、增长见识的机会；感谢父母对我的支持与理解；感谢我们日益富强的国家，让我们身在异乡，也能获得国外友人的尊重与友好相处！

经过这一下午的参观，我们也略显疲劳，所以便在就近的餐厅吃了晚餐。回去的路上，我们便开始了自由活动，几个熟识的朋友一起去参观了悉尼塔，不得不说，悉尼塔的高度果然名不虚传，悉尼的夜景真的很美丽。

但在回去宾馆的路上却发生了一件事，虽说有惊无险，却让身处异国他乡的我们第一次如此思念家人，思念祖国，感恩祖国的和平安定。那便是在回去的路上，由于是步行街，人潮拥挤，这时在一个转弯处，便遇到两个流浪汉，十分亢奋，也许是看到东方面孔，开始对我们大喊大叫，由于在和平的祖国时，从未遇到这种情况，所以我们便不回头地大步快走，终于，我们摆脱了他们，尽管没什么事情发生，但还是让我们心有余悸。

第五天，我们开始了沙滩大海之旅，悉尼的海滩既种类繁多又神秘梦幻，初次见到大海的我简直不能控制自己的欢跃的脚步，一直跑到岸边，让海水恣意地浸过我的脚踝，这种感觉简直是美妙极了，今天是旅行中最奔波辛苦的一天，却是带给我震撼最深的一天，我不禁感叹大自然的鬼斧神工，创造了如此动人的景色；我不禁赞叹澳大利亚人的冒险精神，自由地徜徉在大海之中，人与蓝色的大海合二为一，远处海天一色，好一幅美丽和谐的景色！

第六天，在参观了悉尼科技大学的图书馆后，我们小组便在图书馆的讨论区开始了第一次的演讲准备，这次讨论期间，我们顺利地完成了任务分配工作和材料准备工作，每个人都十分积极配合，都想在最后一天的展示中有一个满意的答卷。

第一周的周末，我们去了动物园和蓝山公园。在动物园里，我们看到各种各样神奇的小动物，甚至还观看了海豹表演，它们憨态可掬的样子让我们不禁忘却了各种烦恼，感受那单纯的快乐；在去蓝山的路上，我们坐上了悉尼的火车，虽然与国内的列车相比，速度慢了很多，但却让我们有更多的机会，停下忙碌生活的脚步，去欣赏路边的景色，静看亭前花开花落，坐看天边云卷云舒，到达蓝山之后，不愧是悉尼家喻户晓的名山，地势陡峭，山林耸立，地势广阔，令人不禁眼前一亮，随后我们还乘坐了缆车，近距离感受了这里的地势地貌，十分震撼。

新的一周在闹钟声中就这样开始了，前两天我们都在教室里度过，同时来了一位新老师，一位十分有趣可爱的女士。她主要指导我们的仪体姿态，让我们在最后的展示中以更从容自信的态度面对，然而，对我而言，这几节课的教育是深远而有意义的，从这里学到的技巧，不论是在每个月都要进行的团活主持中，还是今后的各种面试中，都会让我对自己更加充满自信与胆量，成为我们成功路上的一块助燃器。

随后的几天，我们在悉尼科技大学进行了文化体验，感受了当地学生的学习氛围；参观了发明实验室，科技感十足；还去当地的银行参观内部的设施设备，最让我印象深刻的是那个接待机器人，不仅能和人进行基本的交流，还可以唱歌跳舞，甚至可以拥抱，这样一改银行只是存钱取钱，冷冰冰的刻板印象，使其更加人性化，更加舒适，同时我希望咱们国家也可以进行诸如此类的发明生产，相信也会很受欢迎，很有发展前景。

就这样，在悉尼的参观也大致告一段落，我们便都开始积极地准备起了展示所需要的一切材料，对于老师所讲授的课程大家都感触颇深，所以都有很多想说的，尤其是我们小组为了夺目一新，充满创造力，不仅准备了幻灯片，还制作了视频，其中不仅有悉尼的美丽景色，更有我们这两周生活的点点滴滴，无不令我们动容。

最后一天中午，在Joyi老师的带领下我们去吃了当地著名的菜品，在一阵欢声笑语中迎来了期待已久的展示环节，分为小组进行，每个小组的成员都各司其职，准备充分，言语流畅，完成得很好，尤其是我们小组，由于我们别出心裁地制作了视频，所以评委老师对我们组印象深刻，在最终的打分环节赢得老师的青睐。果然，只要努力付出过汗水，成功便会向你走来。随后，老师依次给每人颁发了奖状和纪念证书，还有一个带有悉尼科技大学标志的马克杯。

就这样，我们的旅程在欢声笑语中，在不舍的拥抱道别中结束了。第二天便乘坐着飞机返回了哈尔滨，当飞机落地的那一刻，在悉尼发生的一幕幕就像放映机里一样，依然历历在目，历久弥新。

还记得朋友们的一张张笑脸；记得课堂上大家积极发言，勇敢而自信的面容；记得清新美丽的校园，安静祥和的图书馆，一张张面容，一份份美好，推动着青春前行，永不言弃！

最后，再次感谢父母给予我的支持，学校提供给我的机会及伟大富强的祖国带给我的自豪与骨气，正是因为在各界优秀领导人的带领下，我们的祖国日益强大，日渐富强，我们才有了屹立于世界民族之林的资本，让我们即使身处异国他乡，仍充满安全感。正是因为这样，我们才能抛去顾虑，为了我们的梦想奋起直追！我相信，我们未来会更加美好，活在当下，享受青春吧！

悉尼科技大学暑期交流课程总结

信息与通信工程学院　肖江山

非常感谢学校给了我这次机会去往澳大利亚参加悉尼科技大学暑期交流课程，这次经历锻炼了我的能力，开阔了我的眼界。我体验到了悉尼科技大学的教学模式，感受到了澳大利亚的风土人情，欣赏到了澳大利亚的自然风光。悉尼的两周，已然成为我的美好回忆。

这次出国交流，不仅仅是我第一次参加交流课程，也是我第一次出国，对于这两个星期将会发生的事情，我既兴奋又有一些紧张。初到悉尼，正是2018年7月8日清晨，哈尔滨这座北方城市都有了些许燥热，然而南半球的悉尼却是冬天，靠近赤道的纬度和海洋性气候造就悉尼温暖舒适的冬季。在机场，我们见到了悉尼科技大学来接机的Joyi老师，一位非常和蔼的台湾同胞，她可以用中文与我们交流，这给初到悉尼的我们带来了很多方便，未来的两周，也是她给我们的出行和学习提供了很多帮助。一行人来到酒店休息，第二天，我们的交流课程就正式开始了。

两周的课程，我们要学习基础的经济学知识，并以此了解分析中国与澳大利亚的贸易往来，我们要体验悉尼科技大学的一些特色项目和澳大利亚的风土人情，还有小组合作，这是我们完成最后展示的基础，有两位老师给我们上课向我们提供合作的建议与技巧，这些建议与技巧不仅仅帮助我们更好地完成了展示，也成为我们以后生活学习中的宝贵经验。我们的第一位老师是Peter，悉尼科技大学商学院的一位教授，他主要教我们经济学的专业知识，他常常用一些尽量简单的单词帮助我们理解经济学的专业定义，在他语言与肢体语言的同时引导下，原本无聊的经济学课程变得十分有趣生动。教我们小组合作有关课程的有三位老师，在上课之前，我没有想到合作是一件这么有学问的事情，本以为求同存异是一切合作的前提，但是我现在知道当一个小组都停滞不前时，应该大胆表达自己的观点，小组中的每个人都可以成为leader。悉尼科技大学的hatchery特色项目给我留下了深刻印象，hatchery有孵化的意思，这是一个引导学生创新和实践自己奇思妙想的项目，让学生“孵化”自己的想法。每组一张白纸与几支彩笔，最简单的想法，却能催生最新颖的想法。两周的课程，不算繁重，但是我们都学到了很多，收获满满。

第一次出国，没有与外国人打过交道，对英语能力的不自信等问题，都让我对自己能否适应全英文授课产生怀疑。一下飞机，英文的指示牌、英文的公告、英语的广播，并没有像我之前担心的那样听说困难，全新的氛围里我仿佛轻松了下来，安检、海关、取行李，我都在适应新的语言环境，适应不同于以往听力练习的口语，适应具有澳大利亚特点的每一个发音。从简单的买东西、问路、找酒店服务员打扫房间，到全英文授课、做英文演讲、搜集英文资料，会听、听懂到会说，相比于从课程里学到的知识，这两周带给我英语水平的提升更为宝贵。澳大利亚是一个人口组成复杂的国家，在街上我们可以看到中国人、印度人、东南亚国家和欧美国家的移民，复杂的人口组成使得口音混杂，很难找到纯正的英语发音，这对于我来说又是一个极大的考验，反复的听说，记下特殊的发音规律，我想这样的语言环境锻炼了我学习语言的能力，在复杂的语言氛围里我学会了分辨发音，找出共同点来判断词义。分辨发音需要时间，这又锻炼了我音译结合的能力，我不再像以前将听到的句子在脑海里翻译成中文再判断意思，对于简单的熟悉的句子我可以第一时间做出回应，让我的交流也顺畅了许多。我知道了，氛围对于学习语言真的很重要，越是复杂的环境，越能够锻炼能力，这两周对我英语的磨练，胜过自己听两个月的英语听力。

除了复杂的语言环境，我们还要适应当地人生活方式、思想意识、看待问题态度的不同。我们的日程表是上午10点上课，下午4点下课，中午休息两个小时，一天只有4小时课程时间，而当地人也几乎是这样的日程上班下班，这对于适应了早起晚睡的我们难免有些不可理解。在我们看来，工作意味着挣钱，我们工作是为了提升我们的生活水平，所以我们愿意工作甚至加班，但是澳大利亚人不这么认为，休息是他们的权利，他们工作结束后或回家陪伴家人或去酒吧与友人聚会，生活是大于工作的。除了餐馆，服务行业在晚上也下班的早，商场超市都在晚上六点半关门，只有礼拜四是他们的购物日可以开到九点，这和国内商场也不同。教授对于工作的问题也发表了他的看法，他认为澳大利亚人不是工作消极，而是相比于工作他们有更丰富的生活，澳大利亚人爱海滩爱咖啡爱动物爱自然，大家都愿意休息，去海滩、去登山、去各地游玩，或者坐下来喝酒喝咖啡聊天，这是澳大利亚人的生活态度。同时，他也对中国人的工作热情表达了尊敬，一个如此庞大的国家，以极快的速度发展着，现在作为世界第二大经济体，却仍然努力工作没有一丝懈怠，这种精神很值得尊敬。听到教授的称赞，民族自豪感油然而生，我们的民族勤劳勇敢，努力而谦逊，从苦难中涅槃，突破了重重困难才有了如今的实力，而达到了如今的高度，我们仍然居安思危，没有因实力变强而懈怠。我相信，中国一定会变得更好，站在更高的高度。

两周的时间里，我利用课余时间游走在悉尼的大街小巷，感受这座城市的历史与文化。达令港、悉尼歌剧院、海港大桥、环形码头、悉尼塔，这些曾经在明信片上的景点都真实地出现在我的眼前，这是悉尼作为一座国际化都市的名片。周末，在老师的安排下，我们去游览了塔隆嘉动物园和蓝山，澳大利亚人与自然的和谐也引起了我们的共鸣，与动物植物共享一片天地，是何等的荣幸。悉尼给我留下印象最深的是我参观的几个艺术馆博物馆。在我看来，艺术馆博物馆是最能够直击一个国家一个城市文化的地方，于是我特意抽时间去参观。在位于环形码头的澳大利亚当代艺术馆里，我看到了一些抽象派和超现实派的作品，很幸运，我正巧赶上了志愿者在做对民族风情展厅的免费的解说。澳大利亚土著人其实只占如今澳大利亚人口很少的一部分，大约200年前，澳大利亚被英国人发现并殖民，土著文明便几乎被工业革命过后的现代文明覆盖了，文明的断点也使得土著文明非常难以还原与保护，所以澳大利亚非常珍惜和重视土著文明。土著艺术多以自然事物作为题材，记录部落与族群的生活，用动植物作为载体来寄寓美好愿望，如青蛙、盘蛇、乌龟、猪笼草等都是作品里经常出现的物象。土著人通常在树皮上作画，再将树皮整张剥下，晾晒再加工。参观完艺术馆，我对澳大利亚土著人产生了同情之情，他们是殖民的牺牲者，如今的澳大利亚已经不是他们的澳大利亚了，原本人与自然和谐共处的文明被替代被中断，他们被驱散被异化，现在我们能看到的已经是落日余晖了。

再说说两周体验到的澳大利亚生活日常吧，不同的社会制度必然有不同的生活体验。Peter教授说，澳大利亚的资本运作完全由市场决定，没有政府的调控，这意味着供需关系成就了商品价格，于是我便观察到了一个我无法理解的价格表，一瓶可乐的单价是3澳币，而一箱24瓶的价格是16澳币，平均到每瓶不到70分，这差距明显的单价便是完全由市场调控的结果，资本家为了卖出商品用价格控制消费者的购买量，消费者为了使自己的平均生活成本降到最低，只能选择超出自己需求量的消费，或者以高于较低生活成本的单价按需消费。这种消费方式对社会底层的穷人十分不友好，他们可能没有足够多的资本去大量消费来降低自己的平均生活水平，在收入低于平均水平的情况下消费水平却高于平均水平，生活质量会大大降低。而在国内，这种事情显然不会发生，由于经济并不完全由市场调控，价格对消费者的引导力不是绝对的，对于哪个阶层的人民都有足够的空间按需消费，满足自己的生活质量。

总而言之，这次赴悉尼科技大学的暑假交流课程是非常值得的，我不仅学到了知识，丰富了见识，锻炼了英语，还感受到了祖国的强大与发展的迅速，对于外国友人的夸奖，面对各处的中国制造，我为我是一名中国人而骄傲。

悉尼科技大学游感

信息与通信工程学院　谢　芳

带着满心的期待与欣喜，2018年7月7日我们一行二十人踏上了去往澳大利亚悉尼的航班。经过十几个小时的飞行，我们顺利地抵达了悉尼，为期两周的交流学习就此拉开了序幕。

经过向导的指引，我们参观了悉尼科技大学的图书馆、教学楼等建筑，大体上了解了悉尼科技大学。悉尼科技大学位于澳大利亚新南威尔士州首府悉尼的市中心，毗邻中央火车站和唐人街，步行即可到达悉尼歌剧院和悉尼海港大桥，是一所以商、法、教育、科技为主的综合性大学，澳大利亚的名校之一。图书馆馆藏由印刷资料和电子资源两部分组成，资源丰富。其中最吸引我的地方是图书馆齐全的功能分区，包括一般学习空间、绝对安静空间、研讨室、练习室、接电话亭、游戏室、生活区等。接待老师介绍说绝对安静空间为满足那些想要自主复习的同学的需求，在里面不容许一丁点的杂音，甚至是敲击键盘的声音都是禁止的；练习室里配有电脑、投影仪等，一些做演示的同学会租借此教室进行演练；游戏室，其实老师介绍的时候，同学们大都是惊讶的，通常意识里图书馆是一个绝对学习的地方，怎么还会有游戏！老师解释说这其实也是他们一个新的想法，把图书馆打造成一个不光只能学习的空间，而更像是另一个生活空间，它还有一些放松的项目，使同学们更愿意待在图书馆。但并不是所有游戏都是可以引入到这间教室的，对于同学们推荐的游戏还要经过学校的审核，通过的游戏都是有利于同学的身心健康的，益智类的。我们都知道图书馆通常有大量的纸质图书，但有一些书并不是常用的，如果所有书混在一起放，不光占据有限空间而且大大降低了寻找相关书的效率。针对这一现象，UTS是这样处理的，另设一个地下图书馆。地下图书馆主要由机器运转，内有大量的分格，对每本书都贴上一个磁条，当有同学借阅某本书时，机器会扫描、识别磁条将图书从地下调出，再由专门的工作人员送到图书馆。工作人员介绍全澳大利亚只有两个大学拥有这样的机器，而UTS的又是规模最大的。另外等到新楼建成，图书馆将搬到地下图书馆附近，到时有望实现全自动化，替代人工运输。

教授讲解的是经济学的内容，鉴于我们几乎全是工科的学生，一些专有名词教授会给我们一些易于接受的解释，有时也会给我们举一些生活中的例子，所以对于课程内容，大体上也是可以听懂的。经过两周短暂的经济学学习，我们了解了一些经济学名词、著名理论，如简单的恩格斯模型、GDP、GNP、通货膨胀、紧缩等。GDP（国内生产总值），是指一个国家（或地区）所有常住单位在一定时期内生产的全部最终产品和服务价值的总和，常被认为是衡量国家（或地区）经济状况的指标。GNP（国民生产总值）是一个国家（或地区）所有常住单位在一定时期（通常为一年）内收入初次分配的最终结果，是一定时期内本国的生产要素所有者所占有的最终产品和服务的总价值，等于国内生产总值加上来自国内外的净要素收入。计算公式：国民生产总值=国内生产总值+来自国外的净要素收入=国内生产总值+生产税和进口税扣除生产、进口补贴(来自国外的净额）+雇员报酬（来自国外的净额）+财产收入（来自国外的净额）。GDP和GNP都是衡量国家经济状况的指标，但GDP强调地域概念，而GNP强调国民概念。凯恩斯模型

（Keynesian Model）是凯恩斯在经济大危机时期所具有的各种经济矛盾大大尖锐化的形势下，对经济学做出了重大修正，提出了有效需求理论。他指出，从政策上说，应放弃自由放任原则，实行国家对经济生活的干预和调节；政府应当担负起调节社会总需求的责任，运用财政政策和货币政策刺激消费，增加投资，以保证社会有足够的有效需求，实行充分就业。凯恩斯对1929—1933年经济大危机造成的形势做了比较现实的分析，他的经济理论为经济学的发展开辟了一个新的方向，他提出的经济政策为经济危机的缓解提供了现实的途径。凯恩斯把消费在收入中所占比例叫消费倾向，平均消费倾向是指消费总量在收入总量中所占的比例。边际消费倾向是指在增加的收入中用于消费支出部分所占比例，也就是消费增量对收入增量的比。消费函数是指人们的消费支出与决定消费的各种因素之间的依存关系。通货膨胀（inflation）指在货币流通条件下，因货币供给大于货币实际需求，也即现实购买力大于产出供给，导致货币贬值，而引起的一段时间内物价持续而普遍的上涨现象。其实质是社会总需求大于社会总供给（供远小于求）。在凯恩斯主义经济学中，其产生原因为经济体中总供给与总需求的变化导致物价水平的移动。而在货币主义经济学中，其产生原因为当市场上货币发行量超过流通中所需要的货币量，就会出现纸币贬值，物价上涨，导致购买力下降，这就是通货膨胀。与货币贬值不同，整体通货膨胀是特定经济体内货币价值的下降，而货币贬值是货币在经济体之间相对价值的降低。前者影响此货币在国内使用的价值，而后者影响此货币在国际市场上的价值。两者之间的相关性为经济学上的争议之一。通货膨胀的货指“货币”。尽管这和我们的专业并不相符，陌生的经济学名词对我们来说有点困难，但我相信这些经济学知识对我们今后的生活、理解国家的经济调控都是很有帮助的。

在学习之余，我们还组织了出游，参观游览一些悉尼著名景点，如悉尼歌剧院、悉尼海港大桥、海滩、悉尼塔、动物园、蓝山等。从我们住的地方步行到达港口，坐船即可游览悉尼歌剧院和海港大桥。这两个都是悉尼的地标性建筑，贝壳样的外形极具特色，海港大桥十分雄伟。我们利用周末的时间去了较远的动物园和蓝山。大家都被考拉萌哒哒的外表所打动，我也终于见到了心心念念的澳大利亚国宝——袋鼠。还看到了一些其他不是太常见的动物，澳大利亚特有的小企鹅，在这之前我一直都以为企鹅只有在南极才会出现。还有最原始的哺乳动物之一——鸭嘴兽，它是未完全进化的哺乳动物，种类极少，至今仍生活在澳大利亚。蓝山国家公园内生长着大面积的原始丛林和亚热带雨林，其中以尤加利树最为知名，尤加利树是澳大利亚的国树，有500多种，是考拉的唯一的食物。走在蓝山国家公园，可以看到种类繁多的植物，美如画的景色让人有种心旷神怡的感觉。我们选择乘坐蓝山的怀旧蒸汽火车，路上经过蓝山的标志——三姐妹峰。相传在很久以前有三位美貌的姐妹分别叫做靡爱倪、温拉 和甘妮杜，这三位姐妹出生在Katoomba部落，很不幸的是她们三人同时爱上了山下Nepean族兄弟三人。这有违异族规矩，不被父辈首肯，后来因为他们的恋情而引爆了两族的战争。当时有一位巫师为了保护三姐妹免受战争的威胁就把她们变成石头。然而最后巫师却战死，剩下守山谷的三姐妹岩，因此三姐妹岩成了蓝山最闻名的名胜。最后我们乘坐了蓝山公园里号称世界第一的倾斜角52° 的轻便台车，它行驶的海拔高度差有650米。

作为两周课程的结业，最后一天所有人以小组为单位进行关于中澳贸易关系的展示。在第二周时，每个同学就都紧张起来，时不时会去泡图书馆，查阅资料，翻阅相关文献，小组成员间既分工明确又相互配合，都希望能给这次学习画上一个圆满的句号。同时也了解到了祖国近十年来的进出口情况，不由得为祖国的迅猛发展而自豪、骄傲。

通过大家的充分准备，每个人的结业展示都很完美，而且各具特色。

两周的时间虽然十分短暂，但也足以使我们领略到了异国风情，感受到了澳大利亚人民的热情，见识到了UTS在某些方面做得较好的部分。更重要的是两周的相处使我们一行人形成了深厚的友谊。两周的时间里，遇到问题我们一起想办法解决，互帮互助，出去玩时一起行动，不丢下任何一个同学，这份情谊在这次游学中也是弥足珍贵的。

土澳之光

信息与通信工程学院　赵博阳

本次悉尼之行由国际处黄老师带队，于2018年7月7日开始了一次为期14天旨在通过学习和体验不同国家的历史、经济、文化，拓展本科生的国际视野，提高其跨境文化交际能力和不同角度分析、调查人类发展所面临的核心问题能力的游学之旅。

一、行前准备

很荣幸在出行人员确定之后，我成为了此次悉尼之行的学生负责人，最开始导员告诉我这个消息的时候我也是很担心的，因为学生负责人需要帮助同行的人办理签证、订好机票、买好保险，所以在得知自己需要做这些工作的时候，第一时间就开始了解澳大利亚的签证，咨询了好多家中介，最终选择了一家价格还算合理且出签较快的中介，之后就是通知同学准备签证材料。由于交流项目只能搭乘国内航司的航班，所以横向比较的只能是东航、国航和南航，在充分考虑价格、时间两方面因素之后，最终选择了南航。在咨询了有丰富境外自由行经验的老师后，选择了安联的境外保险。本以为完成了签证、机票、保险，在离境前我的工作就基本完成了，但导员告诉我还要我通过邮件的方式提前联系对方学校，确定好接机，说实话，对于此我真的有一点慌，因为我觉得我的英语在写作和口语方面都很差，写英文邮件真的有一点困难，在仔细斟酌用词和造句之后，终于发出了第一封邮件，并在之后联系到了接机的老师Joyi。我觉得我真的从学生负责人的工作中学会了很多，前前后后接近三周的准备，仔细确认签证材料，给同行的人开会、给对方院校汇钱等，我变得更加细心和有耐心。

二、学在土澳

首先来了解一下悉尼科技大学，悉尼科技大学位于澳大利亚新南威尔士州首府悉尼市中心，是一所充满活力并注重创新的大学，澳大利亚名校之一。学校拥有独特的学习模式、强大的研究成果和与行业及专业人士合作的良好声誉。在最新的QS 2019全球大学排名中，悉尼科技大学位列全球第160名。世界年轻大学（校龄小于50年）排名全球第15，澳大利亚第1。在2017年的QS排名中，UTS护理专业排名全球第4，澳大利亚第1；艺术和设计专业位列世界第29，法学院2017年QS世界大学排名43。悉尼科技大学拥有多元文化的校园和充满活力的国际交流与研究计划，帮助毕业生为现在和未来的工作做好准备。学校有超过40 000名学生，其中国际留学生超过10 000名，是澳大利亚规模最大的大学之一 。悉尼科技大学毗邻悉尼的中央商务区。未来三年，学校城区 Campus Master Plan将为大家呈现一所最先进的大学来满足21世纪学生的需求。

我们此次交流的课程安排是每天上午一节课，下午参观。课程内容以经济类为主，最后几天的课是presentation技巧。上课的模式主要以分组讨论为主，后期有向Joyi了解到，现在澳大利亚的大学课程都是小班讨论为主，教授抛出一个问题，大家讨论得出答案，这真的跟国内有很大的不同，国内的本科生教育还停留在大班上课，老师直接告知结论的灌输式教学。

这两周交流中给我留下最深刻印象的是一门叫做“Hatchery”的课，拿到schedule的时候，还提前查过这个单词，hatchery的中文释义是孵化场，上课前我还在思考这门课到底是什么意思。 到了教室，发现每个桌子上比平时都多了一张大大的白纸和一些彩色的马克笔，经过授课老师的介绍，原来这门课是培养学生创新能力的课，课上跟随老师的引导，老师会提出一系列的问题，从第一个问题“生活中你会遇到什么问题”，直到最后一个问题“你的解决办法”，这些问题和答案都要写在之前桌子上的白纸上，然后小组间互相讨论，看问题与解决问题的方法是否相匹配，问题的解决方法是否具有创新性。上完这节课也会感慨澳大利亚教育对于创新的重视，其实国内早在几年前就提出了创新的重要性，甚至将一部分学分设置成创新创业学分，但国内跟澳大利亚最大的不同是，澳大利亚有专门的课去引导学生培养创新思维，而中国学生最缺乏的就是创新能力，还没有老师的引导，在创新这方面会跟澳大利亚的学生相比差很多。

教会我最多的还是Mohan的presentation技巧课，由于在课程的最后会有一个presentation的展示，算是大作业吧，所以课程里面特意安排了两节技巧课。这次展示的主题是“Key features of Australia’s trade relationship with China and how current developments in China’s cconomy might affcct that relationship in the coming years ”， 由于在国内的专业是工科，而这个主题完完全全就是经济专业的学生去做的，刚拿到题目的时候也是很忧虑，不知道怎么去分析，怎么去表达，也没有理论知识的基础，这个时候老师就针对每个人耐心讲解，耐心去听，给出最好的意见，最后这门课快结束的时候，老师说如果想克服紧张，克服忘词，那就要“over practice，over practice，over practice”，就是要一遍遍地练习，游学之旅已经结束那么久了，可能我早就忘了当时老师指导我时说了什么，但“over practice”我却一直记得，也许这个方法是我从这门课学到最多的吧。

三、玩在土澳

游学交流之旅还有另一个不可缺少的部分就是畅游悉尼了解澳大利亚文化。在从国内出发之前，我就想着悉尼的悉尼歌剧院、环形码头、达令港、塔隆加动物园、皇家植物园、邦迪海滩、麦考利夫人椅……这次的交流之旅真的满足了我对悉尼的所有幻想。我们的酒店就在UTS 旁边，地理位置超级好，最近的火车站就是Central station，看过火车线路图可以知道，Central这一站是整个悉尼交通的核心，交通超级便利，悉尼的交通主要以小火车（类似于国内的地铁）和公交车为主，公交和火车都需要刷澳宝卡，计费方式跟乘车时间和乘车距离都有关，如果是周日的话全天仅需2.5澳元，说实话，直到离开澳大利亚我都没有真正弄明白澳宝卡的扣费方式。酒店的旁边就是Chinatown，在酒店附近可以看到超级多的亚洲餐馆，比如现在还记忆深刻就在酒店楼下的一汤一面和北方拉面馆。其实来澳大利亚你就会发现，澳大利亚真的是一个移民国家，走在街上迎面而过的人真的是来自世界各地。

抵达悉尼的第一天，Joyi就带我们去了达令港，达令港又名情人港，是悉尼最缤纷的旅游和购物中心，也是举行重大会议和庆典的场所。正值悉尼的冬天，气候温度很舒服，阳光也很充足，真的很想就坐在达令港的座椅上享受午后时光。当天晚上跟一个房间的小伙伴又拿着地图步行到了悉尼塔，悉尼塔又被称作悉尼眼，站在塔上的最高点，远眺悉尼的夜景真的会有一种幸福的感觉，可以看到海港大桥和悉尼歌剧院，窗外霓虹的灯光，路上稀疏的人群……第一周的周四和周五都是暴走悉尼，周四是以悉尼歌剧院为目的地一路参观沿途的景点，townhall station，QVB，海港大桥，每一处都留下了我们的足迹。周五则是从环形码头出发，搭乘澳大利亚特有的ferry畅玩悉尼的沙滩，Joyi介绍说如果每天去一个新沙滩，需要25年才能走遍澳大利亚的所有沙滩。其中最有名的无非就是邦迪海滩了，还吃了Joyi 独家推荐的澳大利亚特色鱼和薯条。

第一周的周六和周日算是free day，行程需要我们自己安排，黄老师带队分别参观了塔隆加动物园和蓝山。蓝山坐落于澳大利亚新南威尔士州，蓝山的得名源于满山的桉树。由于桉叶时时散发出浓郁的芬芳，在阳光的折射下，这种芬芳的挥发性蒸气使蓝山笼罩在蓝色的氤氲中，不仅山坡上有一层隐隐的蓝色烟雾，蓝山也因此获得了一个跟它的景色一样美丽的名字。蓝山的空气也是相当的清新，冬日去游历蓝山再好不过。

四、土澳之光

关于假期交流访学或者去其他的学校交换学习，其实我们学校还是有许多的机会，但是让人感到很遗憾的是大部分同学都处于不知道或者不关注的状态，这也要感谢韩导给我介绍了这个项目，让我没有错失掉这次机会，它最重要的意义是在于让你打开眼界了解其他的国家的文化、发展，他们的优劣势以及我们能从他们身上学到点什么。我觉得我应该从这次游学中了解澳大利亚的文化，感悟澳大利亚人怎么去面对生活怎么去学习，并跟国内形成对比，更好地去提升自己，我觉得出国游学的意义在于去学习在国内学习不到的好的东西，从而去提升自己，更好的为祖国做出贡献，而不是说在国外努力学习的目的是拿到绿卡去做一代移民。其实这次交流走在悉尼的大街小巷就会发现，悉尼的商品很大比重都是“made in China”，无不体现中国制造的强大。如今中国正处于经济转型的高速发展时期，正是需要大批人才的时候，我们更应该努力学习，提高自己的眼界与见识，抓住机遇，为国家做贡献。

赴悉尼科技大学交流心得

信息与通信工程学院　黄　梦

非常感谢学校给予我假期外出交流学习的机会。

2018年暑假，我们二十位来自不同系的同学有幸参加了为期两周的赴悉尼科技大学交流学习活动。在出国之前，经常在贴吧等社交软件上看到，说国外的教育如何松散，学生上课如何不会坐，基础教育如何不扎实，但是同时我也十分相信他们更具创造力和行动力。同时，我也了解到，澳大利亚是世界上最古老的一片大陆，也是地球上最大的海岛及单一国家的大陆，它的面积约为770万平方千米，人口仅有两千多万。短短的百年历史，却出现了二十六位诺贝尔奖的获得者。带着满心的好奇和憧憬，我踏上了去往澳大利亚的旅程。7月7日，我们从哈尔滨起飞，途径广州转机，经过十几个小时的飞行和十分繁琐的海关通关手续，终于踏上了这片传说中的“南方大陆”。漫长的飞行旅程，令人难以忍受，但丝毫没有减少我对澳大利亚的热切期盼，胸中的憧憬反而愈加浓烈。

在机场，我们就遇见了美丽的Joyi Chen老师，她非常热情地与我们打招呼。澳大利亚的一切都那么自然，高速公路旁的绿化似乎并不是刻意种植的，总是那么原汁原味。我们在她的带领下成功抵达了我们入住的酒店，经过一下午的调整休息后，第二天，我们就开始上课了，让人苦恼的东西终究还是到来了。

一大早，我们便赶到了学校。让我十分惊讶的是，教授讲课都是复印好讲义发给学生，没有教科书！我们的第一位教授老师是教经济学的Peter教授，他虽然年纪较大，但是依旧元气满满，且幽默风趣。但是我最头痛的是，教授虽然在努力尝试用简单的英文来向我们解释授课内容，我依旧还是听得一头雾水。唉！我这蹩脚的中式英文。但是，教授的授课形式可一点都不单一，他并不是在简单地他讲我听，而是带领我们一起分析问题，思考问题，其目的在于培养和锻炼我们的语言表达能力和分析问题能力。作为被教育者，我的感受如下：澳大利亚的大学教育不同于国内大满贯的教育形式，教师专注于学生是否理解授课内容，乐于用问题的形式引导学生自主思考并解决问题，善于用浅显易懂的事物来说明原理，教学形式更加生动。

上了两天课以后，周三上午，我们参观了悉尼科技大学校园。由于地处城市中心，校园里寸土寸金。即便是这样，他们的每一栋建筑物都各具特色，独树一帜。例如被他们嘲称为“ugly building”的主楼，还有让他们引以为傲的新型节能环保建筑，该大楼的电能来自大楼本身吸收的能量，水的供应也依赖于自身。总的来说，该栋大楼实属节能新宠。

周三下午，我们终于要去心心念念的悉尼歌剧院啦！当然并不是仅仅去悉尼歌剧院了,我们从住处乘坐公共交通工具抵达悉尼港。首先，我就被交通工具震慑住了。我们购买了交通卡Opal Card，上车要刷一次卡，下车还要再刷一次卡，而且该卡公交、火车、渡船通用！周末只需达到一定额度便可免费乘坐。抵达悉尼港后，除去大大小小的轮船，最吸引眼球的当属悉尼歌剧院啦！站在对岸，远远望见歌剧院，迫不及待地想要赶过去来一次近距离接触。在美女小姐姐的带领下，我们一路经过岩石区、跳蚤市场、海港大桥等地，真是各领风骚数百年啊。但是我依旧心心念念着我的歌剧院。终于，我们到了！大家纷纷合影留念，当然还有我。天色渐渐暗了下来，毕竟在澳大利亚7月是冬天。面对这座澳大利亚的地标建筑，我多么想要买张歌剧票进去参观感受，但是由于时间关系，我们并没有久留，十分遗憾。就这样，一天的行程结束了，大家都意犹未尽呢，但是为了保障人身安全，晚餐后小逛了一会，便早早地回了酒店。Joyi老师通知我们早点休息，明天还有新的行程呢。

周四一大早，我们又出发了。这回换了一个小哥哥来给我们指路（偷笑）。我们的目的地有好多个，以最有名的Bondi Beach为首的一系列海滩。一路上，我们在大大小小的沙滩上脱鞋，光着脚丫子跑来跑去和各种拍照。不得不承认，悉尼是一个十分美丽的城市，由于空气质量优良，天空的透明度很高，就像一块蓝色的水晶，总是那样清新宜人，各式各样的建筑物色彩鲜艳，干净清爽的马路两旁，所有的植物枝叶就像水洗过一般绿得鲜亮。难怪美国著名作家马克•吐温用“悉尼的情怀，世界的仙境”来盛赞这里。这里对生命的热爱首先体现在对动物的热爱上，动物都不怕人，到处都可以看到人与动物共处。鸽子在草地上走来走去，甚至飞到人的身上。袋鼠惬意地卧在草坪上，等你去造访。汽车里，则经常有各种狗和猫跟主人呆在一起。甚至过马路的各种小动物，行人和车辆都礼让三分的。这或者就是澳大利亚人敬畏生命的具体体现。人与动物尚且如此，人与人之间，就更和谐了。

所到之处，到处是绿油油的草坪，人们可以在上面随意活动。草坪上有许多树龄长达百年的观赏树。城市里，所到之处，扑入眼帘的全是这种相互衬托的草坪和绿树。当地人一般都是居住在带前后院的两层楼上，前后院里依然是宽阔的草坪和绿树。空气好得让人只想多吸几口。学校里呢，没有塑胶跑道，用来做操场的就是大片大片的绿草坪。还有一个鲜明的特点，非常安静，可能是因为人比较少，国土又特别辽阔，街上的行人车辆不是很多。晚上五点半以后街上更是特别安静，周六周日四点半所有超市就下班了，一切街景、建筑又那样神奇，让人觉得这里是童话的世界。我们在课堂上看到的学生也比较安静，能静下心来阅读、写字、讨论，而少有无节制疯闹的现象，这可能都源于他们长久以来，在家里、社区里形成的安静气氛。相较我们的学生，对比鲜明。

学习在悉尼科技大学，是一件既有趣又痛苦的事情。教授们风格各异，每个人都有着独特的教学思维和教学理念。在澳大利亚的学校看不到堆积如山的备课材料，每位教师都是凭着自己工作的兴趣和责任在尽职尽责地做着工作，教师纯粹是自主地在工作。在这些教授的课堂上，你能和来自全世界的小伙伴疯狂地碰撞思维，体味来自不同世界的历史文化和思维艺术。就像Peter教授所讲：“在澳大利亚的课堂上，所有的内容都是你们自己思考和讨论出来的。教授所做的不过是提出问题罢了。”

第二周，我们又迎来了一位新老师Mohan。他是悉尼科技大学的讲师，同时也是高中老师。可能因为他既教高中又教大学，接触的学生年龄范围更广，所以他非常善于用有趣的东西来给我们解释人生道理。所以，我们非常喜欢他。周三上午，我们了解了一下悉尼科技大学的Jumbunna机构，这是一个神奇的机构，专门用来帮助学生学业的。下午，我们去参观Commonwealth Bank。要不是提前知道我们要参观的是一家银行，我一定会以为是个科技馆的。各种高科技浮现眼前，只为给消费者提供一个更舒适更便捷的服务。真的是大开眼界呀！接下来，难题出现了。我们需要为两周的交流学习项目画上一个圆满的句号——周五完成一个小组presentation，好在有Mohan老师帮助我们一起完成。Presentation以中澳经济关系以及未来展望为主题展开，我们一共分为四组，一个组五个人，我们自己准备好PPT，演讲稿等材料。大家都在积极地准备当中，都希望能给自己的悉尼科技大学之旅画上一个圆满的句号。周五，激动人心的时刻就都要到了，大家都要表现自己了。但是我们组五个小可爱都没有带电脑，只能苦苦地等其他人用完了再借给我们用。好在我们在周四晚上终于完成了，开心，啦啦啦!

最后，通过这一次澳大利亚的短期交流项目，不论是从吃的方面，还是住行的方面来看，我都深刻地体会到了祖国的伟大。首先，仅仅是经历了不到半个世纪的发展，祖国的影子已遍布世界各地，对全球经济正产生着重大的影响。澳大利亚满大街的商品都标识着“made in China”，比如各色各样的鞋子；比如各种手工艺品，围巾、帽子等；比如愈来愈多的中国餐馆。这些仅仅是生活层面的体现。我们在课堂上，教授向我们展示的一大堆表格，无一例外地在告诉我们：中国的物价浮动、劳动力总量等因素都直接影响着澳大利亚的经济。

总而言之，澳大利亚的短期交流项目时间虽然很短，但开阔了视野，碰撞了观念，同时，更加深刻地感受到伟大祖国的强大后盾保护以及意识到中国人已拥有了一张世界名片。希望站在“我们家”窗前看到的，不再是“窗含西岭千秋雪”，而是“面朝大海，春暖花开”。

悉尼访学之行总结

理学院　陈昱达

我非常高兴，也非常荣幸的能完成这一次的悉尼科技大学交流访学任务。作为一个对探索外面世界有着浓厚兴趣的学生，我觉得这次交流访学活动对我的影响非常大。

先简单概括下我为期半个月的悉尼之行。我们是7月7号正式出发，并于第二天到达了悉尼市。从7月9号开始，我们就正式开始了课程的学习。在第三天、第四天、第六天和第七天我们分别去了悉尼的各大景点，其中包括动物园和蓝山。第二星期开始我们就正式投入到了周五的演讲准备中。可以说为期半个月的悉尼之行，我们既在学校学到了很多有关经济类方面的知识，同时也留出了充足的时间去浏览当地的著名景点，体验澳大利亚的民俗风情。可以说这次活动我们不仅学到了很多知识，更充分利用了时间去了解澳大利亚这个国家的文化，所以说我觉得这个是非常值的。

去国外进行短期交流访学，由于国外和国内各方面都有所差别，首先得适应那边的不同的语言环境和生活习惯，包括住宿、饮食、出行的方面。当我第一次踏上悉尼这块土地时，我对周围的环境是非常陌生和好奇的。其实不单单是活动正式开始，在活动之前的准备过程也对我们的能力提出了要求，例如我们得自己去把护照签证以及各式各样的材料整理和准备好，这样万事俱备的情况下才能给我们悉尼之行开一个好头。我深刻感觉到在准备这一次行程的过程中，能力得到了很大的提高。由于很多事情都是第一次，在这次准备过程中，我做得非常到位，完全按照老师和同学的要求和指示认真办完了所有手续，所以说我觉得这次的起点非常好。当然，由于我是理学院的学生，相对于绝大部分同学是信息与通信工程学院的来说我是一个外系学生。在这次活动之前我并不认识其他同学，所以说如何与他们交往、和谐相处也是我面临的一个挑战。当然挑战越多越能说明我们在这一次的活动中学到的越多。令我满意的是我在正式上飞机之前已经能准确认出和我一起去悉尼的所有同学的姓名，我的人际交往能力也得到了很大的提高，懂得了如何去与外系的同学积极友好地相处，包括在悉尼学习任务的过程中，我学会了如何与他们合作。这次悉尼之行，不仅仅是单方面去学习有关经济类的知识（就像对方学校给我们开设的课程），更重要的是在于如何去与其他同学进行小组活动的协商与合作，我觉得这才是我们悉尼之行所必须学会的一个最重要的技能。当然，这次活动我更懂得了如何去跟外国人相处，去真正了解并接触他们的文化和他们的习俗。流利正确的与外国人交流是我这次悉尼之行所获得的一大收获， 因为这种语言环境在我们国内是找不到的，所以说我非常珍惜这次机会，尽自己所能去和更多的外国人交流，锻炼自己的英语口语。我个人非常重视外语，尤其是英语口语的培养和提高。我非常喜欢英语，所以说对于这一次的机会，我觉得我把握得非常到位。从刚到澳大利亚开始，我就积极地与外国人交流，也非常高兴能在他们身上学到很多纯正的澳大利亚英语口音及我们国内学不到的知识等。

当然，我们这次不仅仅是学习，认识也是非常重要的一个环节。首先毫无疑问的是认识、“坐在矿车上的国家”，这一点在我们在澳大利亚进行游玩的时候得到了充分的体会，我们对这个国家的理解从原来的初中地理课本一跃而到了更深层次的理解。由于是第一次出国，我意识到了这次活动的珍贵之处，所以倍加珍惜，我也认识到了作为同学之间互帮互助团结协作是有多么的重要。我们老师要求我们在国外一定要结伴而行，不能单独行动，这从侧面反映出团结就是力量的道理。在人生地不熟的外国环境中，有一个同伴是非常重要的。友谊不仅仅是靠嘴说出来的，更是靠实际行动做出来的，是真正在一个陌生环境下经过考验得到的。我们在澳大利亚不仅见识了悉尼科技大学，更见识到如悉尼大学、新南威尔士大学之类全球的顶尖高校，看到了他们的教学方式和先进的教学设备，了解到了他们独特的教学理念。我想，这也是学校派我们来的目的之一。

能有这次机会，毫无疑问最大的功劳应该给我们伟大的祖国。“如果你在国外遇到了危险，请永远不要忘记身后有一个强大的祖国”。我对这句话印象深刻，在独自处在国外街头的时候，身旁有一个强大的祖国是多么的重要。我们在学校学习经济课程的时候，教授不住地夸赞中国，说如果没有中国，澳大利亚在2008年的经济危机可能就没有那么幸运能度过去。我们中国伸出了援手，让澳大利亚在2008年世界经济危机的浪潮下依然保存了实力，并在日后重新崛起。我们为澳大利亚提供了非常多的进口物资，帮助澳大利亚度过了难关。每当听到教授分析到中国在全世界经济体做出的伟大贡献的时候，我们都感到非常的自豪。在悉尼乃至澳大利亚，华人的数量都特别多。我们在悉尼的街头可以看到各色各样熟悉的面孔，那都是中国华人。自从改革开放以来中国不仅仅在外贸经济等领域，而且在学术等方面也逐步与国际接轨。我校本着拓宽本科生眼界的目的，每年都举办类似的交流访学活动，对我们的影响非常大。可以说正因为国家的开明，学校的积极有力的措施，我才有机会能在这次活动中拓展我的视野，增长我的见识。同样在国外，我们也不能忘记我们身后伟大的祖国。正因为有了祖国，我们才有了今天，才有了这次机会，才有了能够实现梦想的舞台。无论是在哪个国家，爱国主义都是最伟大的。不仅是能力方面的提升抑或是认知视野的增长，我们对祖国的热爱也在这次的活动中得到了进一步的升华。对比澳大利亚的一些技术，我们发现我们祖国还是非常强大的。虽然对比欧美等众多发达国家，我国仍有不小的发展空间，但我们在一些领域方面也取得了举世瞩目的成就。给我印象最深的是在高铁等方面，它在世界的影响力非常巨大，澳大利亚人对我们的高铁啧啧称奇。在国外人眼中，我们有非常非常多的世界领先科技。当我们听到这种话时，都感觉到非常的自豪。我们对国家的认同感有了进一步的提升，切实领会到了国家对我们的殷切期望和校方对我们的切实存在的鼓励和资助。

这次活动也必将成为我生命中最不可或缺的一部分，必将影响我的整个人生，我也一定会在今后的大学生活中努力学习，梦想能够成为学校的骄傲，报效祖国，报效自己的家园。也祝哈尔滨工程大学能越办越好，在国际上的影响力越来越高！

澳大利亚游学心得

经济管理学院　周　杨

2018年7月22日晚，在有了出境时的经验以后，我们一行小伙伴拖着疲惫的身子较熟练地入关，来到候机室里休息。趁着等回国的飞机，我拿出了手机翻阅起了相册，思绪万千，回想起来澳时的忐忑与好奇，如感昨日。

在澳大利亚游学的这短短两周的行程中，我们参与学习体验了悉尼科技大学的金融方面的课程，在一个不大不小的却功能齐全的教室中，放置着四张大圆桌，很自然地将我们分成了四组。为我们授课的Peter教授，特别的和蔼可亲，胖胖的身材，红润的脸颊，以及时常挂在脸上的笑容，都在课堂上起到了拉近我们之间距离的神奇的魔力。考虑到我们的英语没有达到很高的水平，为了让我们能基本懂得他的上课内容，Peter教授刻意地放缓了语速，吐字很清晰。“Do you have any questions ? I like questions”这是我们在课堂上听到最多的一句话，教授非常希望和喜欢我们提出疑问或者是不解，哪怕这个问题非常的简单，他都会很有耐心地解释给我们听。在与Peter教授的交流的过程中，可以感觉国外的老师与学生之间的关系是挺融洽的，小小的教室也确实能让师生之间的距离感缩短，再加上开放的上课方式，学生们能够提出并立刻解决自己的疑问，轻松也能获取较多的知识。作为这次游学团队中的唯一的一个金融系的学生，我感觉十分幸运和开心，能够体验国外大学的金融教授是如何授课的，各种名词的英文全译，和来自国外的一些珍贵数据，面对面的与教授进行沟通，他们不会露出不屑或不耐地神情，甚至还会皱眉深思我们提出的问题，真的是给予了学生极大的尊重。在我们教室的旁边有一个休息室，我们经常在课间的时候和Peter教授一起泡个咖啡或是吃个水果。当然除了Peter教授，还有好几位老师教给我们不同的科目，譬如培养创造性思维，肢体语言表达等。他们的授课方式各有不同，但有一个共同点就是幽默，时而幽默，时而严肃，时不时的一个小笑话，一个搞怪的小眼神，都成了课堂上的调味剂，让氛围变得轻松，让原本枯燥的知识学习起来有趣不枯燥。还记得在课堂上的随性起立发言，还记得在休息室里与教授聊天、请教。

在课堂过程中，最令人牵挂、上心、有趣、激动的就是最后的presentation了。全英文的讲说，没有尝试过的方式，面对的听众中有国外的教授，这些都让我感觉到紧张。但是在准备presentation的过程中，我更加深了对老师上课讲的内容的认知，让我知道了一个好的演讲，台风、身体语言也是至关重要的，这个过程锻炼了我的英语口语能力，和同组的小伙伴们分工合作，协同进步，增进了感情，培养了团队协作能力。由于之前我们这个出国留学的小团队互相之间并不是很熟，尤其我是唯一一个经济管理学院的学生，虽然我是一个脸皮厚的人，自来熟，可也难免会有陌生感。随着时间的流逝，我和其中的几个同学从无话可谈，变得无话不谈。日常的交流能够促进我们之间的感情，然而能力这种东西也确实要从实践、任务中体现出来。这次的演讲，确实让我了解到小伙伴们个个都是大佬，每一个人都很有自己的想法，我们会各自提出疑问、建议，所有的一切都是为了让我们演讲更具有吸引力和价值。在presentation开始之前，一切准备工作那也只是准备。虽然在学校的时候我主持过了很多的会议、晚会，作为一个讲解员，我也为各式各样的人讲解过，可到了真正地站在大家面前做英文的演讲，还是倍感压力，生怕自己的发音或者我的条理出现问题。还记得那时，我因为紧张，说话不是很顺畅，心里很是慌乱，可是在看到老师面带微笑的看着我，冲我点头的时候，我渐渐地放开了，脑子冷静下来组织自己的语言。非常开心的是我们小组的presentation得了第一名，老师也说我的分析很有道理，能得到老师的肯定让我觉得我之前的努力都是值得的！

除了课堂的体验让我印象深刻，获益匪浅外，我们还去了很多地方观光，欣赏了只属于澳大利亚的美丽风景和生物。动物园、悉尼歌剧院、悉尼塔、蓝山、数不尽的沙滩。悉尼的空气十分清新，天空几乎都是万里无云，十分的碧蓝。虽是冬天，阳光照射下来，依旧是暖洋洋的。多的数不清的沙滩这一个，那一个。沙子十分细腻，海水湛蓝，到处都是穿着清凉的人们，有的享受着沙滩阳光浴，有的光着脚丫，手拿鞋子在沙滩上散步，还有的在海中冲浪，这便是悉尼人们日常的悠闲的生活了。身处悉尼，真的是让我怀念起了国内的美食，便宜又好吃。在大街小巷中，总是有很多的中餐馆和中国美食，当然门前必定是排起了长龙，可想而知，中国的美食在国外单调的饮食环境中的吸引力有多高了。能看到华人，华人开的餐馆，总让人感到亲切。夜晚的时候，我和小伙伴到悉尼歌剧院去看夜景，那来自太平洋的妖风真的快要把我刮到海里去了，哈哈哈，不经意间让我回想到了哈尔滨冬天的妖风。想到此处，不免泛起思国之情，想着在大洋对面的亲人在干些什么。悉尼的景中最让我印象深刻的便是人与自然和谐共处了，鸟儿、松鼠自由自在地穿梭在城市街道，没有一丝的担惊受怕，甚至会跑到你的脚跟与你亲热，不时能听见孩子与动物嬉戏玩闹的笑声，看到人们拿着自己手中的午餐给动物们分食。此情此景，不免让我对中国的未来充满了憧憬与希望，希望在不久的将来，在大街小巷中能少一些汽车声，多一些鸟儿的欢鸣声，清新的绿色会布满街道，让人感觉一走出家门就如同是进入花园中一般，同时我也坚信这一天快要来了，中国现代的发展进步的速度真的可以说是前无古人后无来者。上一辈还过着为饭发愁的日子，打着猪草，而现在短短的几十年，便已如此，在我看来其实已经和国外的差不多了，尤其是高速动车可以说是令国人自豪的一件事。在悉尼，令人头疼的便是慢吞吞的火车，记得我们去蓝山的时候来回花了4个小时，真的是漫长。很多人都说中国的旅游景点人满为患，其实在蓝山的时候也同样全是人。我们真的不可以妄自菲薄，总是羡慕国外的好，忘了我们现在应该做的就是努力建设祖国，期盼着祖国的强大。

“世界那么大，我想去看看”想必是很多人的心声，我很感谢学校能给予我们这样一个机会去看看国外的世界，了解同住在这方天地下的其他的国家、种族的人们，看看他们是怎么生活、学习、交流的。在参观银行的时候，我们见识到了许许多多走在创新科技前沿的技术产品，有VR投影，智能机器人，大数据检索系统，等等。很高兴，我体验了一下VR投影，真的是十分的逼真，有一个形如巨龙的图像产品听说他们花了3个月的时间进行绘制。还有具有支付功能的戒指，可以说是比手机支付宝更加方便、快捷了。在没有接触到这些的时候，我还不知道原来现在的创新技术已经到了如此地步，能够极大地简化日常生活中烦琐的事物。在悉尼这段日子中，走在人群中，我听到最多的就是excuse me 、sorry，外国人对于私人空间的意识特别的强，在打扰哪怕是还没有打扰到时，他们也会迅速地道歉。悉尼的公园可以说是建造的非常的用心了，各种各样的设施，能够让孩子们一天都泡在公园里面，也不会感觉到疲倦，同时锻炼了身体、协调能力和动脑的能力，他们建造的水池中，设置了很多的设施，比如水车、小型大坝等，十分的有趣，同时水池的过道也刚好允许一个孩子通过。正如马云说过，一个企业的高度取决于企业管理者的高度，一个企业管理者的高度又决定了员工的高度。一个国家一个学校的学生的成就也在一定的程度上取决于学校和国家所提供的机会和开放的程度。所以，我也很自豪，我们中国的日益强大，我们不再是曾经的东亚病夫，我们不再受人以鄙。在悉尼的旅途中，我深深地体会到了，只有祖国强大，自身的素质也跟上我们祖国水平，才能以自身为傲，祖国才能以我们为傲！

悉尼科技大学暑期国际实践课程学习项目总结

自动化学院　余思泽

非常感谢学校给了我这次宝贵的学习机会，让我可以走进悉尼科技大学，体验到一种不同的学习生活经验。

我自己本身有研究生出国的计划，上学期也在努力学习托福，当我了解到这次项目后，我便期待参与其中，期望提前体验和感受一下英语区国家的情况，也是想锻炼一下自己的能力。在经过了漫长的组织材料和签证审核过程后，我怀着欣喜来到了悉尼——一个我只在照片中见过的地方。我们的行程包含了课程学习、文化体验以及最后的小组活动的辅导和展示，既在学校听取全英文的课程，学习知识，又走进了悉尼这座城市，了解当地文化，二十多天的交流虽然短暂，但文化差异和生活学习方式的不同，还是让我大开眼界。

一、学习情况

不同于国内，当地的工作学习从9:30开始到17:00结束，在交流期间我们要学习经济、文化、中澳关系,以及小组合作等相关的课程。来到悉尼的第二天，我们便开始了学习，这里的高校很注重合作的学习方式，我们的教室不像国内学校一样全部座椅朝前，而是小组围在一起。教我们的Peter教授充满了热情，他是一位十分健谈的人，负责讲授经济贸易和澳大利亚文化方面的知识。我们学习了经济学的几个基本模型和中澳间货币、商品的贸易关系，对于两国的经济联系有了初步的了解，虽然我是一名工科学生，但了解简单的经济知识，能够读懂新闻中的数据，对我以后的工作和生活是很有利的，也基于此，我对课程充满了兴趣。不同于澳大利亚，我国正处于高速发展期，经济增长量很可观，中澳在能源、工业方面是很好的合作伙伴，教授也非常看好中国的未来，他总是提及中国的制造业及GDP的增速，这也让我充满了自豪感。

后面的几天，我们学习了创新课程、演讲技巧，并由Mohan教授讲授小组合作和展示的技巧。Mohan教授很有想法，精通于人际关系，他总是喜欢通过举例和提问来让我们发现问题。我从中了解到，一个小组要想成功达成目标，每个人必须明确自己和他人的长处，互相配合。而他在课堂上的实验，也让我看到了人们在面对一项挑战时的不同应对方式。我和团队内的人从出发时的不相识到最后展示的默契配合，这其中也少不了这些天所学到的东西的帮助。

这是我第一次接受全英文授课，和以前遇到的英语听力不一样的是，听一节全英文的课既需要词汇量，更需要了解地道的英语表达，可以说它很锻炼我的听力和翻译能力。从一开始的努力适应节奏到后面在课上与教授一起探讨问题，这些天的课程让我的英语水平得到了极大的提高。我感到，澳大利亚的教授很喜欢和学生互动，我便常常被Peter教授作为互动的对象，他通过这样的互动来形象地解释课上讲解的数学模型。在课间，我们也入乡随俗，尝试了澳大利亚的休息方式，到隔壁喝上一杯咖啡，互相聊聊天，我也常常和同学们交流问题，我很喜欢这种大家一起努力，学习新知识的过程。

在交流的最后几天，我们为了小组展示而奋斗着。我们组成员来自四个不同的学院，各自的性格也迥然不同，但大家都在一起共同努力着。我把最后一天的小组展示当成对这些天学习生活的总结和对自己努力的致敬。在小组里，我负责制作PPT，进行开头和第一部分的展示。我们利用图书馆，构思主题查找材料，为了演讲内容写稿子和做PPT到深夜才休息，这是一段难忘的，属于我们每个人的珍贵时光，它见证了我们的友谊和成长。

这次展示让我学习到了国外课堂上常使用的合作模式，明白了如何正确地站在台上演说，而最重要的，是它让我和不同风格的人们有了合作的机会，从而尝试着共同完成一个目标。我们组的展示还是可圈可点的，我们的视频很富有情怀，组织结构也很协调，最后，我们组得到了最高分，也算是不辜负我们的努力和期望，为这次悉尼之行画上一个完美的句号。

二、生活和文化交流情况

生活也是这次活动很重要的一个部分，在这些天里，我们买各种必需品、吃饭都需要自己和外国人交流。我们参观了悉尼的老城区和歌剧院，逛了Westfield周围的繁华商铺，并在周末前往蓝山和塔隆加动物园，可以说让我对悉尼这座城市有了一个总体的印象。这里的火车交通非常方便，市内随处可见车站，但缺点是很慢，我还记得和学校工作人员聊中国高铁时速时，他们的惊讶表情。最新奇的，便是澳大利亚红绿灯的不同，当过马路时，行人需要按下按钮，否则灯会一直处于禁止通行的状态，虽然比我国的麻烦，但倒是很适合悉尼这种路网密集车辆少的环境。

这些天来，我的英语水平有了很大的进步。购物吃饭出行，可以说是对我英语水平的一大考验，在悉尼并不是人人都像上课的教授一样有一口标准的英语，在便利店我遇到了印度口音，在肯德基我听见了地道的澳大利亚方言，在泰国餐厅点菜更是碰到了服务生不太标准的英语。去澳大利亚前一直在学托福对听力很是自信的我，面对悉尼这样一个民族大融合的城市，还是得到了不一般的体验。我对于学习和应用英语的态度是积极的，我尝试着去听懂他们的用词和连读，也在尽力规范自己的口音，到最后几天，我已经不需要在说简单的英文前在脑中多加构思了，这些经历让我的英语应用能力有了很大的提升。在以后不论是在国外的交流，还是工作中遇到语言问题，上面的锻炼都会给我提供一个努力的基础。

这座城市的风格和我们的很不一样。澳大利亚人的生活态度可以用Peter教授的一个观点概括：他们工作努力，但却不过于劳碌。他们不喜欢加班，更愿意在下班后约上三五好友去海滩或者酒吧放松。在悉尼的街头，没有北京上海街头匆忙的上班族，却能看见行走在港口边欣赏风景的人群。身处澳大利亚，让我更加敬佩那些为祖国默默奋斗的人们，他们没时间像澳大利亚人一样享受阳光沙滩，却在实验室里、机械车间里钻研，正是他们的牺牲和汗水才能让我国拥有强大的实力，才能让我们自信地行走在国门之外。我还感到，澳大利亚人热情而开朗。走进店铺，店员会亲切的和你问候，药妆店里拥挤的环境下，sorry和excuse me成为最常出现的用语。行走在大街小巷，我能看见19世纪的兵营矗立在中心商圈的大厦旁；能在百年前修建的桥上俯瞰海鸥掠过游艇；能在中心公园中为发现几座殖民时代的雕像惊喜不已。可以说，百年来的历史在这里沉浮，古迹不是显著的地标，而是融入寻常人生活中的惊鸿一瞥。我觉得他们对于历史古迹的敬重是值得我们学习的，历史彰显了文化，体现了一座城市的内涵和对过去的追思，而漫步于悉尼，我能深深感受到这座城市的过去。在悉尼市的行走，让我发现了上述的不少和国内不同的地方，培养了我观察和对比的能力，我做到了走到一个陌生的地方而能发现他们的长处和差异，并能去思考模式和环境的不同所带来的文化、生活方式的不同。

三、个人思考

通过在澳大利亚的生活，我有了些个人的思考，在这次活动中，我充分地见识到了另一个国家的生活日常，了解了当地的文化和发展情况，增长了自己的见识也锻炼了自己独立生活和接受新东西的能力。我觉得作为一个以后要致力于我国工程建设行业的当代大学生，多看看外面的世界是很有必要的，毕竟，只有亲自去体验，才能得到属于自己的经验。

首先，我觉得生活学习在这样一个高速发展的世界里，我们应该张开眼去看看其他的社会和文化，去了解不同地方人们的观点和生活，接触了多元的社会，我们才有全面的观点去看待不同人的行为，不同的见识和阅历有助于我们辩证的去看待一个事物，只有经历过方方面面，我们才能带着更加开阔的眼界去感知世界。

其次，这样的活动让我面对了很多从未接触过的事物，对我自身的能力是一个很好的提升和培养。在以后，独立生活能力和自主学习能力都是我们自力更生的重要手段，这次的项目，让我面对了没接触过的学习方式，生活于陌生的社会中，在这样的情况下如何想办法好好地学习和交流锻炼了我的自律能力。面对新学科的知识，尤其还是全英文的，放弃是很容易的，但我坚持了下来，并且在最后做到适应了这些模式，大胆地在课堂上和教授互动，这就是我的成长。

最后，因为自己定下了以后出国读研的目标，这次活动可以让我提前适应如何在异国他乡生活学习，可以起到导向的作用，而这次活动的经验，更会为我打下一个良好的基础，让我知道该如何面对外国友人，提前在心里做好准备。同样，与团队中的同学共同努力、相处的经历，在让我得到友谊的同时，也学会了合作，学会了和陌生的人交往。

这次交流活动既让我看见了另一种文化，也见证了祖国现在的强盛。在澳大利亚前往悉尼郊区蓝山要坐两个小时火车的同时，在中国我们可以用这些时间坐高铁跨越省份，而商店里琳琅满目的“Made in China”也彰显着我国制造业的繁荣。在介绍中澳贸易数据的时候，教授的眼里充满了羡慕，每年有70%的澳大利亚羊毛运往中国，在我国加工成服饰销往世界。十九大告诉我们，经过长期努力，中国特色社会主义进入新时代，国情和世情发生急剧变化，以前我们一直说，我国社会的主要矛盾是人民日益增长的物质文化需要同落后的社会生产之间的矛盾，而习总书记在十九大报告中做出新的重大判断，就是新时代我国社会主要矛盾已经转化为人民日益增长的美好生活需要和不平衡不充分的发展之间的矛盾，这也就需要我们跟紧党中央，利用自己的所学，造福于祖国，在社会主义建设冲刺阶段贡献自己的一份力。在这次活动里，我学会了用包容的眼光看待一切，学会了如何独立的把一件事情做好，更是坚定了为国贡献的决心。走出国门，见到了我国的影响力，这让我更加的热爱自己的祖国，作为一名中国人，更是作为一名当代中国大学生，我会带着这次交流的感受和收获，尝试以更加开拓的眼界去面对以后的学习和工作，致力奋斗于我国的工程建设领域，用自己的勤奋努力为我国经济发展添砖加瓦。

总而言之，这次交流给我了宝贵的体验和收获，我也将会吸收这次的经验，带着更加成熟和开阔的眼光去面对未来的种种挑战。

加拿大阿尔伯塔大学
2018 暑期课程学习项目心得篇

序

曲 直

2018年暑期，九名学生：信息与通信工程学院聂秉毅、王宁馨，材料科学与化学工程学院熊真，水声工程学院张晨烨、仝方遒，动力与能源工程学院袁俊博、赵宝瑞，软件学院戚书豪，船舶工程学院谢千慧前往加拿大阿尔伯塔大学进行为期两周的交流学习机会。

阿尔伯塔大学（University of Alberta，UA）位于加拿大阿尔伯塔省会城市埃德蒙顿，成立于1908年。其多年来与多伦多大学、麦吉尔大学、英属哥伦比亚大学一起稳居加拿大研究型大学前五，世界排名前百，是加拿大顶尖的研究型大学。阿尔伯塔大学是加拿大U15大学联盟的创始成员及世界大学联盟的成员。随着阿尔伯塔省经济的繁荣和教育投入的增加，校方的目标是在2020年成为跻身全世界最好的20所公立大学。阿尔伯塔大学是加拿大五所最大的以科研为主的综合性大学之一，其科研水平居加拿大大学队伍的前列。参加14个优秀科研网的仅有3所人学，阿尔伯塔人学便跻身其列（其他两所是多伦多大学和麦吉尔大学）。在全国大学中，阿尔伯塔大学占皇家学会会员人数及申请美国技术专利和技术转让总数均居第五位，其科研收入与所得资助总额居全国第五。

可以说，阿尔伯塔大学是典型西式教育的高等学府， 虽然只有半个月的时间，但是学生们有很大的进步和改变，他们融入到西方国家的文化生活，感受西方国家的教育制度、教学方式、思维习惯。

一、课程设置

课程种类方面，大概可以分为三部分。

第一部分：The Expressive Voice and Body（表达自己的声音和身体）的课程，大概有14个学时，由阿尔伯塔大学戏剧系的讲师Michele为同学们授课。在活动结束后的总结中，同学们介绍这类课程是非常有趣的，每次授课前，老师Michele都会带领同学们进行“热身”，用肢体活动及声音练习的方式让身体展开，进而也让同学们更有勇气充满活力地表现自己。

第二部分：Topics in Global Leadership（全球领导力）的课程，大概有14个学时，由阿尔伯塔大学战略管理和组织系教授Richard授课。在活动结束后的总结中，同学们介绍这类课程让他们对领导力有了更深刻的认识。与之前的身体、声音的表达的课程相比，这类课程更多的是通过实例让同学们明白什么是领导力。

我认为同学们学习这门课程对于他们今后的工作是非常有帮助的，他们从小接受的教育，很少有针对领导力进行培养的，而领导力正是工作中我们必不可少的一部分，只有先努力学习知识，并不遗余力去掌握与练习，目光放长远，才能实现理想，成就未来。

第三部分：介绍加拿大政治、历史、文化类的课程，如French Canadian History（法裔加拿大人的历史）；Politics in Alberta and Canada（阿尔伯塔和加拿大的政治）；

Understanding Indigenous History in Canada（了解加拿大的土著历史）等，每节课程大约4学时。

同学们了解加拿大的历史不仅可以丰富他们的历史知识，也可以对加拿大的人文社会与文化传统有更深的感悟。在活动结束后的总结中，同学们为我讲解了加拿大的历史。起初，加拿大的原住民是印第安人，十七世纪初，当时的法国国王弗朗索瓦一世命令航海家杰克斯·卡蒂埃尔（Jacques Kartier）去探寻“新世界”，探险者来到了加拿大，先是通过交换物品大量榨取当地的财富，随后，加拿大便成了法国人的殖民地。而到了十八世纪，强大的英国人也来到这里，对加拿大进行了进一步地掠夺，并与法国人争夺殖民地的划分问题。但随着人民生活的交融，英法人民趋于和平，他们决定共治这块广袤的土地，他们给这里起了一个美丽的名字，Canada。

二、参观情况

在阿尔伯塔大学交流的这两周，安排参观Alberta Legislature，Fort Edmonton Park，Snow Valley Aerial Park，Bunff National park等景点，并在Calgary和Edmonton两座城市进行了观光。所有参加交流活动的同学在傍晚一起去公园里BBQ。

最令人印象深刻，最让人流连忘返的是班夫之旅。启程于第一周的周五下午，晚上到达阿尔伯塔省最大的城市卡尔加里，第二天启程去班夫国家公园，班夫公园位于阿尔伯塔省西南部，与不列颠哥伦比亚省交界的落基山东麓。1885年建立，面积6 666平方千米。内有一系列冰峰、冰河、冰原、冰川湖和高山草原、温泉等景观，其奇峰秀水，居北美大陆之冠。公园中部的路易斯湖，风景尤佳，湖水随光线深浅，由蓝变绿，漫湖碧透。

在旅程的最后，参加了名为K Days的埃德蒙顿市传统节日活动，学生们品尝了各种美味的小吃，观看了充满着异域风情的演出。

三、学生进步

在加拿大阿尔伯塔大学的交流期间，每一位同学都有良好的表现。聂秉毅同学的口语稍弱，但他在本次活动中积极参加活动、与人交流，口语表达能力得到了较大提高；王宁馨同学比较内向，但她在活泼开放的课堂上积极与老师、同学交流，得到了大家一致好评；熊真同学沟通能力较强，在活动期间结交了许多外国的同学，并与他们交流了文化、学习上的差异，国际视野有了进一步提高；张晨烨同学对科技有着浓厚的兴趣，在加拿大期间，他参观了加拿大本土许多科技馆，并体验了许多高新设备，增长了学识；赵宝瑞同学对历史有一定的理解，在阿尔伯塔大学交流期间，他查阅了与加拿大有关的历史资料，在参观过程中为我们讲解了许多历史事件，使我们对加拿大有了更深刻的认识；戚书豪同学的思维很开阔，在交流期间认真观察和了解了西方国家的社会文化生活，并与所学到的知识相联系，对西方的文化有了进一步的了解；仝方遒同学兴趣广泛，热爱运动、交友，在交流期间积极表达自己，收获了许多真挚的朋友，更有在今后再来加拿大阿尔伯塔大学进行科学研究的打算；谢千慧同学热爱学习，认真与老师交流，成绩优异，学到了许多新的知识。

加拿大之旅

信息与通信工程学院　王宁馨

这个暑假，我参加了学校组织的阿尔伯塔大学暑期交流项目。阿尔伯塔大学世界排名前百，是加拿大五所最大的以科研为主的综合性大学之一，所以报名的人非常多，我为了面试做了充足的准备，最后的结果没有让我失望，短暂的欣喜之后我开始担心，虽然我的四六级一次性通过，但是这么多年我的英语一直是书面英语，很少有机会去听去说，现在到加拿大我到底能不能适应。不过，当这段经历再次在我脑海中浮现时，我想说虽然加拿大一切都是陌生的，语言上有些不便，但是到达那里，你就会静下心来，亲身体会加拿大的一切，优美的自然环境，高度文明的人文环境，这些都会让你无暇顾及开始的诸多不便。两周时间，虽然短暂，我将从以下几个方面来呈现这段生活的点滴，与大家分享我的所见所闻，所感所获。

一、轻松却不懈怠的学术氛围

在阿尔伯塔大学交流的两周，除了参观游玩，学校也为我们安排了一些课程，与专业没有太大的关系，大多是一些加拿大的历史文化，与人交流的技巧等。课堂上老师们喜欢让学生们坐成一个圆圈，这与我们的课堂形式不同，我猜测这种灵感可能来源于亚瑟王的圆桌会议，与会者们围绕圆桌而坐，避免席次争执，旨在人人平等，也可能是为了老师更好地与学生互动。在课堂上，每个人都可以畅所欲言，都有展示自己想法的机会，因为教室的更换，有些同学会晚一些进教室，老师不会感到不高兴，会热情地跟他们打招呼，上课的时候如果有事情，可以在不影响别人的情况下直接走出教室，在课堂上老师们都会用游戏来开始课程，这被他们称作热身。在阿尔伯塔大学的第一次作业让我记忆犹新，老师让我们在五分钟的时间里教大家一样东西，任何你擅长的东西都可以，这让我再一次感受到了中西方教育的不同。我们的作业大多是纸质手写需要老师批改的，所以这样一份特别的作业一开始真的让我有些吃惊。而这样的轻松氛围却并没有导致学生们的懈怠，而是让他们更愉悦地去学习去成长，在午休的时候，教室外的长廊座位上有很多一边吃饭一边拿着电脑修改论文、看书的学生。这样轻松却不懈怠的学习氛围深深感染到了我。两周时间，我虽然无法在专业上得到突飞猛进的成长和提高，但是这种氛围却感染着我去努力做得更好。

二、尊重不同的思想，在合作实践中成长

在上课的时候每一个问题，老师都会让所有的同学去表达他们的想法，每个人的思想认知层面不同，经历的事情不同，看到的事物也都不一样，所以最终的看法难免会有不同。正是因为这样的不同，世界才会多姿多彩，老师们很尊重这样的不同，他给每个人去发挥表达做自己的空间。同时在授课过程中，他们把更多的时间交给了我们，给我们时间去讨论、去实践、去共同找寻答案，最终把得到的结果向大家展示。与我们同行

的人中有一些英国、新加坡、菲律宾的同学，在合作学习中，我们会和不同的人一起。在合作交流中，我们会感受到不同的文化碰撞，不一样的思想交流。在一开始，会有一些顾虑，担心自己的口语不是非常出色，可能沟通上会存在一些障碍，可是真正踏出那一步的时候，才发现一切都没有自己想象的那么困难。在聆听了更多的想法之后，自己的思维也得到了发散，面对事物也有了更多方面的看法。

三、各有所长，共同进步

在和其他同学交流之后，我发现他们都去过很多国家，会说很多国家的语言，而我们其实年龄相仿，但是他们的经历却更加丰富。在我们身边，如果一个人精通四国语言，我们会认为他很有能力，但在我们同行的队伍中，这样的人有很多。在学习课程、领悟知识的能力上，我们中国的同学会更胜一筹。正是因为各自有了这样的特点，我们的队伍才更加丰富。我们会在闲暇时听听他们的游历经历，在各国发生的故事，体会不一样的习俗文化，同时也会告诉他们我们中国的特色习俗。相较于我们，英国学生们生活得更加独立，出去旅行参加活动的经费支出多由自己承担，奖学金、外出打工等。听着他们的故事，希望自己有一天也可以凭借自己的力量游览各地。

四、幸福感很高的国家

在加拿大的两周，是我很开心的两周，每一天都过得很快乐，这份快乐源自身边的每一个人。在街道上迎面走来一个人，只要视线相接，对方都会对你微笑问好，即使你们素昧平生。当你在便利店买东西，营业员都会微笑着为你服务。你可以感受到他的微笑不是职业假笑，不是工作需要，而是真正发自内心的对于自己工作的热爱，对生活的热爱。在商场里，你可以很自由地去尝试自己感兴趣的东西，如果有需要售货员会来帮助你，虽然很多的词汇并不是很懂，但在彼此的不懈努力下，还是能成功的买到自己需要的东西。在加拿大，再平凡的工作都被尊重，再普通的工作都被热爱，每个人都在自己的岗位上散发着光和热。并且在加拿大的街道商场里，坐着轮椅行动不便的人有很多。在各个建筑物、公交车上都有为坐轮椅的人提供的方便服务，让他们拥有和健康人一样娱乐享受生活的权利。我很喜欢加拿大人对生活的态度，在那边如果你错过了饭点，那么最明智的选择就是去便利店买披萨回家用微波炉热一下，用来果腹。在周末很多私人小店会关门，带着全家去路易斯湖度假，享受周末，就连大型的商场都只营业半天。活着最重要的不是金钱，而是享受生活，热爱每一天。在这里的每一处打饭的地方、售票的地方人们都自觉的排队，不争不抢，电梯上左行右立，每一处都是秩序井然，大家都共同努力去维护社会秩序，让一切变得更美好。刚到加拿大的时候，让我们最不适应的就是他的交通，加拿大的车很少，出租车很少见，大家出行都是坐公交车或是轻轨，过人行横道时人们都会很自觉地按照交通信号灯行走，车辆会很自觉地停下来让行人先过，而走过的人也会向司机点头致谢，刚一开始我们不习惯于这样的方式，还闹了很多笑话。

五、人与自然和谐相处，如画般的自然风光

我们的周末途经卡尔加里，去了埃德蒙顿有名的班夫小镇，那里的自然风光美好的像是画里的一样，湛蓝的天空，碧绿的水，清新的空气，微凉的雨。从一栋栋结实的木房子到毛毯一般的绿草地，从密布的公园到出没于树间的松鼠，无一不在我的脑海中留下了深刻的印象。在山顶上看着未化的积雪，远方层峦叠嶂的山峰，耳边吹过的清冽的山风，感觉在自然面前自己以前的烦恼和不愉快是那么的渺小，和自然相比我们真的很渺小。在阿尔伯塔，每一处的餐厅吃过饭之后都是自行整理餐盘，把垃圾扔到固定的位置，餐盘放到指定的区域，每一个人都很自觉，不会把垃圾留到桌子上然后扬长而去。每家每户都是独立的院落，在各自的庭院里，主人们都会修正草坪，种植花卉，让道路两边风光无限。在阳光充足的午后，人们会在大块的草坪上席地而坐，喝咖啡闲聊看书，享受着天然的毛毯，时不时会有一只松鼠跑过，蹦蹦跳跳，好不快活，没有人去追逐打扰他们，一切和谐宁静。

在加拿大的两周，我见识了很多，经历了很多，学习到了很多。让我看到了不一样的生活方式，不一样的教育方式，增长了我的见识，开拓了我的眼界，让我看到了更多的选择。同时我对优秀这两个字也有了更深更全面的理解，并不是学习好成绩高就叫做优秀，我们需要更多的经历去充实自己，让自己更加的完整。现在我想做的就是学好英语，希望以后有更多的机会去看看外面的世界，看看不一样的文化，不一样的生活方式，不一样的人文环境，不断地丰富自己的阅历。同时我也很感谢米歇尔老师，感谢她带给我们的课程体验，也感谢她对我的鼓励与肯定，让我看到了我的天赋和潜力。同时很感谢学校能为我们提供这次机会，让我们去感受不一样的文化，开拓了我们的视野，丰富了我们的经历，同时也要感谢同行的老师对我们的关怀和照顾。

我与阿尔伯塔

信息与通信工程学院　聂秉毅

2018年暑假，通过学校的项目和平台，我得到了为期半个月的前往加拿大阿尔伯塔大学交流学习的机会。虽然只有短短的16天，却让我融入进西方国家的文化生活，带给我很多启示，让我永远难忘。

阿尔伯塔大学位于加拿大阿尔伯塔省会城市埃德蒙顿，成立于1908年。其多年来与多伦多大学、麦吉尔大学、英属哥伦比亚大学一起稳居加拿大研究型大学前五，世界排名前百，是加拿大顶尖的研究型大学。阿尔伯塔大学是典型西式教育的高等学府，与国内的大学有着许多的差别，回来后，经过不断总结和沉淀，写下了这篇心得体会。本文将从课程设置、游览情况、日常生活、个人心得四个方面来介绍我的阿尔伯塔之旅。

一、课程设置

课程种类方面，大体可以分为三大类。

第一类是介绍加拿大政治与历史的课，例如French Canadian History（法裔加拿大人的历史），Politics in Alberta and Canada（阿尔伯塔和加拿大的政治），Understanding Indigenous History in Canada（了解加拿大的土著历史）等。

起初，加拿大的原住民是印第安人，十七世纪初，法国探险者来到了加拿大，先是通过交换物品大量榨取当地的财富，随后，加拿大便成了法国人的殖民地。而到了十八世纪，强大的英国人也来到这里，对加拿大进行了进一步地掠夺，并与法国人争夺殖民地的划分问题。但随着人民生活的交融，英法人民趋于和平，他们决定共治这块广袤的土地，他们给这里起了一个美丽的名字，Canada。

但是，受到剥削的印第安人并没有这么祥和欢乐。被剥夺了财产和土地的他们只能沦为奴隶，为资本主义的辉煌打下血肉的地基。发达的西方国家带来了近代文明，也带来了难以治愈的传染病和无数的战争，他们成了受难者与牺牲品，被迫融入西方文明中才能得以生存。好在，加拿大的人民仍然记得他们，他们把印第安人的文明与历史保存了下来，并让他们得以延续。在讲述这段残酷的历史的时候，每个人的表情都非常的严肃，可见对历史的尊重。

通过对加拿大历史、政治的课程学习，我对加拿大的内在有了更进一步的认识，以英语和法语作为官方语言的加拿大，有着强大的文化多元性和包容性，可以倾听到各种不同的声音。

第二类是一系列名叫The Expressive Voice and Body（表达自己的身体和声音）的课程，由阿尔伯塔大学戏剧系的讲师Michele为我们授课。这类课程是非常有趣的，每次授课前，老师Michele都会带我们进行“热身”，用肢体活动及声音练习的方式打开我们沉重的身体，进而也让我们更有勇气充满活力地表现自己。与此同时，课程还非常注重人与人之间的互动，老师用认识新同学的形式教大家如何表达自己、展现自己，课程结束后，我和每个人都成为了朋友。

我认为学习这门课程用于日常生活中是非常有意义的，我们说话时，只有抓住重点，分清时间、场合，明白交谈的目的，掌握一定的交谈技巧，才能让对方最舒适最直接地明白你的想法。

第三类是一系列名叫Topics in Global Leadership（全球领导力）的课程，由阿尔伯塔大学战略管理和组织系教授Richard为我们授课。相比之下，这类课程更多的是通过实例让我们明白什么是领导力。不在其位，不谋其政，每一个不同的职位都有着不同的需求。在我们的工作中，存在行动力、熟练度与知识三部分，如果只有行动力缺乏熟练度和知识，就会一头乱撞不着边际；如果只有熟练度缺乏行动力与知识，就会成为不思进取的浑噩之人；最后，如果只有知识而没有行动力与实践操作，就成了纸上谈兵。我们要做好一份工作，首先要明白它的原理，然后要熟练掌握工作的每一步，还要积极地行动努力工作，这样才能使自己具备领导力，不断进步。

通过在阿尔伯塔大学课程的学习，我学到了在国内学习不到的很多知识，阿尔伯塔大学在注重科研的同时，也注重学生们综合能力的培养，只有既具备学识，又具备素质，才能成为国家需要的新时代的人才。

二、游览情况

在学习课程之余，学校还为我们安排了丰富多彩的游览活动。几乎每隔几天，就会trip到一些有名的景点或者公园，其中还包括令人流连忘返的Bunff国家公园。

在交流期间，我们走过了Alberta Legislature、Fort Edmonton Park、Snow Valley Aerial Park、Bunff National park等景点，并在Calgary和Edmonton两座城市进行了观光。

Alberta Legislature是阿尔伯塔省议会大楼，大楼坐落埃德蒙顿市的中北部，与阿尔伯塔大学仅仅一桥之隔。大楼的面前，是一片长方形的喷泉，孩子可以在水池中恣意玩耍；大楼中间是圆柱形历史展览馆，记录了阿尔伯塔省建省以来的历史，以及对阿尔伯塔省做出贡献的一代代杰出的领导人物，游客可以在白天开放时间随意参观。与国内的政府建筑不同的是，阿尔伯塔省议会对公众更加开放，在你参观的同时，会有许许多多西装革履的政府官员与你擦肩而过，你可以感受到他们工作时忙碌的气氛。

接下来就要介绍我们美丽的Bunff国家公园。Bunff国家公园位于落基山脉，独一无二的地理位置造就了Bunff的湖光山色，密集的原始森林、山顶覆盖积雪、路易斯湖的壮阔美丽，一切的一切告诉我，这里是人间仙境。

Fort Edmonton Park则更像是埃德蒙顿市历史的记录，公园将埃德蒙顿的发展划分成了四个阶段，从部落生活到近代生活，公园通过精心设计的建筑与许多同时期物品的放置，生动地还原了历史，让我们仿佛身临其境，在短短的游览过程中穿越了埃德蒙顿的发展史。

Snow Valley Aerial Park是一个高空探险游乐场，里面有许许多多的高空游乐项目，让我们在兴奋与刺激中突破自己的心理极限。场馆里有红黄蓝标识，以便让游客根据自己的实际情况选择适合自己的难度。

我游览到的城市，Calgary与Edmonton都不算大，只是相当于国内普通的地级市大小，而Calgary是阿尔伯塔省经济比较发达的城市，Edmonton是阿尔伯塔省的省会。但加拿大的城市绿化率都很高，由于我们住宿的酒店可以眺望几乎整个城市，我看到整个城市，只有经济中心区才有高楼大厦，而且数量和密度都不大，整座城市，一半都是森林。

三、日常生活

身在加拿大，处处都显露出西方文明特有的气息和情调。我们可以在傍晚看到一家人在某一块不知名的草地野炊，我们可以看到在湖上河边一群人在冲浪，以及校园里随处席地而坐休息读书的学生，从他们身上，我看到了对生活的热爱与无拘无束的思想。

加拿大的人工作时总是热情洋溢，当你坐公交车时，司机会主动向你问好，下车时，他会祝你过一个愉快的周末；当你逛商场时，会看到每一个服务员都可以耐心的解答你任何一个问题；虽然出去吃饭要多付15%左右，但你也会享受到令你满意的高品质服务。

加拿大人不需要太多的加班与工作，周末时，商店下午四五点钟就会打烊，而工作人员已经开始享受美好的周末时光。加拿大的商场和地铁站都有残疾人的轮椅感应通道，当你坐电梯时，要记住左行右立，为匆忙的人让出左边的快速通道。当你坐地铁时，不需要主动出示地铁卡，也没有门禁，不过如果你被警察抽查到逃票，你会遭到非常严厉的处罚。加拿大，这里处处透露出对人的尊重。

值得一提的是，加拿大所有的自来水都是可以直接饮用的，包括大楼里的、大街上的、公园里的，加拿大拥有令我无比震惊的清澈水质，这也来源于发达的经济和尖端的科技支撑。

在旅程的最后，我们参加了名为“K Days”的埃德蒙顿市传统节日活动，我们品尝了各种美味的小吃，观看了充满着异域风情的演出。

加拿大有着发达的西方文化生活，在学习交流中，我对西方文明有了更深刻的认识和理解，与此同时更能体会到东西方文明的差异和各自的特点。

四、个人心得

在这次交流学习中，我去到了很多的地方，交到了很多朋友，开拓了视野，透过在阿尔伯塔大学的学习和生活，对加拿大本土文化乃至西方文明都有了深刻的认识。

因为是国际项目，所以参加的团队很多，来自全球各地，国内有来自复旦大学、北京理工大学、西安电子科技大学、山东大学的同学，国外则有来自韩国、新加坡、菲律宾、英国的朋友。借此，我们更能了解到各个国家和不同学校间的文化，让我感受良多。国外参加项目的学生普遍英语都很好，虽说母语是英语，可当我了解到大部分掌握三四种语言的时候，我发现，语言是限制我们与世界交流的很大的绊脚石。

在不同的团队一起参加项目的过程中，哈工程的团队始终保持着良好的国人形象与学校形象，虽然有时因为语言匮乏并不能完全了解谈话者的意思，仍能用一个很好的心态与对方沟通并时刻保持礼貌。我们与近邻韩国、日本的留学生在知识和语言上相比还有着不小的差距，但我相信只要我们保持努力，就一定会更进一步，展现出更好的自己。

不知不觉中，为期半月的阿尔伯塔大学交流学习结束了，感谢学校能给我如此好的机会和平台让我走出国门，也感谢曲直老师和同学们对我的照顾和支持。我仍然怀念学校课堂上老师为我们讲授的道理和知识，我仍然怀念Bunff国家公园的美丽景色，我仍然怀念埃德蒙顿天空中那一抹火红的夕阳。

阿尔伯塔大学，再会！

阿尔伯塔之行

动力与能源工程学院　袁俊博

北京时间2018年7月30日凌晨4点，我们的航班降落在首都国际机场，这不仅意味着我们回到了祖国，也意味着我们结束了两周多的加拿大之旅。在这两周的时间里，我留下了太多回忆。

2018年7月14日下午我们登上了前往温哥华的飞机，十个半小时的飞行并没有让我感到疲乏（我喝了很多咖啡，而且一直在看电影），未来将发生的一切都令我感到非常好奇。为了适应当地时间我特地倒了24小时的时差，结果倒回去了。由于14个小时的时差，两段飞行（包括温哥华到埃德蒙顿）都是在白天，所以在浑浑噩噩地吃过晚饭后，大家就都睡去了。第二天正好是周日，一大早，我们就体会到了加拿大的慢节奏——几乎所有商业性质的店都关门了，甚至食堂都不工作，我瞬间明白了上一届的学长们为什么常吃赛百味了，因为只有它天天营业。下午我们和阿尔伯塔方面举行了见面会，并和外国学生踢了场友谊足球赛，虽然踢不过。然后校方组织我们去西贸购物，我也第一次见到了女士们的购物热情，并体会到加拿大人是多么爱吃甜食。

周一的上午，阿尔伯塔方面为我们开了个欢迎会，我也是第一次见欢迎会吃早饭的。Lana小姐为我们讲述了未来两周的活动，我也第一次见到了复旦大学和山东大学的同学，问了下年级结果都是大四的。还有一些来自英国和韩国的交流生（白人、黑人、印度人、黄种人），也就是说几乎所有肤色都到齐了。我们被分成了A、B组，并被要求按组上课，结果工程人就被五四分了。下午阿尔伯塔方面派出志愿者来带我们参观校园，那也是埃德蒙顿最热的一天。之后我们就按部就班的开始上课，上午我们主要是学些加拿大历史与文化。加拿大是双语国家（英语和法语），也就是说有两个历史。一开始这片土地上住着印第安人，后来法国人来殖民占领了加拿大的东南部，也就是魁北克省。但英国人通过七年战争打败了法国，把这片土地抢了过来，并通过肮脏手段向西压迫印第安人，占领了西部土地，伴随着美国独立，加拿大诞生了，从19世纪的殖民地，再到20世纪初的自治领地，再到二战后的独立建国。不过加拿大应该是最忠诚的英联邦成员了，大街上到处都是英国国旗。下午，我们按组上课。我是B组，先与Michele女士练习表达，第二周与Richard先生一起讨论如何成为领导者。经过两周的接触，我发现加拿大的教学方式与国内有很大不同：老师更愿意了解学生的想法而不是单纯的教学。

第一周的周末，学校组织我们去Bunff国家公园旅游，Bunff公园是一个美丽的地方。不过由于时间充足，我们先去了埃德蒙顿的历史公园，那里记录了埃德蒙顿1880年到1920年的历史，从一个木制城堡到近代城市，埃德蒙顿好像在40年的时间内完成了1000年的变化，也可以看出40年间在那的各色人种的关系也逐渐往好发展。在周五的夜晚，我们到达了卡尔加里的宾馆，体会了一下加拿大公寓。周六上午，我们到达了Bunff小镇——一个欧式古典风格和美式风格共存的小镇。下午我们登上了Bunff公园（实际上考虑时间，坐了缆车），在山顶俯视群山，我有一种登泰山而小天下的感觉。风自然很大，但太阳的光和热却让人感到不是那么冷，这就是Bunff公园，一个大自然的壮举。Bunff公园脚下有一潭清澈的湖水——路易斯湖，给我一种新疆喀纳斯湖的感觉，冰山融水。湖边有一个告示牌，上面写着“熊的国度”，真令人害怕，不过听说加拿大的熊和俄罗斯的熊一样怕人。第二天，我们来到了卡尔加里市中心，那里令人印象最深刻的就是地标建筑“卡尔加里塔”——一座在19世纪50年代就建成的塔，这座塔见证了这座石油城的发展。女孩们去购物，而男孩们则在城市里乱逛。

虽然一周过去了，但是我依旧对周围的一切都感到好奇。第二周几乎与上一周一样，但我们品尝了当地小吃并感悟了攀岩，并且在周四阿尔伯塔方面给我们举办了披萨晚会来给工程学子欢送。在我们旅行的最后一天，我们参加了当地的类似狂欢节的活动——K Days。我参观了加拿大陆军的豹2坦克和铁拳装甲车，同时也体验了把当地的游乐场（真疯狂）。在晚上我们买了些酒来最后狂欢一下，因为明天我们就将结束在加拿大的旅途。

当地时间2018年7月28号，在逛了一白天的学校后，我们踏上了回国的路途，伴随着复杂的心情我们登上了飞向祖国的飞机，在温哥华机场我度过了在加拿大的最后一个午夜。真的心情复杂，也许这是我最后一次来到这片土地了。当飞机降落在北京国际机场时，当我登上回家的高铁时，当我看到我的家人时我的内心都荡起了难以述说的波浪。

这次旅行让我感触颇深，我头一次感到祖国在我心中是如此崇高，在国外一切有关祖国的话题都让我敏感。有些人就是抱着与中国敌对的态度，但更多人对我国是尊重，毕竟是世界2号强国。虽说在北美种族歧视很严重，但在埃德蒙顿我没有发现有类似行为。不过当地人好像还不知道香港已经和他们的女王无关了。说到女王，加拿大人好像还是把英国看得很重，尽管美帝就在他南方。在国外，我们中国人的团结程度空前提高，无论来自大江南北只要是中国人就是好朋友，毕竟身在异乡。当地有很多基督传教士，都是年轻人（不像国内）。他们很有礼貌，无论你是否信教，他们都不会为难你，倒是一些叛了国的人，他们才是重点提防对象。

加拿大埃德蒙顿的饮食偏荤偏甜，我始终无法适应，当地的饮食习惯和我国的差距实在太大了。一行的同学们都胖了几斤，但我却莫名其妙的瘦了，可能是因为我始终没有适应饮食吧。埃德蒙顿的牛肉非常好吃，在“Taste in Edmonton”里大多数小吃是牛肉制品，当地的牛肉汉堡也自然非常好吃，所以当地有很多类似肯德基的快餐店。由于在加华人很多，所以当地中餐馆也不少，不过价格太贵了，一碗炒饭要20加（不过量特别大）。埃德蒙顿有很多印度人，他们把辣带进了当地饮食，我吃过几次印度饭，虽然看起来不怎么样，但是的确很好吃（太辣了）。

在加拿大人们认为法大于情，和我国正好相反。比如，如果年轻人要买酒就必须出示身份证或护照，否则人家宁可不赚钱。在加拿大如果赶车迟到哪怕1分钟司机也不会等，他真的会直接开车走人哪怕天正在下雨（亲身体会）。如果我横穿马路交警是铁定会过来把我拦住，就算已经过了马路他（她）还是会让我回到马路另一边。寝室不能太乱，否则宿管人员真的会说的，无论你是不是外国人。不过加拿大在很多方面管的是比较松的，比如上课时可以不请示就出去上厕所，这在国内是绝对不可以的。

加拿大有很多特产，比如枫糖，冰酒等，加拿大有大量的钻石、黄金等稀有矿藏，同时还有大量石油，中国石化就在阿尔伯塔设有分公司。但加拿大制造业好像不太好，商场里有很多中国制造。加拿大农业是不错的，虽然纬度很高，但土地质量高，再加上大规模机械化生产，使得农产品产量也不少。加拿大森林很多，这个从当地的那些森林大火的新闻中就能了解不少。优质土地，众多矿藏，再加上优良的政治环境和安全环境使得加拿大的经济很好，当地民众能在慢节奏中享受社会福利，这从某种程度上也降低了当地的竞争强度。阿尔伯塔大学学术风格自由，教授们不会摆架子，学生们学的东西不难但要理解所学的所有内容，否则就很难毕业。学生们大多数时间在讨论而不是安静的自习，这也许是SUB等存在的原因（阿尔伯塔里有不少）。

阿尔伯塔大学和哈尔滨工程大学是友好学校，同时哈尔滨与埃德蒙顿也是友好城市，我在埃德蒙顿也看到了哈尔滨路，这象征着两个城市的友谊也反映出两国之间的友谊。祝愿祖国繁荣富强，也祝愿祖国与世界各国友谊长存，也希望哈工程与阿尔伯塔大学能增进友谊，更祝愿祖国教育事业长足发展。

枫旅奇缘——加拿大暑期学习交流之行

动力与能源工程学院　赵宝瑞

一、初来乍到

加拿大——北美洲最北端的国度，以前的时间里，我对这个国家的了解仅仅停留在几个代表它特征的名词上，枫叶、糖浆、美国接壤、冷……然而虽说也有其他的什么认知或印象，终究是非常之模糊不清，包括这个国家的地理、自然、文化、风俗、经济、民众生活、社会发展等。于是，怀着对加国的一片好奇和对暑期去阿尔伯塔大学生活的向往，我有幸获得了参加这次交流学习项目的资格，踏上了这段精彩的旅途。

我们同去的一行人在北京首都国际机场会合之后，要乘坐十个多小时的国际航班飞往温哥华。这是我第一次乘坐国际航班，而且算是比较漫长的国际航班，从坐下到起飞再到降落，已记不清全程灯光开关过多少次，餐车来回过多少趟，睡去又醒来多少遍，只记得午夜时分昏昏沉沉从座位里起身悄悄掀开窗板的一条缝时，外面是白令海峡的高空，白光刺眼过后，是一片深蓝，小窗的玻璃面外，凝结着一层细薄的冰霜。

约当地时间中午，我们到达温哥华，外面的景色也终于从透过云层的大海回到了城市风光的陆地。估计人们的心理和我相似：终于结束了！温哥华的机场洋溢着咖啡的气息，无论是景观、陈列、商店都和国内机场有很大不同，但我因久坐而腰疼难忍，站不起来，便错过了许多拍照的时机，不过之后一两个小时也就缓过来了。当地下午四时飞至埃德蒙顿，再搭上去阿尔伯塔大学的专车，办完手续，归置好行李，我们就算是正式入住了。

二、适应差别

我们到达的第一天，当地已经是下午，忙活完一通之后，六七点从住处动身，顺着谷歌导航，沿着人行道走走停停。埃德蒙顿比哈尔滨的纬度还高，自然也显现出与哈尔滨相似的特征来——天很低，云彩可以一重重地压过来，所以远处天地间的间隙就缩得不大了；其次是冷，第一天的下午下着小雨，小风吹得我直打哆嗦，这是七月的中旬，却只有十多度，于是我开始后悔仅带了一件长袖衬衫。小雨中随处可见不打伞只穿背心短裤闲庭信步的老外，但我也只会打着伞向他们默默表示佩服。

初来乍到的人大抵是不识路的，于是那天我们绕了很多路才找到了当地著名的怀特大街。进便利店体验的不再是人民币的交易，也不再是熟悉的你好、多少钱？、请给个袋子、谢谢惠顾，而是汇率大约一比五的加币交易和纯英语交流。比起真实的听力口语练习，我们前几天在买东西上可是伤了不少脑筋。加拿大的购买力、人均消费水平、人均收入、国家发展都是和中国有很大区别的。我们前些日子在消费时总是习惯于把加刀乘以五换算成人民币，然后一致感叹“这么贵啊，买什么哟……”确实，一小瓶可乐卖2.50加元，这就相当于十几块钱，国内三块钱的玩意儿一下子贵了好几倍，不心疼才怪呢。以前总是听说欧美国家的中餐不便宜——不错的，第二天晚餐是在一家中餐馆吃的，老板是广东人，饭店里各种菜系很齐全，但是价格比国内要高三四倍，一桶米饭要卖到四十人民币。我很想告诉中餐店里用筷子的老外：国内很多饭店米饭可以随便加，即使要钱，也是相当便宜的。

以前总在电视和书上看到，北美洲的玉米产业很发达，又听说北美人爱吃玉米……到了加国才知道，他们的主食是土豆——薯片、土豆泥、薯条、土豆球、土豆饼，等等。在那里，随处可见身材肥胖到极致的人，他们有的走路，有的干脆就坐上轮椅，不再运动。是啊，土豆主要是淀粉，最终转化为大量单糖，人如果不运动，不胖是不可能的。加上本来就把土豆吃腻了，以至于回来之后的一个多月里我没碰过土豆。

埃德蒙顿的天是黑得很晚的，我也明白了英语里下午九点不说成晚上九点的原因。时候已经是盛夏，下午的六七点，甚至是八点的时候，依旧是蓝天白云太阳高照，好似国内初秋的下午，天高云淡；直到九点多，天仿佛很不舍得一般，才有些暗下去的意图；十点多的夕阳晚霞与刚刚爬上来的月儿同坐一桌，那是常有的事了；可能要到十一点甚至午夜临近，才能盼来真正的夜幕降临。当然，清晨日出的时间倒是正常得很，大概五点半，远处就有鱼肚白了，白天的日光依旧精神抖擞，毫不吝惜。是不是加国的太阳更加勤奋些嘞？

埃德蒙顿是加拿大阿尔伯塔省的省会。我在到来之前以为既然是省会，那么就是阿尔伯塔省最繁华发达的城市，但是埃德蒙顿给人的感觉大体上是安逸、宁静、有序。

加国没有中国那么庞大的人口，没有那么拥挤。况且国家之间的发展差异、文化差别、历史不同，甚至语种民族的差别，注定了国与国之间大到国家的发展路线、政策纲领、法制体系、政治体制，小到人们之间的交流方式、风俗习惯、饮食文化、审美价值，都会有反差极大或是完全相反的特征。例如，这里的消费是分成三部分的：物品原价、税、小费。事实上我们对于某些昂贵的小费始终是不能理解的，但是账单都打出来了，也能硬着头皮多付很多钱。再如，国内夜幕降临时，正是某些人民夜生活的开始，但这里的店哪怕是大商场也是早早关了门，某些华人开的店，经营到七点多就算敬业的了，那些老外的店，早的话四五点就能落下卷帘门。周日的街上更是人烟稀少，大马路上过很久才会来一两辆车，我们开玩笑道：这样的时候睡在马路中间，估计也不怎么危险咯！

三、校园街区

我们去学习交流，和世界各地来参加这次项目的朋友们一起在学校里上课、学习、交流。因此，我们并不是像大多数人想的那样，去国外旅游的。每天一般的时间安排是早上八点半到中午十一点半，下午的课一点开始，到四点结束，晚上有很多时候是有活动安排的，通常六七点结束，所以，要完成每天的学习任务才能享受课余时间。当然，人生地不熟，课余活动也不过出去转转，回去坐坐罢了。

学校周边的街道，即便离学校很远也并不是我们之前想象的那种资本主义的繁华腐朽的画面。相反地，街道、房屋都显得很朴素而简洁，仿佛一篇没有华丽辞藻却文采飞扬的散文。不必说路边错落有致的别墅木屋，也不必说直来直往的人行街道、闹市区鳞次栉比的餐厅商店，单是脚边随处可见的泥土上铺满的木屑，就有无限趣味：木屑被二次利用，铺在路边绿化带泥土上，看上去美观整洁，也防止了风沙肆虐，木屑降解后的养分也可以被植物吸收，这是他们的可持续发展理念之践行。

校园的风光是值得一说的。阿尔伯塔大学是阿尔伯塔省的最高学府，在世界大学排名里也拥有显赫地位。我们在导航员的带领下，不止一次游览学校，却不感到重样，我们同行的有些同学，甚至一直到最后几天也不清楚哪条路去宿舍，哪条路去上课，哪条路去吃饭。学校里自然是有多国多色种的学生和老师，中国留学生也占很大的比例。学校里最常见的是树和树群中的各形式建筑，有艺术学院的教堂般的古楼，欧式风格的雕刻，配上青葱的爬山虎，历史和艺术韵味自然流露；有科学院的高大雄伟的现代楼，远远望去顶上光亮的管道，玻璃制的墙面，里面悬吊着一头蛇颈龙化石制品，踩着回收材料拼接的地板，数不清地上地下究竟多少层；图书馆楼更像一座博物馆，随处可见的雕塑画像，透过茶色玻璃射下的柔和的阳光和图书馆的静谧演奏着无声的乐章。图书馆里还有自上而下的阶梯，阶梯上有沙发、靠椅、坐垫，望去一片舒适。值得一提的是那些草地，在无意中，常有兔子和松鼠来草地上做客，人们在路上走，它们在草里窜，互不扰，两相安。学校和外面是开放的，也就是说不知不觉踱步走出了学校，也不知不觉回到了学校，我想之所以如此，是因为校里校外除了校园卡消费和教学楼宿舍，其余差别很小。

四、学在课堂

我们在学校里上课，大抵分为两部分。

第一部分课程比较散，主要是各个方面的老师给我们做讲座，有介绍加拿大政治经济的，有介绍加拿大发展历史的，有讲埃德蒙顿城市规划与可循环利用的，有让我们互动学习东西方文化差异的，等等。

第二部分是大课，或者说是长课：两门长课各五节课，分别是理查德教授的全球领导力课程和米歇尔教授的声与形课程。在全球领导力课程上，我们围坐一圈，探讨领导力的三种阶段和各大要素，再列举实际员工的简历，让我们以领导者的身份，先通过简历上的学历、绩点、工作经历、个人荣誉等信息判断此人的智商、情商等值，然后通过对他的采访提问等方式了解他工作中的不足与问题，接着我们选择向他提供帮助来挽留员工不离开公司。那么如果挽留成功，显然证明我们扮演了一位合格的领导者，反之就要寻找问题，分析我们的缺憾。这相比于国内的教育模式是颠覆性的，每一位课堂参与者都积极思考，踊跃发言，可以说是真正的高效课堂。这种教育方式是让学生从实际出发，真正地参与到课堂中来，这样的教学方法，不仅可以让学生有极深刻的印象，还能在不知不觉之中学到课堂的精髓。

此外，理查德教授是位六十多岁的老人，但他却在问学生问题时为了与学生平等而跪在了地上——也许他们不像我们一样，坚信“男儿膝下有黄金”的真理，但能让一位六旬的老教授为他的不止一个、不止一国、不论男女的学生挨个跪下交流的，是他秉持与孩子平等沟通的原则，这样如山的尊重，耐心地教导，而他和我们共处的时间仅有五节课，满打满算十五个小时。教授给我们每人送了一张扑克牌，那是他用来提问的，每张上面写着一位同学的名字，我的牌是一张红心K，上面是教授写的我的名字，这份礼物我会永远保留。

米歇尔教授在每次上下课前都会带领我们做操放松。由于我们只在学校交流了两周，所以没有上完米歇尔教授的课，比较遗憾。但值得骄傲的是我在一次个人展示时，在白板上速写了李白《将进酒》配图，和在场的所有同学介绍李白和《将进酒》前两句，并用中文朗诵了这首诗，结束之后，一片掌声。

五、卡尔加里

逸兴思飞，周末已至。在与一周的学习生活短暂地挥手言别之后，我们便迎来了心念已久的班夫之旅。第一周周末下午，大家来到了阿尔伯塔省的另一座著名城市卡尔加里。

卡尔加里又称卡城，加拿大第四大城市，是一座位于加拿大阿尔伯塔省南部落基山脉的城市，是阿尔伯塔省经济、金融和文化中心，也是最大的城市。卡城以石油和天然气迅速发展经济。世界上包括中国在内的众多石油公司（中石油、中石化和中海油)都在这里设有常驻机构，很多能源公司的加拿大总部就设在这里，因此卡尔加里是加拿大的能源中心以及北美第二大能源中心。卡尔加里世界500强公司数居全加第一。卡尔加里的工程师密度是全加第一，多次被评为世界上最干净的城市。1988年第15届冬奥会在这里举行。卡尔加里连续于2012～2014年被经济学人排在全球最宜居城市第五位。

当时我意识到，我们不经意间来到了一座非常了不起的城市。站在离市区不远的酒店高楼向卡城望去，卡城像高楼组成的群山；夜色降临后，城市的灯光星星点点，我仿佛能听见遥远的歌声……

久盼的班夫之旅来了。

离卡城好像有两个半小时的车程，沿途从一马平川到群山环绕，我们像箭一样飞离卡城，向班夫而去。

坐落在群山脚下的班夫小镇，离班夫国家公园约有20分钟的车程。街道两旁店铺镶嵌在各式各样的建筑之中，鳞次栉比，小巧而又精致，给人一种并不整齐划一却又十分和谐统一的生气。小镇杂拍之中，既有商品货物的琳琅满目，又有山水交融的大气素朴。多想就这样沿着小街往返踱步，多想时间就这样静静淌过……

缆车上下行，仰望是山顶，俯瞰是谷底，仿佛来到了仙境。地处落基山脉的班夫国家公园，完成了开发与保存、自然与野性两个方面的任务，登高的过程之中，一切便都尽收眼底。或许有身处高处的缘由，天空似乎也变得触手可及。山脉连绵不绝，披着的绿毯子从高处向峡谷延伸，直至我们的脚下。像是从地里长出来的一样，沿着起起伏伏温柔的曲线，一山放过一山拦。阳光照下，云朵的形状就都映在了山坡上，如同绿毯子绣上奇形怪状的花纹。极目白云深，是雪顶和雨雾融为一体了，云霭将山和雪藏了起来，若虚若实，明灭而不可见。这里的山不再具有中国风味，但仍可借用黄山的“浑然天成，大块文章”来形容它们。“会当凌绝顶，一览众山小。”山顶上是一个小塔和一间小屋，站在高处，方觉烈风从四面八方袭来，极尽远目，包揽全胜。我和另外两位同学下山时情不自禁唱起了《国际歌》，我一边唱一边挥舞节拍，唱毕，前面一位外国人回头向我们说了一句：“Nice！”

班夫之旅的最终章是路易斯湖，这座湖三面环山，在褴褛之中显出迷人的翠绿色，像是牛奶倾泻入湖中，看上去更加神秘。那天下午下着太阳雨，本让我们觉得遗憾，然而雨点反射着阳光，倒像星星一样随处闪烁了。暖光之中，冷雨的冰凉不复存在，这就添了不少幸运。归路中，雨后的彩虹更是把远山染成了七彩的颜色，这奇观令我们都欣喜若狂。路易斯湖是一万多年前的地壳运动形成的，湖水来源于七千米外，湖那端的雪山。虽说云在不断消散，那座永冬之巅，仍在云深不知处。

班夫静静地守在这里，迎接一批又一批过客，欣赏她的美丽。只要心中存有美好的记忆，也可以随时摘下梦里夜空的星星。我不是过客，是个归人。雁过留痕，不虚此行。

旅行的第二天，我们又来到了卡尔加里的市区，那是一个周日，因此那天的卡城可以说是宁静而又繁华的城市。我们登上卡尔加里电视塔，近处是城市街区，远处是一片又一片绿色，更远处就是一马平川和延伸至无极的落基山脉。卡尔加里明显比埃德蒙顿繁华得多，但埃德蒙顿的清闲与安乐，或许就会在卡尔加里打了一些折扣。

以上之外，其实还有很多回忆，但都不在话下了。

此次加国之旅，两周时间满打满算，过得十分充实。回来的时候，又是深夜途经了白令海峡，窗外流云翻滚，为海为山，从被霞光染得泾渭分明到上下浑然一色的云、山、海、天，一切又如梦一般飞驰在眼前。此行不论对于加国，还是那些相逢的、来自各国各地的朋友们，都算是一场奇妙的缘分。这段情节永生难忘，每每回想，倍感亲切。

加拿大阿尔伯塔大学之行

材料科学与化学工程学院　熊　真

如果你要问加拿大比中国哪里好？我会不假思索地告诉你：自来水可以喝。

真是个让人啼笑皆非的答案，但是事实就是这样。事实上，在我们所在的阿尔伯塔省，不论是埃德蒙顿市还是卡尔加里市，市区规模已经远远没有我们的南京、武汉大，更别提北京、上海、广州了。

那么为什么加拿大能被称为发达国家，我们却还在发展中呢？我认为都体现在细节上。首先，就从刚刚讲的一点，加拿大的自来水是可以喝的。甚至，加拿大部分湖泊，政府明确告知，可以直接饮用，如果喝出问题来，政府报销。这表现出一种对自然环境的自信。我们国家这些年越来越重视环境的保护，但是现在开始奋起直追，跟发达国家相比还是有些差距。不得不说，这些差距绝不是一两年能追上的，因为环境治理，一年污染，十年治理。但是让人欣慰的是，我们国家已经着力于环境保护工作了。

说到环境保护，再说一说人们对环境保护的意识。我在加拿大参加了野餐自助BBQ，烧烤结束后，同学们自觉地收拾整理，把场地里的垃圾都打扫干净，甚至连煤炭都打扫干净。而这也是BBQ场地能保持整洁的原因，因为使用者都能自觉地维护，也就没有了额外的维护成本。再与国内对比，国内基础设施虽然完备，但是损坏率却很高，是质量不够好吗？不是的，是我们在使用时候并没有爱惜，也没有考虑要为其他人留“阴凉”。国家的硬实力上去了，文化软实力却还没有跟上，所以我们大学生更要自觉主动地去维护，更要去保护。

BBQ之后我们举行了party，我也第一次进入了加拿大的酒品店，让我惊讶的是，哪怕我已经明显超过十八岁，店主人依然坚持让我出示了护照，在确认我已经成年之后，才被允许购买酒品，这也与加拿大对烟酒严厉的态度有关。烟和酒对人类确实是弊大于利的，但是为什么我们很难把它们从生活中剔除呢？如果有法律法规去避免我们接触它们，会不会提高我们对它们的抵抗力呢？不管怎么样，加拿大选择用法律避免人们饮酒，酒品的税很高，远高于生活用品，而且购酒有严格的认证，必须年满18周岁。同样，烟店也是如此。

不仅如此，我还得知，在街道上喝酒也是违法的。这些年，中国已经逐步开始在公共场合禁烟，但是在公共场合禁酒，中国还没有这样的先例。加拿大不仅做到了这一点，还切实地落实了下去，哪怕临街的酒吧，只要出了酒吧门，你就不能喝酒，否则就会有人向你投来异样的眼光，这一点，哪怕对于同行的英国小伙伴也是很震惊的，因为在英国常常见到酗酒的人们闹事，而在加拿大，这个现象明显就要好的多了。

在加拿大乘地铁，是没有相关查票的人的，但是如果你逃票了，会怎么样呢？在加拿大，我目睹了这样的一幕，警察登上一节车厢要求检查车票，而一位没有出示车票的年轻人，不仅被罚款150加拿大元（750元），更在他的信用记录上留下了非常难看的一笔，据说会对他的工作学习生活造成非常严重的影响，包括奖学金在内都会受到很大的影响。

包括加拿大在内，很多西方国家的学生都是自己供自己上大学的，所以对他们来说，大学一点也不轻松。同行的一个法国小伙伴就告诉我们，如果不是奖学金，他必须每周工作三天来应付生活费，而剩下四天分配给学习还要担心挂科。挂科，对他们而言是一个天大的噩梦，因为一旦挂科，你需要交更多的钱。这确实是一个恶性循环，缺钱导致成绩不好，成绩不好导致缺钱。那么我们中国的孩子，不缺钱，也挂科，又怎么解释呢？真是让人哭笑不得。以前条件差，大学生是吃苦耐劳的象征，现在条件好了，大学生的形象却成了另一番模样。

在国外少不了和外国人交流，但是令我们意外的是，加拿大的华人很多，不仅是华人，包括印度人、日本人、新加坡人等，白种人、黑种人、黄种人，各种肤色的人在一起生活，就如他们所言，加拿大确实是一个多民族的移民国家。在加拿大纸币上印着的是英国女王，我也就这个问题问过加拿大人，他们是否认为伊丽莎白女皇也是他们的女皇，他们的回答是：当然是的。他们并不担心自己的身份，所以在这里，不论你是什么肤色，都能找到你的一席之地。有华人超市，在华人超市你可以用中文交流买东西，当然也会有外国人在华人超市买东西。

说到买东西，要注意一点，买东西的时候要留意通道，因为有的通道可能是专门为老人或者是行动不便的人预留的，如果你不小心占用了，可能会引起周围的人的侧目哦。

加拿大只有三千万人，土地面积却和我们国家一样大，这样导致的结果是显而易见的，地在加拿大成了很不值钱的东西。绝大多数人都拥有独栋的房子，如果你有独栋的房子，那么没有物业的情况下，你必须自己学会修理大部分东西，否则水管坏了就完蛋啦！所以对于外国男人来说，一个好用好看的工具箱就是非常实用的，而机械确实也令男性着迷。我多次在散步时看到男人在院子里搬弄着扳手，女人在维护花园，这样的生活是不是也挺让人羡慕的呢?

对我来说，最让我羡慕的大概是车厘子吧，加拿大盛产草莓、树莓、蓝莓、车厘子等水果，我在加拿大曾经吃车厘子吃到拉肚子，你可以想想那里的车厘子，又大又甜，我想我很可能短期内不会再吃车厘子了。

对于女孩子来说，埃德蒙顿也是天堂，因为这里有北美第三大的购物中心西埃德蒙顿商场。这个商场有多大呢？反正去过三次之后，我还没有逛完。同行的小姐姐们看到橱窗上写着大大的SALE，眼睛都在放光。买买买，不买还是人？不买就是亏！经不住诱惑，我也买了一些东西，让我惊讶的是，这样的商场并没有很贵。在我们的理解中，购物中心是奢侈品的集散地，很多东西放到购物中心就是另一个价格了。加拿大的购物中心不是哦，而且伴随着迷人的SALE，很多东西还要便宜呢，不信，不信你亲自去看看呀。

加拿大是一个美丽的国度，在Bunff国家公园，我看到了难以置信的美丽，而让这份美丽增光添彩的是美丽的小姐姐们。在这样一个国际项目中，你能和来自世界各国的小伙伴们一起畅所欲言，借他们之语言观察世界，也借他们之言看自己。在他们眼中，对中国有误解，我们当然也对他们有误解，如果能解开这些误解，你会发现大家都是非常好非常好的人，勇敢地去说出你的中式英语吧，因为加拿大不仅有中式英语，还有印式英语，日式英语,等等。

有这么好的机会，就要去说，就要去看，要去探索这个世界。世界的对面，在那个叫加拿大的地方，我在那里度过了一段难以忘怀的时光，时至今日我还时常想起那些景，那些人。让我觉得确信得是，我还年轻，对于我们来说，还有悠悠的时光，去流浪，去换成长。

出国交流感想

水声工程学院　仝方道

近一个月的准备工作，12个多小时的飞机，或许只有期待才能描述这前去的整个路程。第一次坐国际航班时的惊喜，第一次感受近24小时的白昼时间，第一次体会到倒时差的煎熬。还记得刚到温哥华时，踏上这片陌生的国土，当周围的文字信息不再是熟悉的中文，当周围的面孔逐渐呈现世界多元化，当周围的聊天更多的是国际语言英文，当第一次感受到北美人的热情，当那个小时候的我们看到外国人时的惊喜变成如今我们也成为了其他国家人眼里的外国人，一切都变得如此的陌生和新鲜。机场里的华人工作人员用熟悉的中文带领我们办理各种手续，在异乡水土第一次感受到家的温暖。加拿大国内转机时，从万米高空俯视连绵的落基山脉，皑皑白雪点缀着曲折的山头。到达埃德蒙顿时，登上阿尔伯塔大学迎接我们的车辆，一路上观赏沿途的风光，到处是空旷的草地，云层低矮，少见的高楼大厦，洁净的街道，两条轻轨贯穿街道，北美特有的居民小别墅林立两侧，车辆稀疏的在道路上行驶，一切都那么的安详平静。

没有明确的围栏，开放式的校园，多彩粉刷的墙壁，各式样式的教学建筑，刚到住宿中心，天空下起濛濛小雨，办理住宿手续时马来西亚小哥哥用流利的中文为我们处理所需的一切。仍记得第一次去披萨店因为小费问题而纠结不已，仍记得第一次去Safeway里面看到各式各样的零食而百般挑选。仍记得第一次去中餐店因吃到国内的饭菜而激动欣喜，仍能体会到第一次见到共同参加项目的复旦大学的学生而心中产生的阵阵压力。仍记得见到来自各个国家的同学第一次感受到多元文化的交流。仍记得阿尔伯塔大学第一天为我们举行的特色早餐欢迎会，深深的感受到自身的英文水平有限，从而很多程度上限制了可以在活动中所获取的资源。不同教授的讲座都带给我们不同的知识，加拿大的历史渊源，国家的政府机构，印第安人的令人深感同情的历史，多元文化交流，认识文化，了解加拿大的石油发展进程，以及加拿大的农场文化。半圆式的教室，开放式的课堂环境，全英文的交流氛围，深深感受到国际化、多元化，从只能在网络上看到的国际名校课堂到如今真正步入国际名校的课堂学习，一切就像梦中又知此为现实。

太多的人和事无法忘怀，刻在记忆的深处。校园中的漫步参观，偶尔可看到兔子、松鼠在校园里嘻游。处处可见校园的学生在路上悠闲地走过，美妙的钢琴乐回荡在hub的长廊，正处在童年的儿童在校园练拉着小提琴，古生物标本陈列在他们所在学院的橱窗，对面是具有历史气息的讨论长椅。艺术学院、人文学院、工学院、理学院等各种各样具有不同特色的建筑风格的教学楼陈列在校园的各个位置。轻轨、公交车贯穿整个校园。寥寥无人的轻轨上，空座总会很多的公交车上，在这个世界国土面积第二大的国度，却有着仅仅约3 500万的人口，这里总能感受到一种舒适、静慢的生活态度。

如果说最有收获或者最能听懂的课堂还是每天下午的培训课。对于我们Group A一开始进行的global leadership的培训，完全开放讨论式的课堂，教授以较为慢速确保我们听懂的语速特别精细地为我们区分manager与leader的区别和联系，让我们明白管理的三个不同的level，以及用事例让我们分析不同人的各种特性，在不同场合处理管理问题的最合适方案。采取自愿和抽签的方式自己发表自己的意见，实现开放的讨论式课堂。在课堂上我们讨论了很多国家的文化，最令人骄傲的是教授询问了儒学孔子的很多事情，博士毕业于哲学专业的他，对中国古代哲学深有研究，有时让出生并从小就生活在中国大地上的我们自叹不如。在课堂上我们分享了许许多多的谚语和各个国家的文化。来自英国的同学很明显地成为了讨论的主力，或许他们从小的教育更多的是这种讨论式的课堂，或许对于他们没有语言障碍，所以对中国学生及来自菲律宾和韩国的学生来说，在讨论式课堂上并没有表现特别积极。这或许就是中国学生甚至东方学生的一个短板，毕竟在我们的课堂上更多的是接受式的教育。在课堂交流中，教授对待来自每一个国家的学生都热情帮助，一视同仁，每堂课开始，教授便和我们讨论最近将要参加的课外活动或者游玩的场所。之后便和我们讨论管理层面的问题和进行实例分析，最后再和我们讨论文化方面的东西，并让我们从中选出分别哪些属于leader的职能或所需的优势特征。令我印象最深刻的是实例分析阶段，一个个在我看来特别优秀的人，在教授的分析指导下都能找到其不足之处，以及应对措施。让我感受到一个出色的人才不能光有特别高的IQ，还应具有很高的EQ和HQ。不能只具有很高的绩点，还应有相对广泛的社会实践能力和科研能力。作为一名leader最重要的是明确及让他人知道why to do，而非像manager利用赏罚手段让别人知道what to do or how to do。

对于我们Group A的第二个培训便是米歇尔教授的富有表现力的声音和肢体语言课程。这一个新时代的女性为我们带来了多种多样的学习方式，每节课之前，带领我们做一些肢体和声音上的训练，在前几节课带领着我们进行了游戏去方便我们认识其他人，在一轮又一轮的游戏中，我们逐渐记住了其他同学的名字。之后让我们每个人都准备了presentation，当然题材自选。在我们每个人进行presentation的过程中，米歇尔教授总是很耐心很细致地发现了我们的不足和优点，并且为我们每个人都提出建议。在我们临走前一天，我们轮流进行了英文诗歌朗诵，伴随着按次序和按小组的不同形式的英语诗歌的朗读，在活动的过程中不断丰富了我们语言的表现力和对自我价值实现的自信。

当然在阿尔伯塔大学交流的这两周，学校也为我们安排了多种多样的课外活动，比如说傍晚一起去公园里的BBQ，伴随着灿烂的阳光穿过树林的枝干，投影在草坪上，到处充满了属于我们的欢声笑语。烘烤的热狗在手中不断散发着阵阵诱人的香气，硕大的草坪上留下了我们踢足球时跑过的痕迹。美食节中留下了我们不断在寻找美食时的影像，烧烤、冷饮等一系列说不出名字的美食不断引诱着我们的口水。旁边的乐队在迸发热情的火花，周围的空气似乎都燃了起来。草坪上刚步入童年的儿童随着音乐不断地在迸发青春的活力。最令人印象深刻、最让人流连忘返的是班夫之旅。我们启程于周五下午，晚上到达阿尔伯塔省最大的城市卡尔加里，第二天便去了班夫国家公园，这个坐落在落基山脉脚下的国家公园，旁边是安详美丽的班夫小镇，空气清新脱俗，远处的山脉顶峰上的雪不断释放属于它们的魅力，我们暂且在班夫小镇里休息、购物、吃饭，这里有来自世界各地的游客，当然也包括很多华人游客，带给我们久违的熟悉感。到达班夫国家公园我们先乘坐缆车到达其中一个山顶，过程中，一望无际连绵的山脉点映着山顶上覆盖着的皑皑白雪，湛蓝的天空中不时飘过低厚的云，给远处的山脉更增添一股神秘色彩，随处可见来自各国的游客，随手一拍便是屏保的风景，班夫国家公园带给了我们最美好的回忆，忘不掉山顶上的冷风、飘雪，山腰中飘雪早已不见。群山之中的苍鹰在不断的盘旋，上映着生命的壮烈。与群山相称的便是水，我们来到路易斯湖，呈现绿色的湖水半围绕在山脉中，来自高山冰雪融水的湖泊显得格外静谧，我们绕湖而行，一路相伴记录下这最美好的时刻。松鼠在小路上找着食物，棕色的绒毛点缀着周围的绿草。就这样我们依依不舍的离开了班夫，离开了路易斯湖。第二天即周天，我们在卡尔加里游玩一上午，登上了世界前十大塔，在上面纵览了整个城市。期间我们去了加拿大最大的商场west mall，琳琅满目的商品，化妆品炫彩的光泽，华人店员的热情帮助，大中华商城见到大量中国的商品和美食。最富挑战性的无疑是去游玩雪谷空中公园，在空中各种挑战性的游乐设施带给我们阵阵惊喜，一种游荡于恐惧和征服的渴望的感觉不时地在我们心中升起。

来加拿大埃德蒙顿之前，我深切地感受到了办理签证时的繁琐，也体会到了即将来到这个陌生的国度的期待。真正来到这个陌生的城市时，却面临了很多意想不到的困难，除了语言的障碍，教学方式的差异，更有生活方式、饮食、气候等诸多问题。但是学校带给我们的不仅仅是更为宽广的国际视野，还有更多的更大的思维格局，也深深认识到自己在学习和生活中的差距。在这短短的两周时间内，感谢阿尔伯塔大学给我们带来的丰富的学习生活，也感谢学校带给我们的这次交流机会，这里的一切都将难忘。

赴加拿大交流学习简记

水声工程学院　张晨烨

2018年暑假的7月14号至28号，我有幸参加了学校组织的前往加拿大阿尔伯塔大学的短期交流学习的项目，有幸能走出国门了解到与中国不一样的生活方式。通过这次交流旅行，真的感觉受益匪浅。

我们一行十人于7月13号在北京首都机场集合，在领取护照、机票和相关的文件之后，踏上了前往加拿大的旅程，说实话，第一次出国的我内心是相当激动的，我们首先飞往加拿大的温哥华，之后在温哥华转机埃德蒙顿。飞行的时间是极其漫长的，仅仅在飞往加拿大温哥华的途中就经历了十个小时，说实话，我从没有做过十个小时的飞机，第一次尝试还是感觉很是新奇的，在抵达温哥华之后，我们没有丝毫的逗留，立即转机埃德蒙顿。在转机的过程中还遇到了一些问题，因为我们对于国外机场的环境并不是非常熟悉，所以不知道应该如何转机，这时真正感觉所学习的英语是那么的重要，在机场就靠着自己蹩脚的英文向工作人员询问方向，最终幸运且意外地找对了托运行李、登机的地方，也算安全地登上了飞机。最终，我们到达了我们的目标城市埃德蒙顿，刚下飞机，我就感受到埃德蒙顿的温度，虽然是夏季，但是埃德蒙顿的温度特别怡人，刚下飞机的我甚至还需要穿上一件外套以适应突然变化的温度。下了飞机，我们意外地发现阿尔伯塔大学的相关人员早早就在机场等候，并且驾车把我们送到了阿尔伯塔大学内部，这时，一方面我对这个大学的好感度上升不少，另一方面感觉自己的国外大学生活真的就要开始了。我们首先去了我们的学生宿舍，在我的印象里，那栋建筑算得上是整个校园里相对而言比较高的建筑了，说到这里，不得不提一下加拿大埃德蒙顿给我的第一感受就是高楼大厦出奇的少，以前通过电视电影了解，感觉国外发达城市应该到处都是高楼大厦，但当自己亲自来到埃德蒙顿时，感觉高楼大厦出奇的少，甚至没有几个，小别墅居多，满满都是欧洲风的住宅，这对我以往的感念造成了一定的冲击。我们在学生宿舍办理入住，住的宿舍是两人一间，每个人都有一张舒适的床和一个相当大的写字桌，还有一个小的衣橱和镜子，可以放自己的衣物和鞋子。不得不说的是宿舍的床与我们学校的相比舒服的不止一个档次，非常的干净柔软，感觉非常的舒适，在那边完全不存在上下铺这种床铺，另外，宿舍里是公共卫生间，但与中国大学里的公共卫生间完全不能比拟，他们的卫生间提供洗浴和洗漱的设施，而且还有浴缸，也就是说，如果你有闲情逸致，你可以在寝室里泡澡，这是我完全想象不到的。另外，给我印象最深的就是寝室楼的每层都有一片公共区域，一个公共的厨房，在那里有微波炉，有冰箱，有灶台，有洗衣机，有小水池，在平时没有课程的时候，你可以自己买上一些食材，然后在寝室做晚餐，可以炒几个菜，煮点米饭，享受一下生活；一个大的客厅，那里有一张大的圆桌，还有四张大沙发，晚上可以在那里学习自习，也可以在那里和朋友聊天谈心。总的来说，我们对于宿舍环境还是相当满意的。在简单地收拾之后，我们一行人决定出去吃一顿好的晚餐，以缓解飞行的疲惫感。我们去了埃德蒙顿的一家波士顿披萨吃的晚餐，又深切感受了一把国外与国内的不同之处。首先，在食物分量上的不同，在国内的披萨店比如必胜客吃饭的时候，我的感受就是披萨应该不是非常的大，一个人吃一个披萨是绰绰有余的，有些能吃的一个人都能吃两个披萨，所以在点单的时候我们三个人分别点了三碗意大利面和一个大的披萨，但当食物端上来的时候我们感觉整个人都不好了，那些东西的分量不是一般的多，说实话，作为一个胖子，对于我的饭量还是颇有自信的，但是我连自己的那份意面都没有吃完，更别说吃掉与一个自行车车轮大小相似的披萨饼了，这次用餐经历使我对国外的生活有了更加深刻的体验。其次，在国外的消费是需要支付一定数额的小费的。这一点与国内有很大的不同，我们初来乍到，在这方面了解不够，难免惹出了不少尴尬，我们在小费给多少方面讨论了许久，最终决定给25%的小费，单单小费就花了我们不少的钱，在吃完饭回到宿舍之后，我赶紧上网查询了一下小费的支付方式。在这里也为大家简单介绍一下吧，在国外，小费的支付方式分为两种情况：第一种，小费金额会明确出现在账单里，即在你的账单中会明确注明你需要支付的小费金额，通常会是15%～18%左右，这种情况就比较方便了，你只需按照账单的最终金额支付就可以了，但另一种就不是这样了，小费金额不出现在账单里，这时，你就要酌情给予小费了，不过通常是按照以下的几个标准来的，10%表示你对于这次的服务并不是非常满意，15%表示一般，20%表示比较满意，像我这样给25%的当然表示极其满意了，但是我内心深处还是感觉自己吃亏了。另外，在国外也并不是处处都要支付小费的，像在麦当劳、肯德基这样的快餐店，小费就是没有必要的了。在吃完晚饭之后，我们就各自回到自己的寝室，自己收拾自己的东西了，第二天是放松时间，自由活动，但大家基本上都是在倒时差。刚到加拿大的睡眠状态就是：晚上睡不着或者加拿大时间凌晨一两点就醒了，中午一觉睡到下午五六点钟，倒时差的过程是比较难受的，我觉得这可能还与加拿大的时间分布有关系，加拿大的时间分布在我们看来特别奇怪，加拿大时间晚上八九点钟天空还是明亮的，到十一二点天空才会不舍地慢慢暗淡下去，这着实让我们感到非常的惊奇，对我们来说也算上一种奇观了，能见到这种风景的我也了解了不少东西。

在一天的放松生活之后，我们的阿尔伯塔大学的交流学习之旅正式开始了，早上先进行了欢迎的早餐会，阿尔伯塔大学提供了丰盛的自助早餐，而且味道也非常不错，至少与之后两周的午饭晚饭相比好上了不少，在早餐之后我们进行了分组，以完成我们最后的任务——poster的制作及最后的presentation，我的小组的成员来自不同的地域，有一个来自韩国首尔大学的小姐姐，有一个来自英国谢菲尔德大学的小姐姐，一个来自山东大学的研一学姐，一个哈尔滨工程大学的大一学弟，在与外国同学的交流过程中真的能直观地感受到文化之间的差异，包括生活理念、为人处世的态度等都与我们有着很大的不同。因为小组成员的多元化，我们之间的交流不得不完全采用英语进行，用英语聊天，用英语讨论所学内容等，对于我们这些英语底子不是很好的同学来说，用英语交流是非常吃力的，所以一开始我们之间的交流是异常艰难的，我们运用蹩脚的英文和各种手势与小组中的两个外国成员交流，外国的小伙伴并不会因为你的英语水平不好而表现厌恶或者不耐烦，反而，她们会认真听你去表达，有疑惑的地方还会向你仔细询问，这一点给了我们这些英语不好的同学开口的勇气。有句古话叫万事开头难，当你真正踏出第一步之后，后面就没有你想象的那么困难了。久而久之，我发现自己的英语水平有了一定程度的提升，与外国小伙伴之间的交流也就没有那么吃力了，更重要的是自己敢于去用英语表达了，我觉得这个观点的改变对我而言是一个突破。

我们的阿尔伯塔大学学习过程相比较于中式的教育模式，我感觉国外的教育模式是非常轻松的，我们的课堂课程主要分为两个部分，分别为专题讲座及老师的课堂授课。专题讲座的内容多种多样，不过主要都是关于加拿大阿尔伯塔的历史变革、文化、经济等，通过讲座我们可以了解到很多关于异域的有趣文化，了解到其他国家的历史沿革等。课堂授课环节的内容就比较单一了，我们授课的内容被分为两大部分，一个部分是关于全球领导力的，另一部分是关于交流的方式、手势之类的，这由老师系统地教学。在这一部分，给我最为深刻的感受就是国外的课堂特别放松，在课堂上老师会花费很长的时间来跟你进行互动，或进行一个小的测试游戏，或让你即兴做一个主题或不定主题的演讲，而且在课堂上如果你有不懂的问题可以随时打断老师进行提问，这一点在国内的课堂我是想都不敢想的，在那边的确体会到了与国内十分不同的教育方式。另外，我们的交流生活不光只有学习那么枯燥，在学习之余还会穿插一些有趣的研学旅行、野外烧烤、探险娱乐等。就以研学旅行为例，我们参观了阿尔伯塔大学的校园，参观了议会博物馆，参观了农场体验了农民生活，参观了石油博物馆等，其中，我觉得最应该提及的就是我们去班夫国家公园和加拿大的城市卡尔加里旅行的经历，那两段经历我觉得是我终生难忘的。在班夫国家公园你能看到特别漂亮的自然风景，论壮观程度自然比不上祖国的名山大川，但是给人感觉非常的清新脱俗，国家公园的游人不是很多，气候、空气都特别的怡人，虽然是夏天，但天气凉爽到你必须要加上一件外套，要说最让我感到震撼的就是那里的湖水特别清澈，从远处看蓝的出奇，真的给人一种水天一色的感觉；去卡尔加里的旅行让我们第一次感受到大城市及世界宜居城市的魅力所在，我们漫步在卡尔加里的大街上，看着来往的行人，感觉到这个城市的生活节奏真的很适宜，人们在街上都悠闲的散步，基本上看不见忙碌的上班族，在午饭或下午茶时间，人们都会就近找一家咖啡店，一般是星巴克，因为星巴克在国外是出奇的多，并且消费并不高，然后悠闲的喝着咖啡、聊天。提到这里，我不得不说国外人的生活是真的清闲，他们很少为了生活琐事去奔波劳累，在学习工作之余，总是会找一家咖啡店静静地享受一下生活。在阿尔伯塔大学校园内部，基本上每层楼都有星巴克的咖啡店，下课之后，你可以去那边买上一杯咖啡，之后再接着上课，课程安排我们也觉得非常的轻松，上午九点钟上课，下午三四点左右就下课了，有大把的时间留给你自己去完成你喜欢的事情，你可以宅在寝室睡一个舒适的午觉，也可以出去逛街购物，也可以约上三两个好友去星巴克喝杯咖啡、谈谈心，我感觉在这里我体会到了一种完全不同的生活方式。

我们在28号结束了两个星期的交流学习活动，坐飞机返回了祖国，每每回想起之前的那段经历，感觉不虚此行。在回国之后，跟很多人也提及过出国的那段经历，被问到的最多的问题就是在那里吃的习不习惯，我在这里说一下我的感受，吃的是真的不习惯，虽然分量十足，但有时实在是难以下咽。突然发现，吃可能是限制自己未来发展的一个瓶颈吧。

最后，我还想说一句，对于我们这些青年人，或许真正需要走出国门看一看世界，只有这样，才能感觉到自己的渺小，才能真正开阔眼界，重新定位自己的目标，对未来的生活充满希望。

2018阿尔伯塔暑期交流活动总结

船舶工程学院　谢千慧

很荣幸能够代表学校以一名学生的身份在阿尔伯塔大学进行为期两周的暑期交流。此次交流拓宽了我们的眼界，增长了我们的见识，也让每个人有了我们各自的经历，形成不同的经验。于我而言，这是一次独立的体验，成为一名当地大学生来进行课程和生活的体验。

与一般的旅游不同，此次交流的目的是学习。每天都会有相应的学习计划和任务需要我们完成。从北京到温哥华，再从温哥华到埃德蒙顿，十几个小时的飞机，不分昼夜地飞行，以及时差的变化对于我们来说就是第一个考验。看着完全不同的场景，我们终究没有逃过时差的折磨。大家齐齐的在下午睡去，在凌晨两三点起床，睁眼至天亮。饱经折磨的我们每日过着食不下咽的生活。最终我们只能依靠药物帮助来战胜时差的磨难。

第一个考验还未完全战胜，第二个考验接踵而来。吃饭！对于中国人而言，吃是一件大事，可是从第一顿的披萨开始，米饭就仿佛与我们隔绝了。汉堡、薯条、鸡肉卷是饭桌上的熟客。炸鸡、沙拉、冰激凌是餐后甜点。当然，卡路里也就顺理成章地增加。早上的甜甜圈，中午的炸冰激凌，晚上的奶茶。看起来生活过得相当滋润，但是每天都是这样的食物，只会让人感到绝望。好不容易找到的中餐厅，价格却贵得吓人。值得一提的是，这个叫北平的中餐厅可以微信支付，来自祖国的关怀真是很赞。但迫于金钱压力，我们只好坚强起自己的胃，继续与快餐做斗争。加拿大是一个包容的国家，加拿大最早的居民是北美原住民。16世纪，加拿大居民约有20万左右，分为四个主要群体：东北林地人（主要群体称为阿尔衮琴人），圣劳伦斯谷地人（主要群体称为易洛魁人和休伦人），平原人，太平洋沿岸人。后来，麦克唐纳政府为发展经济，大力组织向西部移民，开发西部；1872—1881年修建了横贯大陆的加拿大太平洋铁路；实行保护关税政策，这些政策促进了加拿大经济的繁荣和发展。1858年在弗雷泽河沿岸和1896年在育空河支流克朗代克出现了两次淘金热。这期间还发现了镍、银、镭及其他金属矿，使加拿大成为世界主要矿产国。加拿大在向西部扩张领土的过程中，以里埃尔为首的部分加拿大原住民为维护自由和生存权利，反对民族压迫两次举行起义。在学校里我们见到许多白人，大多都是大腹便便的样子，很可能与他们的食物有关。

第一次的迎接聚会上出现了许多熟悉的中国面孔，是来自复旦大学的一众学生，还有许多漂亮的小姐姐，有的来自英国，有的来自韩国，还有新加坡和菲律宾的同学。第一次见面，大家都会显得有些拘束，对于不是以英语为母语的我们来说更是一种挑战。但是此次交流的目的就是提升自己，我们只好大着胆子去交流，去努力的习惯，尽力地找话题与他人交流。很幸运，遇上了和蔼的山东大学小姐姐，羞涩的韩国小姐姐，还有热情大方的英国小姐姐。经过了第一次的简单交流大家只是熟悉了面孔，还没有更深入的认识。而在第二天的早餐会上便体会到了大家之间的距离与不同。简单却涉猎很广的几个有奖问答对于我们来说可能从未了解，一个新加坡小哥哥很轻松地拿了接近满分。当自己觉得很难的东西被别人轻而易举地答对的时候这种感觉是不可描述的。于是我们对这位小哥哥充满了佩服。在经历了分组后，我们与自己的组员进行交流，我有幸与两位复旦小姐姐，一位英国小姐姐分在一个组，进行为期两周的学习，以及最后的presentation。当然，不得不承认，我们与复旦的同学是有差距的，在交流上，复旦的同学对英语的应用更加自如，而对于学工科的我们来说可能就有一些欠缺了。很多时候都是依靠小姐姐的理解力和翻译。交流是与他人相处的第一步，更重要的是维持友谊，不断的加入话题和参与活动才是真正认识新朋友的关键，也是真正深入了解的前提。

英文授课或许听起来并不陌生，但是当真正经历的时候，那种畏惧感不可描述。每天会有一个大讲座，讲座的内容或许涉及历史，或许经济，又或许是政治。全方面的英文授课外加提问，对于那些英国人来说是听课，对于我们而言更像是一场听力测试。有的同学在疯狂地记笔记，有的同学撑着脑袋听得津津有味，而我是在用力的听清每一个单词，记录每张PPT，害怕并准备着每一个问题。老师很开放也很和蔼，依稀记得有一节课上的是文化交流，在班上问大家去过的国家数，会的语言种数。差距一目了然，大多数的外国人会三四种语言，去过多个国家。之前提到过的那个优秀的新加坡小哥哥更是厉害，竟然会五种语言，去过六个国家，更重要的是他会说中文。而我们相形见绌，除去中文和英语，我们很少有人会第三种语言，也没有去过太多的国家。但是这也与我们国家的地域辽阔有关，我国一个省份的面积就已经可以与一个国家相较量。我是湖南人，现在在哈尔滨读书，家里离哈尔滨其实距离两千多千米，每次来回都很麻烦，就连飞机都需要6个小时左右，对于很多人来说可能两千多千米已经是一个很可怕的数据了，所以家里和哈尔滨的环境也会相差很多，不管是人文还是水土，都对于刚开始的我来说是考验，从最开始的不适应到慢慢的习惯，再到慢慢发现它独特的地方和美好之处。到另外一个国家亦是如此，来到加拿大，来到埃德蒙顿，虽然这里与哈尔滨有姐妹城市之称，但却是极其不相同的。从生活习惯到家具布置，从马路红绿灯再到绿化建设，从自来水到城市建筑的布局，完完全全不同。当然和世界上没有两片一模一样的叶子一样，世界上也没有两座一模一样的城市，每个城市都会有属于它自己的特色与魅力。

大讲座之后便是我们系统的课程，五节global leadership的课让学工科的我大开眼界。从未接触过这类课程的我对此充满了好奇，上完第一节课后，给我的感觉就像占卜星座一样，每一个人选择一个自己的卡片，对应着不同类型的领导力。而每一种领导力都对应着不同的角色，在不同的位置发挥着不同的作用。我拿到的卡片是“I am what we are”老师说这是一个很有歧义的卡片，在不同的国家，其褒贬不同。因为在中国，舍小家为大家听起来像是一个好的语句，但是在国外这是一种失去自我，失去自由，对于一个完完整整的人来说这是一个很残酷也很严肃的事情。在课后，我与老师进行了一番讨论。在中国，因为人际的裙带关系和相互之间的复杂关系，所以人很难成为一个独立的个体，必须要考虑到与其他人的关系，在一生当中很难做到与他人不相干。但是在加拿大这边，公与私分开得相当分明。在工作时很少考虑到情感和这种复杂的裙带关系，更多成为一个独立的个体。再后来教授的如何提升领导力如何成为一个领导，这些课程给我了太多的感触。可能未来我们用不到这些东西，但是想要成为一个优秀的人，就应该面面俱到，应该提升自己的领导力。课堂上，由于是开放性的课程，答案与说法都不唯一。大家都可以自由的讨论，发表自己的独特的看法。很明显的是，那几位来自英国的小姐姐能够多次发表自己的意见，与老师进行讨论。

这门课程的五节课后，是一门叫作voice and body的课程。总的来说这就是一个教大家演讲的课程。第一节课老师就十分有趣，用一个皮球的传递来让大家相互认识，让大家记住互相的兴趣爱好。因为在演讲中，克服畏惧和羞涩是很重要的一点。这样来回的互相交流，可以让大家增长胆量。让大家可以用自己的肢体语言和表情来丰富自己的语言。

当然外出一趟，最少不了的就是购物了，由于不太高的税使得这边物品的价格便宜很多，购物对于我们来说就是一个巨大的诱惑。在购物的途中，其中购物的方式与国内大不相同，国内有经验丰富的导购，说的好听点是亲切的介绍，说的难听一点就是缠着顾客疯狂输出。而国外的完全不同，一切的挑选都自己完成，所有的码数都有，自己拿好衣服去试衣间，而导购员只会在试衣间门口为您记下试衣服的数量。这样看来，也是给了顾客更多的自由和选择的权利，但同时也是给顾客带来了挑选的烦恼。在这方面，我认为一个适度的导购应该会让购物更加完美。

不论是学习上还是生活上的加拿大体验，对于我们来说都是一次新奇的经历。体验过后，留下更多的思考，学习优秀大学的丰富经验，学习他们开放大胆的习惯，学习他们孜孜进取的精神，不断地提升自己，充实自己。

阿尔伯塔大学游记

软件学院　戚书豪

很久没有动手写这么一篇游记了，上次有感而发写游记还是在一年前的成都之行。那时候的自己还是没有上大学的菜鸟，现在马上就要升入大二，成为所谓的学长了。

本次旅行是我第一次出国之旅。说实话，之前我一直把日本和俄罗斯作为自己出国之旅的首选目标，其次是美国和欧洲，可以说从没想过这么早来加拿大。过去对加拿大这个国家的了解都比较少，更别提对埃德蒙顿这座城市与阿尔伯塔大学这所大学的了解了。如果当时不是学校的其他交流项目不是特别适合，或许就会错过这个机会了。所幸，一切的巧合导致了这个结果，闲话说完了，接下来进入正题。

整个旅行的时间是从2018年7月13号开始，到7月30号结束。从北京出发，到温哥华转机飞埃德蒙顿，之后在阿尔伯塔大学上课，在7月21号到22号我们是在Bunff和Calgary度过的，接下来直到回来前我们继续在阿大上课。7月28号我们踏上了返程的飞机，向枫叶国说再见。

到达大学后，学校给了我们一天多的休整时间，在15号我们开始了第一次活动：Social Mixer。接下来我们去参观了West Edmonton Mall。同时，获得了学校给我们的两样神器，一个是价值200加币的one card，还有一个是七月的全市的交通卡。

16号，上午是欢迎早餐和项目介绍（Welcome breakfast + orientation），认识了我们组的几位组员，下午校园导航员带我们参观了校园。

17号，上午是向我们介绍了关于海报的制作及各种加拿大历史，下午开始正式上课了，我们的第一个课程是：Global leadership Workshop。经过短暂的休息后，进入了BBQ时间。

18号，上午我们来到了Alberta Legislature Building参观，下午继续愉快地上课，晚上，老师向我们介绍了关于Bunff旅行的一些情况。

19号，上午是向我们介绍了部分关于加拿大学习相关的基本情况，包括学位、学分等。同时，还向我们介绍了关于加拿大的印第安人历史，下午继续愉快地上课。

20号，上午向我们介绍了加拿大和阿尔伯塔省的政治政策，下午我们去参观游玩了埃德蒙顿公园。晚上我们踏上了去往卡尔加里的客车。

21号，上午我们去了美得令人窒息的Bunff National Park，下午去了美得令人心醉的Lake Louise 。晚上，我和Paul（熊真）同学参加了外国友人开的party，这个party相当的刺激，令我永生难忘……

22号，上午我们去了卡尔加里的市中心，逛了一些很大的商城，还有著名的卡尔加里塔，正巧赶上了一个当地的音乐节。下午，我们乘车返回了阿尔伯塔大学。

23号，我们了解了关于加拿大能源方式转换的一些事情，下午继续愉快地上课。

24号，我在沉沉的梦中度过了一个上午（可能是源于21号那晚没有休息好吧），下午是理查德教授的最后一节课了。

25号，是小组合作做海报的时间，下午，A、B组交换学习，我们来到了米歇尔教授的课堂，她上的课是：The expressive voice and body workshop。上完课后，我们一行人来到了刺激的snow valley aerial park玩高空绳索项目。

26号，上午农场帮忙，坚定了我要在加拿大买一个牧场养马的梦想。下午继续愉快地上课，我在课上向大家介绍了刺客信条系列游戏。

27号，上午去参观了阿尔伯塔省的支柱产业石油的一个博物馆；下午最后一节米歇尔教授的课；晚上，终于参加了期盼已久的K-DAYS。

28号，学校将我们送上了由埃德蒙顿飞往温哥华的飞机，在温哥华经过了漫长的等待之后，飞机迎着天际线边的第一缕阳光朝着祖国飞来……

总结本来写了很多的，但是总觉得不够完美，可能是现在理解得不够深刻，学的不到位。

这次来到阿尔伯塔大学我有五个非常多：学到了非常多的知识，结交了非常多的朋友，见到了非常多的美景，吃到了非常多的美食，获得了非常多的启发。

知识：理查德教授的全球领导力课程带给了我对于人三个阶段的一些解读：leader，maneger，follower。米歇尔教授的课程让我对人的情绪控制和调节及肢体语言上加深了理解。

朋友：哈工程的各位、复旦的各位、社会越姐，以及各位外国友人。

美景：Bunff国家公园和路易斯湖。

美食：Hub的印度饭、A&W和Wendy。

启发：太多太多了……对于此次在加拿大学习到的东西，不是简单的一两句话可以谈完的，还需要花大量的时间去消化，去回忆，去理解。

总而言之，此次我看到了各种文化之间的相同与不同，文化有差别但无高低，人与人、国与国皆如此。这方面很复杂不是一次可以说清楚的，我还需要努力学习。

同时，我也基本坚定了出国留学的决心，并打算为之付出努力。爱国教育的最好方法就是出国，此次出去坚定了我的一个想法：中国一定会成为最强大的国家，靠着吾辈之人的努力奋发，和蒸蒸日上的发展，这只是时间问题而已。

美国密苏里大学
2018 暑期课程学习项目心得篇

UMKC-SSP项目总结

软件学院　万文俊

转眼之间已经渡过美国的两周生活，这对我来说是不平凡的两周。2018年的7月，我踏上了赴美学习的旅程，开始了这段难忘的经历。

我所在的学校是美国密苏里大学堪萨斯分校，位于美国中部，隶属于密苏里州。还记得刚到达密苏里州的时候，这里地广人稀。美国和中国真的是完全不同的两个国家，处处都显示着两个国家的差异，此次项目中我感触最深的不是学习到的技术，而恰恰是这种差异。初来乍到，那边干燥的气候着实让我有点不太适应。堪萨斯属于温带大陆性气候，时常晴天，所以有的时候即便上一秒下着大雨下一秒也会晴空万里。无论是阴雨天还是炎阳的日子，都很少看到有人打伞。堪萨斯城的人口只有两百万，然而却有着一千五百多平方千米的地方。不光是堪萨斯城，整个密苏里州都是地广人稀的，所以导致这边的买房十分便宜并且生活节奏也很慢。

在日常的衣食住行方面，我对堪萨斯城有了一个基本了解。我在的两周大部分时间天气都是非常晴朗的，所以时常可以看到很多当地人悠闲地躺在游泳池旁的椅子上喝着冰汽水，和朋友们聊聊天。咖啡厅和甜品店在那边是比较常见的，美国的食物大部分都很甜，印象最深刻的一次，同行的一个同学在一家美国人开的中餐馆点了一份四川辣牛肉拌饭。结果服务员端上来竟然是牛肉饭上面零零星星躺着几片辣椒，尝起来还是甜的。这里要说一点，就是美国的餐馆点菜其实都是单人份的，所以服务员总会问你是一起结账还是分开，当然，最后可别忘了付小费。另外学校旁的一家叫“金陵”的中菜馆是真的合我们口味，在这里给点个赞。美国那边快餐厅随处可见，那边的食物开销特别大，一顿健康美味的晚餐耗时耗力，即便是堪萨斯这样的慢节奏城市，吃快餐也是特别常见的，某种意义上来讲甚至是一种文化。

堪萨斯的市中心离我们的住所很远，美国那边市区并没有住太多人，因为大部分有工作的人会选择住在相对安逸的郊区。刚到的时候接待我们的老师就跟我们说了千万不要独自出行，更不要独自去市中心。以前在电视里面看到的美国帮派其实都是真的，这里也不细说了。当你走在街上的时候，总有人面带微笑向你打招呼，你可以理解成友好，也可以理解成一种文化，当然别人问你“What’s up?”的时候千万不要把正在干的事告诉别人，因为别人只是打个招呼而已。你可以回一句“Fine”并且面带微笑。我遇到的大部分的美国人都很友好，而且当你要过马路的时候，车辆基本上都会为你停下来的，闯红灯的现象我基本上没有见着过。

除此之外，有一点不得不提的是美国的流浪汉问题。在美国，流浪汉更像是一种职业，是一种所谓的生活态度，你在美国随处可见一个二三十岁的小年轻举个“homeless”的牌子。国内的想法肯定是有手有脚的干嘛不自己工作，但在那边还得结合房价、医疗等各方面的社会因素，虽然美国的流浪汉每个月可以领到政府发放的一千美金的补助，但是对比于生活成本可能还远远不够。

美国作为一个移民国家，是各色人种汇聚的地方。包容是我在那边听到的最多的词汇，无论你是特殊群体的一员还是说你来自一个战火纷飞的国家，没有人会对你有任何歧视的。你的衣着打扮，你的口音，没人会对你苛求什么，反而有的时候夸赞是你常听到的，尤其他们会经常当面夸你，无论是你的衣服，你的造型，你的一个小小的帮忙，他们都会予以夸赞。

下面再来聊聊我在那边的学习情况。在美国的大学里，学分和课程的安排是由学生自己决定的。学校的老师在一节课结束前，会为你的下一节课提出一些建议。老师们鼓励学生提问，给了学生很大的参与空间。在美国大部分学校都不会有太长的教学时间，老师会把精力更多的放在让学生思考提问上。所以常常看到美国课堂的气氛是很活跃的，这一点很值得我们中国学生学习。

在课余时间也并没有我们在电视上面看到的那么轻松，老师会在课堂上让学生自主分组，我们把它称为“teamwork”，同一个组的同学会在课余时间完成老师交代的任务，这在期末成绩中同样会占很大一部分比例。英语在这边其实并不一定要刻意地去练习，课堂上可以锻炼听力，演讲可以锻炼口语，生活中可以增加词汇量，只要够细心，肯下工夫，就一定能学好英语。两周之后我也逐渐体会到了英语在日常生活中其实只是一种交流工具。盲听往往是一种最有效的融入英文国家生活的方法。

另外这次我们学习的内容为前端APP开发，几天的时间里面我们学习了HTML、CSS、JS、JSON和JQuery，之前我在学校都接触过，甚至做过一些项目，所以整个课程对我而言非常简单，只是有的时候由于语言的差异，国内外对一个东西有着不一样的解释。基本上早上九点的课我们都是八点四十五坐校车到上课的计算机与工程学院。上午课间一般会留十分钟的休息时间，到后期做项目的时候我们只要求五分钟休息时间，弄得教授很是惊讶。这也算是对他们的一种culture shock吧。下午的课程一点半开始，四点左右结束，一天下来其实在课堂的时间并不多。

在第二周的时候老师让我们自行分组，为最后的产品发布演讲做准备。我有幸能成为小组的team leader，由于最后的时间太赶，所以基本上每个team都熬夜做项目了，经过三天的奋战，项目在演讲前终于做出来了。美国很强调团队精神，所以项目一开始老师就要求每个人不管是演讲的过程还是项目的过程都必须参与进来，而且每一个part都得体现团队的合作。好在我们的团队成员都很用心，而且配合得很好，所以项目进行得都很顺利。

项目做完之后我们在Cerner公司进行了最后的presentation，整体的效果还是挺好的。老师和Cerner公司的评审队伍对我们予以了不错的评价，当然也提出了一些建议，比如答辩的时候要注意的礼仪，眼神的互动等。这些对我们以后的演讲也会有很大的帮助。

另外，也组织了我们去公司参观。比如世界排名320的医疗IT企业Cerner公司，公司的整体环境很舒适，很少看到有人非常忙碌的样子。我们有幸看到一次公司内部的演讲，和国内的不同，那里是一堆人坐在一个阶梯上面，然后有一个大的投影屏，而且只要你有idea，你就可以去演讲。公司甚至还提供下午茶，团队成员可以聚到一起边吃边聊，氛围十分融洽。美国的医疗企业对病人的信息看管得非常严格，Cerner公司的数据库就在离公司总部很远的地方，而且守备力量很强，不允许外来人员随意进入。

不得不说，美国的程序猿待遇比国内好得很多，不论是从工资角度还是日常的工作量上面，加班对于美国人来说基本上是不可能的。而且他们更要求原创，退一步讲，即便需要别人的东西，他们也会购买产权，抄袭基本上是不可能的。另外，那边的很多产品，比如药物、汽车等，在正式投入市场前，他们一定会保证事故率降到一个非常低的概率。

这次的赴美游学对我而言意义非凡。除了美丽的校园，教授们有的激情四射，有的风度翩翩，演示与表演，交流与互动极好地融入到课程中。大学教育的目的并不是为了培养高技能的职业工具，而是培养有独立思考能力的社会中坚力量。独立、开放、创新，这些既熟悉又陌生的词才是美国大学的核心，也是中国教育所缺少的。虽然我们可以提供不相上下的硬件，但在对人的激励与开发上实在有太大的差距。而所谓的大学精神离我们又是如此遥远。这一切的确让人魂牵梦萦。美国的文化当中不可或缺的就是自由与包容，各种肤色、各种种族、各种宗教信仰可以完全和睦地生活在同样的大地上。所谓的美国梦也是每个人只要愿意努力都可以在这片大地上找到自己的一席之地。正是这样的精神，激励着一代又一代的新旧美国人民不断创造属于自己的奇迹。相信我们的中国梦在党的领导下，在全国人民的共同努力中，也将逐步实现。

最后谢谢哈尔滨工程大学给了我一个难忘的经历。我也想告诉我的学弟学妹，好好学习英语和基础知识，以后就会多一条可以选择的道路。

UMKC-SSP项目总结

软件学院　周天宇

感谢学校给我们创造了如此难得的条件赴国外交流学习。我非常庆幸自己能拥有如此不同于别人的如此美妙的学习和生活经历，哪怕只是短短14天，转眼即逝。从我知道学校有学生交流项目的那天开始，就期待着能够成为其中一员，去体验异国的生活环境和教育体系。在申报、等待、准备、学习等一系列紧张的准备过程结束之后，我的梦想得以实现了。

这是我第一次跨越半个地球，来到另一个国家，曾经对这里的一切陌生而好奇，我们可以从书里、报纸上、电视里，以及美国大片中了解这个国家，但再多的媒介都比不上亲身去一次美国，那种感受更加真实更加贴切。

整个夏令营安排紧凑，又充满了挑战与未知，我们的收获远远超过想象。第一天从中国出发，经历了航班取消，改签又晚点的波折，初到美国，在机场，不得不说有几分恐惧，对环境，更是对语言。最终我们来到了目的地Kansas。这是坐落在美国中部的一个城市。刚一下飞机我们就遇到了热情的Joey老师和学长，他们不仅为我们讲解这座城市的文化，介绍项目安排，还为我们带来了午餐，感觉像遇到了的亲人一样。我觉得美国还有一点值得一提，国民素质普遍很高。别人会主动帮你推门，并会说thank you，要别人让的时候会说exercuse me，会主动帮助别人，热情，善解人意。人们都很友好，哪怕陌生人也能做到见面来句morning、hello等，让人心情十分舒畅。每个地方都很安静并不喧闹，这也许可以成为中国国民素质提高的标准。

总是听说美国没好吃的，我发现这是误解。虽然热狗是德国的，披萨是意大利的，三明治是英国的，汉堡还是德国的，但是，连续多顿丰富的自助再加上各种披萨还是迅速征服了我，顿顿绝对吃撑，可想而知其味道。吃的说完了再谈谈这的气候，知道美国几点天黑么？晚上九点天还是亮的，而且太阳很强，可能这儿没有雾霾的缘故吧，紫外线直接照射，为了避免晒伤，防晒霜是必不可少的。经过几天的亲身观察和体验，我们感觉美国生活配套设施比较完善和人性化，餐饮搭配丰富、价格亲民；在国内见到的大多数名牌、奢侈品并非少部分群体享有，平常百姓也很容易拥有；市郊处处可见欧美风格的独立别墅，据说价格也不贵；车、油价便宜及高速公路较少涉及收费，使得汽车成为美国人们主要的交通工具之一，并且私家车小排量仍占主流；部分超市配有无人付款机，消费者自己扫条码付款、轻松便捷；地铁交通发达，自动售票机可付现或刷信用卡；市区主要公共场所直饮水设备随处可见，轻轻一按即可饮用；每隔一定街区配有大型多层公共停车场；部分高速出口配有小型购物中心，便于附近市民餐饮、购物；市区秩序井然，少有喧嚣与嘈杂，即使塞车，也很少看见车辆野蛮变道、加塞、乱鸣喇叭……

在课堂上，第一次接受全英文授课的我们对教授讲解的内容理解程度很低，但是在课堂以及课后都获得了老师和学姐的悉心帮助，让我们能够在很大程度上吸收课堂知识。几天后我们才逐渐适应。我们的program不仅为我们安排了专业课程，还有各种课外活动、文化交流、企业参观等，帮助我们了解当地文化，融入美国社会。在这种交流过程中，认识了来自不同国家地区的朋友。

这个项目中，我们的核心任务是依托Cerner公司设计一个医疗软件，在项目设计的同时，我们对Cerner公司进行了多次的参观了解，同时给我留下深刻印象的是它的Data Center。他们对数据存储和保护的完善管理机制极大激发了我对计算机行业工作的向往。同时，Cerner公司也让我对如今的计算机行业有了更清晰的认识和理解。在项目设计过程中我们得到了老师和学姐学长的热心帮助，在与队友间默契协作过程中，让我明白了软件设计中团队合作的重要性。最后完成项目时，能够在Cerner公司的高层管理人员面前展示自己设计的项目并进行presentation，获得意见和建议，是我学生生涯中不可多得的珍贵经历。然而此次项目的收获远不止于此，这次项目激发了我对不同文化生活探索的兴趣，也让我有勇气接受更多未知的挑战，对未来有了更加清晰地认识。

堪萨斯城（Kansas 城区）是密苏里州西部的一座城市，被列为具世界级城市潜力城市之一。金融业也较发达，是联邦储备银行第十区总部所在地。著名的阿美利加皇家牲畜和种马展览会每年秋季在本市举行。这里的城市建设很适宜人生活，有大片的树林和绿化草地，傍晚城市的居民便在街上散步，可以坐在喷泉边放空自己，这种慢节奏的生活是在中国鲜有的，也是我所向往的。

就像中国的很多大学生一样，读完四年本科学位后大多会继续进行三年的研究生学习生涯，但是对自己的未来还是充满了未知，没有任何计划。就好像研究生是对自己进入社会之前的一个延期，对未来生活没有规划，更没有目标。参加UMKC的Summer Program让我们了解了美国大学生的大学生活，在参观了Cerner并与在Cerner工作的华人聊天中渐渐对自己的学习生活和未来有了较为清晰的定位，我认为如果可以来到美国留学，对我之后的人生无论是学习还是工作都会是一个很好的机会。虽然在海外留学充满了挑战，但是挑战总是会与机遇并存，能够独自一人在外留学会是一个提升自我、挑战自我的极好机会，在这个过程中我一定会有更多的成长。

和美国人生活学习细节上的诸多异同，不来亲自试试，亦是永远不会知道的，例如他们并不冷漠，路人相见，便对视与微笑，汽车都会友让行人，没有鸣笛使得街道都静到不像街道。来世界头号的发达国家，不仅可以学习到课程的知识，同时也是感受一种异国文化，认识我们的社会和我们存在的一些异同，眼界的开阔亦是极其重要的，只有放眼全球，刻苦学习，才可以成为一名现代社会真正需要的人才，才可以为国家为社会倾尽全力，奉献社会。

这次交流更让我深刻地感受到自己肩上的担子有多重，我们承载着国家的未来、民族的希望，是实现中华民族伟大复兴中国梦的生力军，我们不仅要努力学习科学文化知识、掌握现代化建设所需要的专业技能，更要肩负起属于我们的历史使命。

作为中国人，在国门之外一定要注意自己的言行举止，走到另一片土地的时候我们就是以中国人的身份出门了，走到哪里他们都会说是中国人，而不是我们在国内的某某某，举手投足都代表着中国人的形象，所以要给中国人民的形象做代言。

离别时，是期盼；离别时，是不舍；离别时，亦满载收获和回忆。踏上回国的飞机，心中阵阵激动。要回到祖国的怀抱，见到我思念的家人和朋友。脑海中回想着发生的一切，好似一场梦。心中充满感激，感谢哈工程给了我这次宝贵的机会，为我的青春增加了一种绚丽的颜色。感谢我的家人和朋友，给予我无限的支持和鼓励。一次远行，让我对生命的体会更加深刻。收获的是友谊，是学习，更是人生的境界。

每个人都应该有适合自己的独特的生活方式，没必要庸庸碌碌地去追随别人，更没必要为别人乱了自己的脚步。无论是生活还是工作，最重要的是to be yourself。

这次交流学习，不仅仅是学术上的，更是一次开拓眼界、增进中美友谊的旅程。我很高兴我顺利完成了这次交流学习的任务并重新回到了祖国的怀抱。美国有许多优点值得我们学习。当然我们应该学习，让自己变得更优秀，为国家作贡献，让祖国更繁荣昌盛。此次赴美学习的成果是我的财富，我将充分运用它们，继续努力完成学业。

UMKC-SSP项目总结

软件学院　周致远

到达堪萨斯市，已是傍晚。突如其来的大雨冲刷着车窗，每出现一层水波，我心里的期待就又多一层。

简单放下行李，叶老师就带着我们乘车逛了一圈校园。一路上最直观的感受就是——这里绿树成荫，房屋错落有致，完全没有国内都市的拥挤感。由于从小在平原长大，这里上上下下的坡路对我来说也很新鲜。校园里满是修剪整齐的开阔草坪和洒下绿荫的树木，运气好的时候，还能撞见在树丛间穿梭的松鼠，小家伙蹿得飞快，但有时候也会停下来待会儿，好施舍给我们一些为它拍照的机会。

我们的住处是一家假日酒店，也算是运气好，碰上UMKC的学生宿舍装修还没有完工，让我们捡了个大便宜。酒店里有泳池、酒吧、餐厅等设施，大家的最爱当然是泳池。穿上泳裤，戴上墨镜，摆几个帅气的pose拍照，大家都很兴奋。酒店的床也和国内很不一样，这里的床很高，床垫非常软，在结束一天的行程后，洗个舒服的热水澡躺在床上，眼睛一闭就能美美地睡到第二天早上。

第一周的日程比较轻松，领略风土人情、美食珍馐是上课之余的主旋律。抱着好奇的心情，穿梭于这座充满异域风情的城市之间，很快我就沉醉于中部地区淳朴闲适的生活。汽车会离很远就停下礼让行人，即使与陌生人碰面也会友好地点头微笑，甚至河边偶尔出现的野鸭都迈着悠闲的步子，完全不介意你的存在。走在街头，或是城区market，仿佛我亦是住在这里的普通居民。

身处异国他乡，享受当地美食自然是不可或缺的。第一天来到堪萨斯，人生地不熟的一群人误打误撞走进一家餐厅，惊喜地发现服务生是中国同胞。所谓“他乡遇故知”的喜悦，当真非亲身体验而不能得。堪萨斯市以barbecue闻名，等到亲自尝过，比如Jack Stack Barbecue和城区 market的Turkey leg，顿时有一种西部牛仔大块吃肉的豪爽。只可惜在美国21岁以下禁止喝酒，否则啤酒配烧烤，岂不美哉。

丁老师安排的文化体验之旅非常精彩，我们也感受了一把美式的娱乐生活。得益于大一体育课我选了棒球，在观看棒球比赛时我至少还知道规则，其他人就没有那么幸运了，看得一头雾水。不过当大屏幕上出现我们一行人时，大家都很兴奋地挥手。此外我们还观看了经典舞台剧hairspray。我真的很佩服舞台上演员的敬业精神，他们需要一动不动地保持一个高难度的姿势很久，这很不容易。话剧本身非常经典，剧情也很吸引人，只可惜时间有限，我们只看了半场就不得不打道回府。我们还跟美国的学生进行了交流，参观了Edgar Snow故居。这里有个小插曲，我们一行四十个中国学生吃掉了七十人份的烧烤，这让烧烤店的店员大吃一惊。

当然，游学游学，游固然重要，学也不能丢下。UMKC为我们安排了三次Cerner的参观。Cerner是美国的一家医疗信息技术的解决方案、服务、设备和硬件的供应商，它的总部就位于密苏里州的堪萨斯市。我们这次游学的项目就是与Cerner的高级工程师合作开发一套系统，帮助医生处理病人的信息。

为了完成最终的项目，首先我们要学习网页开发的知识。由于我是大三的学生，已经有网页开发的经验，所以学起来比较轻松。前端方面我们学习了HTML5的基本内容，而后端则是JavaScript。Bryan教授和Kuhail教授的教学深入浅出，内容虽然多，但能在有限的时间里用英语让我们都理解，实在是佩服两位教授出色的教学能力。除了使用HTML5和JavaScript完成基本要求，我们小组还通过自学加入了一些创新的元素。比如使用Google chart显示病人的性别、年龄分布饼状图，在页面右下角添加历史查询记录，增加亮度调节选项，增加登录界面以提高系统安全性等。每当我们提出新的想法，两位教授都会给我们提供必要的引导，尽量让我们自己实现这些创意。当然，两周的时间实在比较紧，如果有更多的时间，我相信我们能做得更好。

在两位教授的帮助下，我们每个小组都顺利完成了项目，并在Cerner公司进行展示。公司的高级工程师和领导们都给出了很棒的意见，也为我们解答了许多关于美国职场生活的问题。三次Cerner之行，让我对美国的公司有了全方位的认识。虽然美国的程序员工作轻松生活悠闲，但我觉得缺少了朝气，反而在国内快节奏的工作生活更能锻炼人的意志品质。相信在不久的将来，中国的IT企业能超越欧美这些老牌企业。

来到美国，每到一个地方都会不自觉地拿它和国内比较。最直观的体验就是饮食差异了。我们这些土生土长的中国人实在吃不惯美国的食物。超大的尺寸、超高的热量和超贵的小费都让我们难以接受。一开始尝个新鲜觉得还行，时间长了就是煎熬了。最想念的还是故乡的食物。除了饮食，城市的风格也和国内大不相同。这里的建筑大都间隔很大，并且都不高。行人过红绿灯必须按下街边的按钮，这让我很不适应，完全是多余的设计。由于美国持枪合法，这里的夜生活非常乏味，人与人之间都保持着距离，在治安方面我作为中国人感到无比自豪。在课堂上我们也能明显感觉到中美差异。在国内授课模式一般是理论课＋上机课，而美国的授课模式是理论和实践实时结合，学生都配有机器，在课堂上就可以实践。国内的授课以老师传授知识为主，很少有师生的互动；而在美国，学生提问是课堂很重要的一部分，如果没有问题，老师就不知道学生理解了多少，很难把握课堂节奏。所以刚开始的几节课我们也很不适应，老师也很不适应，老实说课堂气氛有些尴尬。在学费的问题上，中美之间也存在巨大的差异，美国的穷人是上不起大学的，而得益于社会主义制度的优越性，我们这些普通家庭的孩子也能接受高质量的教育。中国与美国不同，中国所有好大学都是公立的，学校经费以政府拨款为主，社会和私人捐赠所占比例很小，相对低的学费也降低了对学生家庭条件的要求。中国高等教育讲究的是把最好的资源留给学习能力最强的学生，虽然学习能力强不代表该学生就会成功，但整体而言学习能力强的人成功的可能性更大，而且这样的选拔标准最公平合理。在美国生活，一些小细节总能让我非常难受。比如美国的度量衡，坚持使用连英国自己都弃用的英标，华氏度和摄氏度的转换让我头疼。美国人的固执和中国人的变通形成了强烈的对比。当然在美国生活也有许多好处，比如衣服非常便宜，人们都很礼貌等。

还有一个比较强烈的中美差异体现在大学生创新方面。从创新机制来看，中美大学间的区别非常大。中国的大学基本以国家战略目标为导向，比如国家现在有16个重大科研专项，很多科研经费也就顺着这些项目拨过去了。而在美国，大部分的创新还是以个人兴趣为导向，这样，从资源分配来看，中国的科研经费实行的是国家拨款，且拨款方式比较集中，16个重大专项，每个都是上百亿资金投入。而美国实行的则是分散性投资，在UMKC，许多校园建筑设施都是大学生创新的成果，只要学生有想法，计划有可行性，学校都会给予支持。

两周的行程紧凑充实，一眨眼就到了游学之行的尾声。要离开这座风景宜人、民风淳朴的城市，不舍之情油然而生。而一切的不舍都凝聚在最后一天的shopping day之中了。在Legends购物广场，各式各样的商品让人眼花缭乱。许多国内很难买到的品牌都有，极大地满足了我的购物欲。

眼界对一个人的格局很重要，不要局限在目前的眼界，要跟外面不同的人交流，还有多看书，读书和与人交流，能够开阔自己的眼界和思维，从别人的经验中长见识。感谢学校和UMKC为我们提供了这次交流学习的机会，让我能有机会开阔自己的眼界，以国际化的视角思考问题。其实我们学校资源真的很多很多，应该好好去争取和珍惜。我希望这篇文章能够为学弟学妹带来一定的正面能量，积极地走出去，拓宽自己的眼界，把国外的优秀经验转化为我们自己的经验，为祖国的崛起而努力奋斗，一切皆有可能。梦想敢于去实现，不就是当今大学生最应该有的姿态吗？在UMKC游学的两周是我大学生活的一笔宝贵财富。

UMKC-SSP项目总结

计算机科学与技术学院　安　言

美国，一个熟悉又陌生的城市，那里究竟是什么样的呢？是有着高楼耸立的繁华？或是像美国大片里出现的危险时刻存在？带着这些疑问，在2018年暑假，我飞到了那个我向往已久的国家——美国。

经过十多个小时的飞行，我们来到了密苏里州的堪萨斯城。作为并不算太繁华的堪萨斯，并没有高楼拔地而起。简单的Plazza宾馆，周围的一切建筑都让人觉得很结实，纯净的白云与蓝天，交相辉映，美而不失庄重，与我心目中的形成了极大的反差。

美国的大学令我印象非常深刻。除了原来熟知的哈佛、MIT、耶鲁这些名称外，其他一概不知，只是知道它好，不知道为什么。去了之后我知道了，第一印象：美丽的建筑古典、气派，像花园般的校园宁静优美。第二印象：有许多个图书馆，藏书很多，数目惊人。人们往往泡在图书馆里，汲取知识，视书如命。第三印象：有许多的健身房，稍带夸张地说，美国的健身场所和中国的公厕一样的多，只要你能想象到的地方，就都会配有健身房，哪怕只是简易的几排哑铃，怪不得外国人一个比一个结实，看来不只是饮食差异啊。第四印像：有许多的传说与故事，历史悠久。第五印象：有很大的杂货商店。这些参观让我感受到美国大学校园浓烈的学习氛围与文化气息，这也许是国内大学所不及的。

刚到美国，由于当时我们学习所在的UMKC的学生宿舍安排出了一些问题。我们被安排在了学校附近的一个宾馆。当我了解到这个宾馆的硬件设施及环境配置时，我的心中简直炸开了花。小型简易健身房，楼下有露天的大游泳池，两人一寝的舒适房间……和我们一开始想的完全不一样。班里其他同学们去的沈阳东软，住宿环境也只是八人寝，和在学校宿舍没什么区别还有可能更差，然而我们这个条件，这简直就是去度假啊。

这边安顿住宿，那边学校暑期两星期的study tour也开班了。第一天认识了学校里的院长领导，不得不说，美国人真的十分风趣幽默，活泼轻松的课堂氛围让我们的学习过程非常舒服。记得我第一天对于老师所讲的内容完全听不懂，语速很快的英语让我这个英语本来就不好的人接近崩溃，但是慢慢地，能听懂的语段越来越多。

两星期的study tour，实际上是帮助我们了解更多计算机编程知识及适应美国法律制度中最基本的东西，包括了解当地的历史人文。所以这段时间特别开心，老师带我们参观了很多地方。

可能是在美国非繁华区的原因，生活节奏没那么快，当地美国人可以说非常热情友好，不夸张的举例：两个人，无论认识不认识，只要两个人对视，就会微笑点头，热情地打招呼问好，我很喜欢这样的生活氛围，每天都非常的轻松愉快。

生活在美国，也深深体会到美国的富和穷。不论是在大学校园还是在公园、在商业区，美国的厕所不仅干净，而且厕纸、洗手液甚至护手滋润霜都免费提供。公园、商业区如开个户外集会、音乐会什么的，组织管理有序，原本空荡荡的地方突然汇聚了很多人，但你能看到临时放出很多公共垃圾桶，还摆出很多休息台，上面餐巾纸免费提供，人们就近餐饮娱乐就极其便利，公共服务做得很到位。而无数敞开的公园、博物馆的优质免费服务也是一样。还有室内公共设施空调或暖气永远充足。这不得不让你赞叹，哪怕在美国中部这个小城市，美国也太富裕、太浪费、太完美了。

在美国为期两个星期的学习，也让我感受到了一点中美文化包括学习教育方面的异同点。

首先是中国文化的古老性与美国文化的现代化：中国文化有着几千年的历史，这古老的岁月本身就具有无尽的财富，文化也同名胜古迹一样，时间愈久远，便愈具有无与伦比的价值。中国的先哲们给后人留下了丰美的历史宝藏，也留下了沉重的历史包袱，中国传统文化是中国人的思维模式和行为方式形成的理论基础，对中国的社会关系具有不可抗拒的影响。 而美国只有两百年的历史，美国的文化，是一群现代人，按照现代人的意志和思维模式构建起来的一座现代文明的宫殿。美国人没有丰富的历史宝藏可挖掘，但也没有沉重的历史包袱去承受，美国人完全在按现代人的需要去创造科学，创造财富，创造民主的社会制度。美国的人际关系也是按现代人的标准建立起来的。美国发达的商业文化、科学技术是其现代文化的突出标志。

其次是中国文化的民族性与美国文化的多元化：中国汉族占总人口的90%以上，少数民族在肤色、人种上也与汉族基本相似，因此中国可以说是一个单一人种和单一文化的国家。而美国是一个移民国家，人口构成极为复杂，世界各国的人才在这里聚会，各种文化交相辉映，形成了各种民族、各种文化的大熔炉。因此美国的文化具有多元化的特点，并且带有强烈的时代气息，随着时代的变化而变化。

然后是中国文化的政治性与美国文化的经济性：中国古代社会一直重农轻商，重文轻商，科举制度使文化与政治密切相连，文化中带有很强的政治性，贯穿在社会关系中，人与人之间的关系，也有很强的政治色彩。 而美国是商品经济极为发达的国家，文化具有浓厚的经济性，与经济建设相适应的科学、技术、经济管理等文化占有很高的地位，美国的人与人之间关系，也带有浓厚的经济色彩。

在两个星期短暂而又快乐的旅途中，不同的事物、情感充斥着整个旅途。每天发生着不同的事，让人目不暇接。我们结交了来自各地的朋友，十年修得同船渡，珍惜这份缘。

总之，此次美国之行让我感触很深，收获也很多，这段旅程，值得珍惜与回味。

UMKC-SSP项目总结

软件学院　张英琪

在大三学年的暑假我参加了学校组织的去美国密苏里大学堪萨斯分校为期两周的暑假国际交流项目。如今，距离离开堪萨斯城已经过去近一个半月了，犹记得与堪萨斯城分别是在北美时间的2018年7月30日的清晨四点，我们一行人带着收获满满的行李坐着那个载着我们半个月奔走于学校、酒店、公司和各个活动场所的黄色巴士，它将我们送到了我们在堪萨斯城的最后一站也是我们在堪萨斯城的第一站——堪萨斯机场，半个小时的路程让我们和这座学习和生活了两周的城市做了一个很好的道别。如今，当我的记忆再一次回到密苏里大学，回到我们上课的那间教室，那一条条我们每天都要经过的马路，老师和同学们的笑脸再一次浮现在我的脑海中，在此，我愿与大家分享这两周密苏里大学交流学习过程中的心得和体会。

在参加密苏里大学暑假交流项目之前，我们用了很长一段时间做准备工作，包括准备材料、签证申请等，因为是第一次申请美国签证，很多程序都不熟悉，所以在材料准备和申请签证的过程中都遇到了很多的麻烦，在这个过程中也有过想要放弃的想法，但是密苏里大学的对接老师，叶老师一直不断地鼓励我，并给予了我很大的帮助，是老师们的帮助和一点点好运气让我的签证能够顺利地签下来，让我顺利踏上了去美国的交流旅程。在从哈尔滨到堪萨斯城的过程中，因为天气原因我们经历了航班取消和航班延误的波折，在20多个小时的长途等待和飞行后，我们终于踏上了堪萨斯城的土地。叶老师的热情和亲切消除了我因为长途飞行和时差带来的疲惫，在接下来半个月的交流学习过程中，叶老师在学习生活上都为我们提供了无微不至的照顾和帮助，让我们在异国他乡感受了来自祖国同胞的关心，倍感温暖。

我所参加的是密苏里大学计算机工程专业的暑期课程，在这个课程中有来自中国三个学校的20多名同学与我一起学习。在这两周的课程中，我们学习了关于HTML、CSS、JavaScript和Smart的相关知识，参观了专注于医疗领域的软件公司Cerner，并在最后的课程中完成了一个基于Cerner公司的数据库信息查询的项目。此外在整个暑期学习过程中，学校为我们与管理学院的暑期交流生一起安排了许多了解和感受美国当地文化的娱乐活动，让我们在学习之余可以接触到来自各个国家的同龄人，也能够切身的感受美国文化。

给我们讲有关计算机专业课程的老师有两位，我们会在每一次课前在老师的个人主页上下载当堂课的课程PPT和相关练习及代码。因为我们是来自其他国家的交流生，课堂上会涉及很多专业词汇，我们的英文水平也有限，所以在讲课的过程中，老师们都会尽量用较慢的语速讲解课堂内容，在我们比较难理解的地方也会使用画图的方式帮助我们理解，还有一位在密苏里大学读硕士的中国学姐全程陪着我们，在必要的时候充当翻译的角色，也会帮我们解决一些课堂上的问题。每一次课大概会有一个半小时到两个小时，在课堂上，每个学习的知识老师都会给我们留一道课堂练习让我们当堂完成，锻炼我们举一反三的能力，在这个过程中，我们可以向老师提问，老师都很乐意帮我们解决。美国的老师和教授很喜欢在课堂上提出问题、与他们进行互动，他们认为这是一个你融入到课堂的过程。在开学仪式上副院长鼓励我们向他提出各种各样的问题，无论是关于学校、学习、美国生活甚至可以是有关他个人生活的问题，等等。我们在国内课堂上或实训过程中做项目所使用的数据库都是MySQL数据库或是Oracle数据库，但是在这次的项目中，老师叫我们使用的是SmartReal的实时数据库，我们可以直接链接到Cerner公司的数据库中，获取到他们为我们所开放的相关病人信息，这是一个我从未接触过的技术。除了会上计算机专业相关课程，学校还为我们安排了由管理学院老师讲授的关于答辩技巧的课程及了解美国文化的课程。在暑期交流课程的最后我们不仅仅要上交一个所做的完整的项目，还要在Cerner公司进行项目答辩，学校请来管理学院的老师用两次课的时间给我们讲了关于答辩的相关技巧和注意事项，为了让我们在最后的成果展示中达到最好的效果，也让我们能够学习和掌握到项目答辩的专业技巧，这对我们今后的项目答辩也有帮助。在第一次课程中，老师给了我们在项目成果展示答辩时应该包含的关键点，并针对每一点让我们自行讨论，最终将我们每一个小组的答辩结果进行了汇总；还告诉了我们在展示和答辩的时候应该有的眼神交流、身体动作和讲话的语气等细节。课程结束后我们对自己小组的答辩PPT和答辩稿进行准备，在第二次课堂上老师对我们每一个组的答辩进行了测评。但是在测评过程中，老师所给予我们的更多的是鼓励和赞美，即使我们的准备不够充分，在答辩过程中也存在许许多多的不足，老师还是会给每一组高度赞赏和表扬。这增强了我们的信心，在最后的项目展示上，我们小组充分表现，不仅以现实生活为例进行了事例列举，还加入了情景剧演示，让我们的答辩增添了很多趣味性，也为我们小组赢得了first place的好成绩。在Study in the USA的课程中，老师给我们介绍了很多美国的风俗习惯，也介绍了很多堪萨斯城中的美食和娱乐场所。这个课程我们是与管理学院暑期交流的同学一起上的，管理学院的交流生中有来自荷兰的同学，在课堂上我们大家混合坐在一起，可以自由地发言在所来到美国这几天中文化差异给自己带来的惊讶之处，还可以与其他国家和来自中国其他省份的同学一起聊一聊他们的国家和家乡与我们日常生活环境的不同之处。课堂中，老师给我们发了一些餐厅菜单，并以切身经历举例向我们展示了在餐厅就餐时会遇到的各种情形，还有在买单时小费的计算方式，这个演示解决了我们那几天在吃饭买单时不会计算消费的尴尬情形。

除了课堂上的学习，学校给我们安排了很多次对Cerner公司的参观活动。Cerner公司是一家医疗信息技术解决方案、服务、设备和硬件供应商，是美国医院第四大电子病例供应商，它的总部就位于堪萨斯城。Cerner公司的一位华裔副总裁向我们介绍了公司的发展历史，以及目前为止Cerner公司达成的成就，之后带领我们参观了公司的办公环境。透过透明玻璃看到办公室，每一位员工都拥有干净舒适的工作台，每一位员工也都在上班时间认真地完成工作。该公司内还备有健身房、医疗室、幼儿乐园等设施，为员工尽可能提供完备的日常工作需求。Cerner公司的数据库存储可以说是非常令我震撼的，完善的安全系统和庞大的数据存储设备，保证了近乎全美的医疗信息的安全。最后一天的项目答辩后，我们与在Cerner公司工作的中国学姐学长们一起喝了下午茶，他们向我们传授了在美学习和工作的经验，也对我们的一些疑问进行了解答，对我们今后学习和工作给出了建议，那短短一个小时的下午茶时光让我收获了许多要在美国留学所需要注重和注意的东西，与每一位前辈的交谈都是很珍贵的经历。

在经过了这次暑期交流项目之后，我更切身地了解了美国文化，了解了美国大学的课堂是如何授课的，也了解了软件行业在美国的发展状况。在软件行业迅猛发展的当今社会上，尽管我国软件行业在世界排名上并不靠前，但是我们国家的实力也在不断地增强。作为大学生的我们，应该充分利用好在学校里的每一寸光阴，学习先进的知识和技术，不断地锻炼自己的项目能力和代码能力。将海外学习经历转换成学习经验。去国外交流不仅仅是为了体验外国文化和国外大学的授课方式，也是为了从中看到自己的不足，不断地反思自己的学习方式，只有这样才能提升自己的学习能力和专业技能。少年强则国强，这是我们从小学就学习的道理，祖国地不断发展和强大是一代又一代人努力的成果。如今我们已经成年，成为了新一代中国发展的主要动力，我们要通过不断地学习总结经验来强化自己的能力，这样我们的祖国也会不断地发展变得更加强大。

UMKC-SSP项目总结

计算机科学与技术学院　徐家雷

我看过很多美剧，也对美国有一些向往，但对美国实际的生活没有过太多的了解和设想。没有想到这一天会这么近，可以赴美参加summer program，一切的机缘巧合我来到了美国。

整个夏令营安排紧凑，又充满了挑战与未知，我们的收获远远超过想象。

第一天从中国出发，经历了航班取消，改签又晚点的波折，最终我们来到了目的地Kansas。这是坐落在美国中部的一个城市，堪萨斯城（Kansas 城区， Missouri）是密苏里州西部的一座城市，包含密苏里州杰克逊（Jackson）、克莱（Clay）、卡斯（Cass）和普拉特（Platte）四个县，是杰克逊县最大城市、密苏里州最大城市、美国第三十七大城市。城市位于密苏里河与堪萨斯河交汇处，密苏里州和堪萨斯州交界处，面对堪萨斯州的堪萨斯城。密苏里州堪萨斯城是中西部第七大城市，界于克里夫兰和奥马哈之间，市区面积818平方千米，人口48.1万(2016)。大市区包括独立城、堪萨斯州的堪萨斯城以及附近7县。加上堪萨斯州的堪萨斯城共计65万人口，都会区人口达到216万。由于城市及都会区不断成长，英国伯明翰大学的“全球化与世界级城市研究小组与网络”（the Globalization and World Cities Study Group and Network），把堪萨斯城列为“具世界级城市潜力城市”之一。

刚一下飞机我们就遇到了热情的Joey老师和学长，他们不仅为我们讲解这座城市的文化，介绍项目安排，还为我们带来了午餐，感觉像遇到了亲人一样。

在来美国之前通过老师的资料已经有了一定的心里预想，但是中美文化差异依旧很大。在城市中，我们会看到形形色色不同肤色、不同种族、不同信仰的人。但彼此之间友好相处，互相尊重。让我印象深刻的是，因为语言的不通，第一天我们10个人吃饭，谁都不敢第一个进餐厅和服务员讲话，在雨中饥饿的我们误打误撞进了一家中国餐厅，我们试着用蹩脚的口语交流几句后发现，服务小哥会说中文，第一次的用餐才得以愉快结束。在课堂上，第一次接受全英文授课的我们对教授讲解的内容理解程度很低，但是在课堂及课后都获得了老师和学姐的悉心帮助，让我们能够在很大程度上吸收课堂知识，几天后我们才逐渐适应。

我们的program不仅为我们安排了专业课程，还有各种课外活动、文化交流、企业参观等，帮助我们了解当地文化，融入美国社会。在这种交流过程中，认识了来自不同国家地区的朋友。

在这个项目中，我们的核心任务是依托Cerner公司设计一个医疗软件，在项目设计的同时，我们对Cerner公司进行了多次的参观了解，同时给我留下深刻印象的是它的Data Center。他们对数据存储和保护的完善管理机制极大激发了我对计算机行业工作的向往。同时，Cerner公司也让我对如今的计算机行业有了更清晰的认识和理解。在项目设计过程中我们得到了老师和学姐学长的热心帮助，在与队友间默契协作过程中，让我明白了软件设计中团队合作的重要性。最后项目完成时，能够在Cerner公司的高层管理人员面前展示自己设计的项目并进行presentation，获得意见和建议，是我学生生涯中不可多得的珍贵经历。

然而此次项目的收获远不止于此，这次项目激发了我对不同文化生活探索的兴趣，也让我有勇气接受更多未知的挑战，对未来有了更加清晰的认识。

Kansas 城区并不像纽约和洛杉矶等城市那样发达，虽然只是中部的一个小城，但是在这里生活的短短十几天中，可以感受到这个城市的居民的幸福指数很高。Kansas 城区的生活节奏很慢，由于地广人稀的原因这里的城市建设很适宜人生活，有大片的树林和绿化草地，傍晚城市的居民便在街上散步，可以坐在喷泉边放空自己，这种慢节奏的生活是在中国鲜有的，也是我所向往的。

美国和中国文化是不同的，美国人非常崇尚独立，尽管大家见面都很友善，但别人的事他们不轻易插手，他们觉得自己的事应该自己解决，所以一般人到美国后，尤其是一个人，要适应一段时间，不仅要克服语言上的障碍，而且要适应不同的文化和生活。尤其是年轻人还要面对与家人分离的痛苦，如果没有强大的心理调适能力是很难渡过最初的一段时期的，所以明大有很多学生加入了基督教。这里不谈人应不应该有信仰，也不谈哪个信仰比较好的问题，因为每个人的观点都不一样。我只想说如果家长想让孩子出国留学，那么从小就应该训练孩子的独立能力，否则很难适应美国的生活。

在我回来的时候，我的同学问我“为什么美国的科技这么发达”，我经过几天的思考认为这是由于多种原因造成的。尽管中国的科技已经发展的相当快，但美国的科技水平、创新能力在总体水平上确实比中国强，这也是许多人的共识。首先是因为美国的大学制度，我总结为“制度无情，管理有情”。众所周知，美国大学是教授负责制，由教授委员会负责教学和管理事务，他们有权罢免系领导，这就避免了外行干涉内行的情况发生。而且管理人员非常少，各人专司其职。如明大园艺科学系只有系主任 1 名，前台 1 名，负责网站维护及宣传单发放 1 名，对外事务 1 名，会计一两名，简洁高效，没有人浮于事的情况发生。虽然教授权利大，但晋升教授是非常困难的。例如麻省理工学院规定，招聘上岗的助理教授工作3年后，在第4年或第5年接受晋升考核，考核合格者晋升为副教授；在第7年再次接受考核，通过考核者从合同制（任期制）副教授晋升为终身制副教授。明大的教授晋升的材料需要拿到世界上相关领域的专家来评审，审核是非常严格的。另外实验室没有经费，那么就招不到人，所有的实验就得自己干，很是辛苦。

下面我谈谈“一出国就爱国”。这句话来自复旦大学的教授张维为，他写过3本书，《中国震撼》《中国触动》《中国超越》。我去美国之前有点愤青，觉得中国有很多地方不好，需要加以改进，然后美国是天堂，什么都好。但我到美国生活一段时间之后，觉得远远不是这样的。美国政治制度看似公平其实有的时候是不靠谱的，比如美国的川普，上台后许多政策前后矛盾，没有管理国家的经验是很难把国家管理好的；华人和移民晋升职称要比美国白人难得多；我经常收到学校的邮件，学校附近又发生了抢劫案等，更不用说时常发生的枪击案；美国的基础设施建设已经落后中国了，现在主要还用信用卡支付，而中国很多城市已经用支付宝或微信支付了；美国的税非常高，个人收入的30%左右要交税及保险等，而中国在这些方面要比美国强。我到达美国后加入了一个中国留学生群，里面中国大使馆经常发布各种安全之类的消息，让人觉得背后有一个强大的国家在帮助我们，很温暖，相对于其他许多小国家来说觉得很自豪。我觉得现在中国和美国各有各自的优势和劣势吧，不过中国的改革开放只有短短几十年，所以把差距缩小到当今这种程度已经相当不容易了，史无前例！所以我现在觉得中国许多方面都做得非常好，相比于一年前，我更爱我的祖国了，我也愿为祖国的强大贡献自己的一份力量。我和到美国留学的许多学生也都交谈过，他们也有这个感受，“一出国就爱国”，可能只是感受深浅不一，所以我觉得改变一些愤青最好的方式就是把他们送到美国去，他们亲自感受一下就好了。

感谢UMKC为我们安排了充实又富有意义的Summer Program，这会是我学习生涯中的宝贵经历，并对我的人生起到积极的引导作用。希望我们不虚此行，山水一程，三生有幸。

UMKC-SSP项目总结

软件学院　祝启骏

2018年暑期我有幸能够参加学院的海外交流项目，和八个同学一起于7月17日赴美国密苏里大学堪萨斯校区进行为期两周的交流学习。很感谢学院给了我这次难得的机会，让我终于有机会能走出国门，去了解外面的世界。机会很难得，所以我倍感珍惜，在整个项目期间，我十分努力地完成规定的学业，也尽量地去体会当地的文化，感受其与我国文化的差异之处，也从美国人口中了解了他们眼里的中国。本次的交流使我受益匪浅，学到了知识，也开阔了眼界，更新了观念。

首先谈谈学习内容。本次我们在美的学习内容为web development，即网页开发，我们学习了HTML，CSS，JS，JSON和JQuery，当然因为时间有限，我们只学习了皮毛，但这也让我得到了很多知识，尤其是JS，JSON和JQuery，因为我之前并没有接触过，所以对于我来说是完全新鲜的东西，当然也是最难的，不过在老师和同学的帮助下，我还是进步很快。我们在美国的学习生活可以说是充实但是又不过分紧张的，我们每天早上八点四十五酒店大堂集合，由校车将我们送至计算机与工程学院。我们的课程九点钟准时开始，十一点半结束，中午我们在学校里的一家中国餐馆就餐，下午的课程一点半开始，四点半结束，为我们授课的是Hare教授和Kuhail教授。虽然每天的上课时间比在国内的时候要少，但是我们从中获取的知识却是一点也不少。由于项目时间短，所以课程压缩得很紧张，上课的速度比较快，不过由于是小班授课，所以同学们的注意力都十分集中，而且教授也会很细心的解答我们的问题，每讲完一个知识点，教授都会问我们有没有什么问题，他们非常希望我们向他们提问，因为只有这样，我们才能吸取到更多的知识，理解得更为深刻，教授也才能收到反馈，知道我们的接收情况。我们主要的理论学习是在第一周完成，第二周我们就开始着手编写每个小组的各自的网页，我们做的是与健康医疗有关的一个很简单的网页，能完成对病人信息的一些操作。在代码实现的过程中，我们不可避免地遇到了一些问题，出了一些bug，但是在我们组员的探讨和Kuhail教授的帮助之下，我们最终在presentation之前完成了项目，此次的项目实践让我对于之前学习的理论知识有了更加深刻的理解，也学会了如何去运用，还明白了团队合作的重要性，如果不是我的队友，只靠我一个人的努力在短时间内是很难完成的，很感激我的队友没有嫌弃我的菜鸟技术，也很感激Kuhail教授对我们的帮助。在最后一周的周五，怀着激动与忐忑的心情，我们在Cerner公司进行了最后的presentation，公司里的工程师与UMKC的教授们给了我们一些很好的建议，也让我感激万分。

除了技术学习之外，我们还有很多其他的活动，我们去了Cerner公司参观，了解到了美国软件工程师的工作环境。在最后一天presentation结束之后我们有幸和公司的华人高级工程师们围坐闲聊，从他们的口中我了解到了很多的情况，他们的工作情况，入职要求，在美国的生活，这无疑是让我们对美国的工作情况有了更多的认识。

在项目的过程中，我了解了很多美国文化和地理，美国和中国真的是完全不同的两个国家，处处都显示着两个国家的差异，此次项目中我感触最深的不是学习到的技术，而恰恰是这种差异。堪萨斯不像洛杉矶、纽约这些大城市，人口只有两百万，并且生活节奏也相对要慢得多，当地的美国人可以说是十分悠闲，路上的行人走路都是以一种懒散的速度，大家下午没事坐在路边的咖啡店里喝喝咖啡，和朋友聊聊天，晚上会有很多人在公园里跑步或者乘凉。即使是我在Cerner这样的IT大公司里看到的职员也是十分闲散，并没有人抱着电脑以竞走的速度在公司里行走，也没有人在电脑面前一脸慌张地打着代码改着文案。和我在国内看到的拥挤和匆忙比起来，他们可以说是生活在慢世界里，当然这并不是说所有的美国人都是这样的，但是应该是绝大多数了，因为我在达拉斯机场转机的时候也发现所有的美国人下飞机一点也不急，甚至前面都没人了他们还站在过道和朋友聊天。这种巨大的差异我觉得是来源于经济和教育的巨大差异，毕竟美国是一个老牌的发达国家，他们已经是处在一个稳定的富裕阶段，而我国还处在发展中阶段，我们还有很多方面急需建设，我们从小受到的教育也是珍惜时间，抓紧一切时间做事，美国人的闲适确实值得羡慕，但是我相信并没有哪个国家是不经过发展阶段的，他们的闲适是建立在他们已经足够发达不需要大步往前迈的基础上，而我相信我们现在的匆忙就是在为以后的闲适打下坚实的基础。

除了生活态度之外，还有就是素质问题，不得不说在很多方面美国人的素质确实是挺高的，在你要过马路的时候，百分之九十九的汽车都会停下来让行人先过，即使你离路口还有十米远。这是我在国内很少感受到的，但是我发现国内也在改变，至少我在山东的时候，很多司机都会礼让行人，在成都我也能看到近两年有了很大的改善，所以其实这个所谓的素质不是天生的或者是道德多么的高尚，而是交通法规的严格及习惯的养成，是一个循序渐进的过程。

我最喜欢美国人的一点就是他们的包容性，美国的包容性可以说是极强的，我在成都就能感受到很强的包容性，而在美国，我感受到了如同熔炉般的包容，这可能是因为美国作为一个移民式的国家的天然条件而形成的。在美国，除非你做了错事，基本没有人会对你有负面的评价，这点我觉得是很值得学习的，不管你怎么穿着打扮，怎么说话做事，只要你没有影响到别人，就没有人会来指责你。相反，他们更喜欢夸赞别人，如果他觉得你哪点他很喜欢，他很愿意当面夸奖你，比如和我同行的安言同学，每次都有人赞扬他的粉色西装，我们在超市买早餐的时候，就会有人过来说“I like your pink suit”。

当然也不是所有的方面都是好的，首先第一点，个人觉得美国的食物大多数不符合中国人的口味，不是很咸就是很甜或者很酸，尤其是零食，口味很重且很单一，完全不能刺激我的神经，同时美国的食物重油，基本都是十分油腻。另一方面，美国的娱乐生活又确实太过于清淡，淡得如同凉白开，和他们的重口味食物刚好达到了阴阳平衡，不像国内那么丰富，我看到的无非就是锻炼、喝咖啡、看体育比赛、看话剧、出门野餐，当然这样更加健康，但对于习惯了中国多彩娱乐生活的年轻中国人来说，未免太过于无趣。

除此之外，美国虽然是一个富裕的发达国家，但是据我粗略估计，美国的流浪汉比例大于中国，在我们入住的酒店周围就能看到很多流浪汉，但是区别于中国的流浪汉，他们其实并不缺钱，因为他们每个月能从政府领到一千美金的补助，所以其实你不用给他们钱，他们也不会求着你给钱，所以大多数流浪汉还是很安全的。

此次的美国之行真的是收获颇多，我看到了美国作为超级大国的很多强大之处，也看到了美国的一些薄弱之处，既羡慕又庆幸，羡慕他们好的地方，庆幸他们的一些薄弱之处在中国却是要好很多。这让我更加全面地了解了我生活了这么多年的祖国和这个世界，这就是我本次交流最大的收获。虽然这些年来中国发展飞速，但我们依旧还是一个发展中国家，我们还有很多需要改进的不足，然而很多时候你身在中国确实不容易发现自己的不足，所谓不识庐山真面目便是如此了，走出国门多看看外面的世界，从另一个角度看看中国，会发现很多有意思的地方，这对于年轻人来说至关重要，因为中国未来还是需要我们来建设，要想建设好这个国家自然需要全方面的了解她，看到她的美丽之处，则保留之，看到她的瑕疵，那就去其瑕疵，中国是一块璞玉，需要精心的雕琢，我相信有一天她会美得惊艳世界，而这块宝玉，出自我们的手和眼。

UMKC-SSP项目总结

计算机科学与技术学院　赵嘉程

在堪萨斯的初遇，尤爱这里的宁静和悠远，那是弥散在空气里的自由的味道。这个被称作“美国的心脏”的地方，生活很慢，人心很暖，没有唐人街，也没有小意大利，它就这样静静的保留着最古朴最传统的美国文化。虽说读万卷书，行万里路，但如今的世界早已没有了异域——不过是人与路而已。堪萨斯是最容易融入的。

相比于国内的高楼林立，堪萨斯的建筑更加错落有致、精致小巧。除了市中心的那一带，这里的居民互相住的很远，但是他们之间心的距离却从未拉远过，大多数人将帮助看得理所应当，比之邻家的挚友也不遑多让。行走在这陌生的大街上，迎面而来的人们脸上都有着令人心安的微笑，而搭配着各种口音的how was your day也早已变得寻常。下了飞机一路走来，我惊讶于他们的热情而不失礼貌，也惊讶于他们的健谈而不失尊重。西方人那种自内而外的涵养确实令人尊敬，UMKC的老师更是将其展现的淋漓尽致。就像Kuhail老师的课上总会有一些有趣的小插曲，每次Kuhail老师刚开始上课的时候总会因为过冷的中央空调而打喷嚏，但他的每一个喷嚏都会以一句认真的excuse me结尾，即使我们没有人会介意，但他依然坚持着自己的礼貌。在这座安静的小镇上，没有地铁，没有轻轨，连公交车也只有少数几条线路。堪萨斯的人走得不快，但每一步都恰到好处，一张Google地图记录的公交班次分秒不差。

七月份的堪萨斯正值盛夏，内陆的炎热让偌大的学校鲜有人迹，淅淅沥沥的雨也未能褪去堪萨斯火热的“热情”。人们或是在室内感受着完备的温控系统所带来的凉爽，或是在车内吹着空调驶向远方。走在这所有着“公立常春藤名校”美誉的UMKC，几幢四五层高的小楼丝毫没有教学楼所应有的刻板与僵硬，仿佛我们走进的不是一幢学校而是一片居民区，其内部却是与表面完全不符的现代fashion极简风格。除了教学区，游泳馆也是我们在项目学习期间经常经过的建筑物之一，咖啡色的玻璃房顶会在阳光明媚的时候缓缓打开，阳光映在水面荡起波波的粼光，迎着阳光的温度，那便是最适合游泳的天气。在我过往的认知中，图书馆一直是一所学校的“命脉”所在。许是假期的缘故，图书馆因人少显得更加空旷，图书馆内部黑白分明的建筑风格，莫名的让人感受到一种很压抑的感觉，仿佛能看到平日里学生们挑灯夜读认真思考的神情。

随着开学仪式的举行，满怀着期待和求知欲，我们为期两周的求学之旅也正式开始。

半月学习，四门课程，三十几人的精英式小班教学，与国内迥然不同的教学风格均让我眼前一亮。在这两周的项目学习中，UMKC与Cerner进行了一次合作项目，我们则以本次项目第一批受众的身份参与其中。Cerner是一家专注于医疗信息收集的IT公司，在全美同类公司中，它已经完成50%病人的数据收集，基于庞大的数据库，基本可以以较小的偏差在一定程度上为病人预测身体健康情况。除了Cerner的公司，我们还参观了它的Data center，这个数据中心有着极为严密的防护，在这厚厚的水泥堡垒中储存着数以千万计的数据，这在大数据时代确是一笔令人垂涎的财富。

在这次实习中我们所要做的是一个以Cerner数据库为基础，进而展示搜索到的病人信息的系统。为了完成这个项目我们首先利用五天的时间去学习基础的知识，虽然这些知识并非枯燥难懂，但是全英文的教学对于我这个英语学渣来讲确实有些苦不堪言。我们小组五人将项目分为三部分，HTML部分、CSS部分以及JS、JQuery部分。为了完善这个项目，我们真的付出了很多，牺牲了去玩高尔夫的时间，加班加点的去赶进度，废寝忘食的去考量设计思路，令人欣慰的是汗水和时间并没有白白的付出，最终我们的评分位居榜首，以第一名的成绩摘得桂冠。

闲暇之余，我也会放下手中的代码，离开噼噼啪啪的键盘，推开窗，走出门，去感受这里的文化open自己的眼界。

随着夕阳西沉，downtown的人也会渐渐的多了起来，放眼望去，也偶有调皮的涂鸦跃然于沿街商铺的红色墙壁上，为这恬淡的小镇也添上几分温馨与可爱。若是到了周末，十一点半开门的餐馆也并不显得慵懒，拿一份早茶听着十二时的钟声也足以享用早餐。在酒店旁的plaza广场上，时常也会看到正陶醉于演奏的流浪汉，他们并非像小说中所写的那般衣衫褴褛，也没有糟糟的络腮胡，让我为之吸引的是他的优雅、从容和淡然，我能感受的到，他很享受他现在的生活，而非只是浑浑噩噩地活着。

以前对美国的体育最直观的认识是NBA，但亲身接触才了解到，篮球在美国只能算第三运动。为第一运动的名号争执不下、不分伯仲的是棒球和美式橄榄球，而在这座小镇上，看棒球则是很多人生活不可或缺的一部分。坐在绿草茵茵的棒球场内，对规则知之甚少的我看比赛也只是一知半解，但每每到中场休息的时候，场地内的摄像头就会投向在场的观众们，这些“幸运儿”往往是一对对的情侣，他们之中有面容娇嫩未脱稚气的，也有满头华发面目慈祥的，当镜头对准了他们的时候，他们都会回应以一个热情的kiss，而看到人则会祝福打趣。如斯般的生活态度，如斯般的民风淳朴，我甚至没有发现此刻自己上扬的嘴角。

剧场里，博物馆外，一战纪念碑，甚至是联合车站，都留有我的足迹，以及点点滴滴的回忆。灯光闪灭间，与大家一起默默为Hairspray里Tracy的梦想加油鼓劲，为她的起起落落而暗自担心；广阔的草坪上，两枚硕大的羽毛球从天而降，而我也如其他人一样好奇thinker到在想些什么；沉重的历史前，一只沉睡的鹰正守护着这代表着血与泪的一战自由纪念碑，提醒着人们硝烟弥漫、尸横遍野的曾经。

中国的山水钟天地造化，而堪萨斯的山水则是恬淡与自然。只有真正到过西方的人才能感受到，那些哲学家口中所说的自然是一种怎样的涅槃。在艺术馆的木质音箱前静听鸟鸣的磁带，与在Missouri河边听着Blues让发丝在风中飞扬，两者实在是有相同的意境的，自由，和这里的山、水、人，都是同一个状态的啊。一只水鸟衔起了一支水草，只为了欣赏而不为了筑巢，这就是堪萨斯人的意境，恬淡而不失灵性。

这一路收获很多，除了欢声笑语，还有在技术上更多地了解以及心灵的涤荡。街头的红墙壁画，沿路的绿树人家，Missouri河的温柔，堪萨斯的热情还有Kuhail教授那不苟言笑的excuse me都将成为我记忆深处耐人寻味的秘宝，他们都是活着的记忆，活在我的心里。固然外域的风景让我陶醉得不能自已，但我始终不敢忘记那压在肩头的沉甸甸的“使命”，那句“少年胜于欧洲，则国胜于欧洲”也常常在我的脑中回荡长鸣。

通过这一次的项目，我深刻地认识到我所选择的领域是多么浩瀚的一片汪洋大海，而自己不过还是一支只探索了微不足道的一点海图的小舟，甚至还只能算是停泊在港口的试航。从计算机的发明到现在的各种通信设备的普及也不过短短的六十几年，更不用说这还只是初期攻破难关的垦荒时期，相信在接下来的几十年的发展中，在计算机这个领域的发展速度是不可小觑的。在这个高速发展的世界大环境中，中国目前的技术也许算是世界前列，但距离真正的顶尖科技大国还是有一段不小的距离需要我们去努力填补追赶。那么，如何与之比肩甚至超越一流技术国家将成为我们迫在眉睫需要考虑的问题。我们比他们强在哪里，弱在哪里，哪里可以成为我们接下来发展的突破口都将成为我们进步发展的基本准则。而这种与国外先进大学的交流学习对于发展我国计算机行业是非常有必要且可行的，尤其是让年轻人，甚至具体说就是大学生群体。这样的项目不仅让大学生开阔了眼界，也能让他们对国内外的各方面差距有一定程度上的了解，甚至于对于自己以后的研究发展方向有一个深刻的预估或想法。这就很大程度上避免了国人闭门造车，就仿佛刚进大学的我们，只学了一些皮毛就以为摸到了这个领域的大门沾沾自喜，殊不知学习的越多越发现我们知道的只是天上几颗若隐若现的星星，而它们却是这广阔星河中的冰山一角而已。

UMKC-SSP项目总结

计算机科学与技术学院　马驰野

堪萨斯市是位于美国中西部的密苏里州内最大的城市，密苏里河与堪萨斯河在这里交汇，在20世纪，这里成为美国中西部的工商业中心，而现在，随着各种新兴的科技产业在这座城里的生根发芽，堪萨斯城开始散发出全新的活力。而密苏里大学堪萨斯分校（UMKC）正是坐落在这座平静却又包含生机的城市之中。

我们从北京时间7月17日10:10出发，在堪萨斯时间7月17日10:00到达，仿佛驾着钢铁雄鹰追赶时光，最终气喘吁吁的落在了这座温柔的城市。这个城市从我们落地开始就向我们展示着它的热情与美好。下飞机时正赶上大雨，消去了前几日的高温，温暖湿润的空气是长途跋涉的旅人最好的良药。出了机场又看见两个白发苍苍的老奶奶开着帅气的吉普送她们的老友离开，说着“hope see you again soon”，见我在往这边打量还热情的冲我挥手笑笑，然后又一脚油门在烟雨中绝尘而去，简直就像江湖里的侠客。一方水土养一方人，从一开始，我就喜欢上了这个城市。

这也是两个国家文化差异的体现吧。中国人内敛含蓄，美国人热情外向。走在街上，当你和路人对视时，他们会毫不吝啬的向你展露微笑，偶尔遇到特别热情的，还会冲你打招呼，问你今天过得如何。初到时面对陌生人的问候我们多少会有些发愣，但是很快就会习惯了——因为这句问候将是你在美国听得最多的一句话了，马路上，商店里，饭馆里，学校里……很快你便会学会自然地回应他们的问候。而与他们的热情相对的，却是这个城市的悠闲。人们不紧不慢的在这座城市里生活着，下午五点半，公园里便有下班的人们遛狗、慢跑，开始了自己的休闲时光，让人深感生活节奏的舒缓。再加上这座城市里没有高楼大厦的钢铁森林，传统的西式建筑和郁郁葱葱的植被让路边的每一处都是风景。在这样的城市里待久了，兴许你也会染上一些懒散的性子。

这是一个传统的城市，但是传统并不意味着落后。堪萨斯市是美国最具代表性的智慧城市，许多前沿的科技公司坐落在这里，在传统的外表下藏着一个现代的内核。而UMKC，就如同这个城市的缩影一般。学校里既有古典的教堂式建筑，也有现代的活动中心，无处不在的残疾人开关按钮、图书馆的机器人管理系统，科技感隐藏在这个学校的各个角落里，体现出科技与人文的完美结合，令人称羡。你会觉得在这里学习不但令人享受，更让人充满创新的动力。

当然这次交流的核心还是学习。听老师用英语授课确实是存在着许多困难，一方面我们不能完全明白老师讲的每个单词是什么意思，另一方面就算我们能翻译出来，也跟不上老师不断进行的讲授。老师的话在我们脑海里先从英语翻译成中文，我们理解后再想出中文的回答，再在脑海中将中文的回答翻译成英语，最后在表达出来。用这种方式去和老师进行交流的话实在太慢了，再三的转换需要大量的时间，这会让你无法跟上对方的节奏——在你才理解上一句话的时候，老师已经开始讲下一句了。所以正确的方法是什么呢？我们应当舍弃这样的思维方式，不要一直想着用中文去翻译英语进行理解，而是尝试着直接去理解英语句子的含义，在心里直接用英语去思考。老师讲笑话说当你能用英语做梦的时候，你就能毫无障碍地和他人交流了。所幸老师教授的内容比较基础，我们又有PPT进行辅助，老师讲的一些专业词汇在过往的学习中也接触过，我们还是能跟上老师的课程，也能大致的理解老师说的话的意思。有趣的是能理解句子的意思，但要你逐字逐句的翻译出来，却又十分困难了，这大概就是“直接理解法”的雏形吧。可惜这次交流的时间不够长，不然我相信在每天英文授课的熏陶下，总会有一天会像开窍了一样毫无障碍的理解所有的话的。而在课堂上，我们学到最多的，不是专业的编程知识，而是更重要的东西——学习的方法。老师传授的知识和我们大学里的没有什么太大的不同，区别在于老师的授课方法，我想这就是美国教育和中国有本质区别的地方。在国内，最主要的教授方法多是老师在上面讲，同学在下面听、做笔记，提问与回答虽然也有，但是并没有成为课程的核心，所占的时间也不多。而美国的老师则是将提问与回答当作了课堂中最重要的组成部分，大多数的时间都在和学生进行问答。他会一遍又一遍不厌其烦的询问我们是否有问题，当我们没有回应的时候，他会耐心地等待大家，让大家再三思考，直到终于确认我们确实都理解之后才会继续下面的课程。他无比期待我们向他提问，乐于回答我们提出的一切问题，无论这个问题是不是看起来有点傻。因为课堂是一个交互的平台，不断的交流一方面能让老师知道我们的学习进度，老师可以根据我们理解的程度来时刻调整自己的教学进度，更合理的分配教学实践。而另一方面，这更能让我们发现自己的不足。在学习新知识时，很多时候我们在一知半解的时候就觉得自己学会了，理解了大概的意思就行，在真正应用的时候却又傻了眼，自己明明知道呀，为什么用不出来呢？等到你发现自己还没有完全掌握的时候，又已经错过了最好的学习时机了，这就是一知半解的坏处。而进行这样不断地提问、解答、找问题，这让我们在一知半解的时候能够及时地发现自己的不足之处，当场找到当场解决，让老师能把知识掰碎了传授给我们，确保我们完完全全的掌握它，这是美式教育中最为可贵的地方。这种方式运用在课堂之上，不断地拷问自己的不足，和我们传统文化里“吾日三省吾身”的思想简直有异曲同工之妙，可以帮助我们及时发现自己的不足，帮助我们成为更好的自己。

课堂之外，我们学到更多。我们前往智能医疗公司Cerner参观，了解了他们公司的理念，将计算机的人工智能和医疗设备结合，方便了医生与病人双方在医疗中的体验。这让我们切实地体会到了计算机技术在我们生活中的应用，将计算机技术和其他领域的技术相结合，这样计算机才能更好更全面地为我们服务。在Cerner公司里，我们参观了他们公司的办公场所、数据中心，做了一次产品报告，更是和几名华裔的前辈们交流了许多关于工作的问题，所有的经历都让我们收获匪浅。除了Cerner公司之外，我们还前往Sprint Accelerate公司，听了两位得到该公司创业资金资助的创业者的演讲，接触了当前计算机行业最为前端的应用思想，大大开拓了我们的眼界，为我们将来能从事什么方面的工作提供了更深的思考。这是极为宝贵的经历，无论是年轻的创业者还是经验丰富的从业者，听他们的演讲，与他们交流，向他们提问，从那些我们原本无法接触的领域汲取养分。这可不是课堂上能学到的知识，他们的思维方式和就业经验是在经年累月的工作中获得的，对我们来说无比珍贵，如同站在巨人的肩膀上一样，帮助我们看得更远。

堪萨斯是一个美丽的城市，饱含热情与温柔，会让人很快就爱上它。但在这里生活学习了短短两个星期，我还是忍不住想起自己的家乡，特别是在参观了各个公司，了解到这个城市的前沿技术之后，我总会去想：智能医疗在我们国家有没有进行应用呢？电子病历在中国开始普及了吗？堪萨斯智慧城市的应用有什么新的技术是我们没有的？有什么是我们可以进行学习的？诚然，我们国家在计算机领域还是远远比不上美国这样的计算机大国的，但谁也不能否认中国的巨大潜力。Sprint公司的一名创业者开发的虹膜识别技术正是和阿里巴巴公司合作，运用在阿里的无人超市之中。美国越来越多的计算机从业者都发现了中国市场巨大的潜力，愿意和中国的公司合作，这大大地加快了我们计算机领域的发展。而另一方面，美国的IT公司也特别喜欢中国员工，因为中国员工勤勉、专业能力强，也有很多中国的程序员在美国工作数年之后带着自己开发的新技术回国创业。国内的就业环境已经不输于美国了，而我们要做的就是努力的提升自己的专业水平，将自己的所见所想努力的实现出来，为我们自己生活的城市的智能化出一把力。见贤思齐焉，经过这次交流学习，我们拓宽了自己的眼界，在羡慕他人时，我们也应当时刻想着如何提升自我。当别的国家的人们来我们的城市也能体会到我们的先进科技、见识新事物、开拓新视野时，我们便能为自己的国家骄傲。

俄罗斯西伯利亚联邦大学
2018 暑期课程学习项目心得篇

序

张春雨

在国际处、学工处和经济管理学院的支持下，我于2018年7月12日至22日带领12名经济管理学院2015级、2016级本科生赴俄罗斯西伯利亚联邦大学开展为期11天交流访学活动，此次活动主题是第四期国际暑期班项目“现代经济科学与实践挑战”，学校地点位于俄罗斯克拉斯诺亚尔斯克市，学习内容主要包括创新、发展中国家资源经济、金融市场的发展趋势等议题，授课教授专业知识丰富，学校对于学习时间安排较紧凑，学习形式多样，学习氛围融洽，学生收获丰富，学生返校后反馈很好。此外，关于我们访学团一行人的食宿方面，用餐是在学校很有特色的餐厅，一日三餐都是正宗的俄式餐食，住宿方面，因为克市要承办2019年冬季大学生运动会，所以学校建设了很多新宿舍楼，我们居住的宿舍就是新建的2人寝室。

西伯利亚联邦大学是西伯利亚地区的一所高等院校，坐落于克拉斯诺亚尔斯克市，在2006年由克拉斯诺亚尔斯克四所最大型的大学联合组建起来，今天的联邦大学拥有19个学院，41 000名学生，3000多名教师，其中大部分教师，都是科学博士和副博士。西伯利亚联邦大学的评议委员会，由许多大型商业企业代表、政治家和学者组成，该委员会主席是俄罗斯总统梅德韦杰夫。西伯利亚联邦大学是国家和私人在科学教育领域进行有效合作的典范。克拉斯诺亚尔斯克边疆区发展的战略目标决定了政府和企业间的合作方向。

因为交流学习内容主要是经济管理相关知识，所以团队成员全部选拔的是经管学院的高年级学生，选拔对象主要面向英语基础较好、学生干部经历丰富的优秀学生，学生全程表现都很好，上课积极认真，与同学相处良好，积极参加学校组织的各项活动，全体团员无任何突发事件和健康问题。此次暑期夏令营活动共有35名非俄罗斯籍学生参与，包括中国、韩国、蒙古国等国家，国内西南财经大学、哈尔滨商业大学、中央财经大学、江西财经大学等学校，学生们之间广泛交流，不仅收获了知识，也收获了友谊。

学校一直非常注重对学生国际视野的培养，西伯利亚联邦大学在此之前也与我们学校有过合作，并且这次访学交流主题是与经管学院学生的学习高度相关的，因此学院方以及学校相关单位对本次项目的资助力度非常大，也因此学生对待本次学习交流积极认真，很大程度上丰富了自己的专业知识。

这个暑期项目就整体上来说，主要是结合经济管理相关知识开展了为期11天的学习，项目的前半段，每天上午是由俄罗斯本国的教授以讲座形式为我们讲授目前世界各大代表性国家经济运营模式以及发展形式，比如中国、美国、韩国等。下午是一位韩国籍的教授带领全体项目学员开展户外教学活动，教授结合“韩国企业管理与创新案例”通过一些具体的团队合作项目让学员们切身感受相关理论，同时使学员们尽快熟络并且信任彼此，我们的学生都表示很喜欢这样的教学方式。项目的后半段时间，主要是从德国、美国外聘的教授授课，他们同样是以讲座形式为同学们生动地讲解了关于资源经济、全球经济发展趋势等内容。在学习专业知识之余，考虑到本次项目有众多中国学生参与，西伯利亚联邦大学的项目负责人还专门安排了学生志愿者带领我们参观了当地的特色教堂，聆听了圣歌，感受了独特的教堂文化，还欣赏了叶尼塞河的风景，克市的生态环境非常好。我们一行人还在当地学生的带领下去了克市市中心，当地人都非常热情，我们还意外在克市结识了一位哈市朋友。此外，我们的行程还包括参观2019年大学生冬运会部分场馆、创新创业孵化中心、大型水电站、特色动物园。

夏令营最后一天上午举办了闭营仪式，仪式开始之前，学校老师播放了2017年暑期项目的纪录片以及克市自然风光的宣传视频，仪式期间，老师为参与项目的所有学生颁发了结业证书，最后所有参与项目的同学都表演了具有城市特色或者校园特色的节目，我们访学团的同学们进行了项目展示和活动总结，并在总结会上介绍我校基本情况，还演唱了我校校歌。最后是告别派对，项目成员们都和自己结识的新朋友互留联系方式及合影留念，以此结束了我们十一天的异国之旅。对学生而言，学生们学到了很多专业知识，同时很好地扩展了学生们的国际视野。

赴俄罗斯交流心得

于泽卉

生活是一段奇妙的旅行。有人说："要么读书，要么旅行，灵魂和身体，必须有一个在路上。"我一直深以为然。2018年是特别的一年，让我可以在俄罗斯那片广袤的土地上领略生命中那段特殊的美好时光，我也感恩能有这样的机会去俄交流学习，重新审视自我，体验不一样的生活。2018年7月，我们一行十二人和带队的张春雨导员带着学校的嘱托和厚望，满怀着激动和自豪之情，来到了位于克拉斯诺亚尔斯克市的俄罗斯东部地区最大的大学——西伯利亚联邦大学，开始了为期十天的暑假交流学习。

带着激动忐忑的心情，经过5个多小时的航程，我们踏上了俄罗斯的广袤大地。车子来到市区，稀少的行人不同于国内。我看到阔步交谈的人们、俄式风格的建筑、精致复古的车站报亭、满地都是不疾不徐漫步的鸽子和郁郁葱葱的参天树木。伴着五六点的微光，一切都是那么的和谐，那么富有生机和希望。这座城市不大也不小，他不像莫斯科、圣彼得堡那样举世闻名，但他却有着属于自己的那一份独特。街上车水马龙，却并不喧闹，仿佛这座城市本该如此。他有着足以让人轻易爱上他的淡然与宁静，而这些也正是闻名遐迩的大城市所没有的。

不知不觉已来到了我的大学——西伯利亚联邦大学，它坐落在自由路上，离市区有一定的距离，所以它的周围并没有像市中心那样繁华喧嚣，相反的是，教学楼的对面便是一片美丽的森林，那里的气息与景色令我欢喜与向往，森林旁边便是我们的图书馆。

西伯利亚联邦大学是俄罗斯东部地区规模最大的大学，在俄罗斯大学1777强排行榜中名列第15位，在克拉斯诺亚尔斯克市高等学校19强排行榜中名列第一。西联邦在克拉斯诺亚尔斯克边疆区，在西伯利亚联邦管区和远东联邦管区的社会经济发展计划中发挥重要作用。能够来此交流和学习，荣幸之极。

当我沉浸在自然之美的同时，我有趣地发现校区里所有的校舍建造地十分现代先进，建筑充满着欧式现代化的时尚气息，这种原始感和现代化的碰撞感带给我一定的震撼，却一点也不会让我感到矛盾或违和，我想这大概就是这座城市、这所大学的魅力吧。

校园前面是一大片草地，校标与校碑便坐落在那里，每每经过那里看着碑上的校名，我便深深觉得"这便是我的大学我要生活学习的地方！"胸中莫名的情绪便翻涌不停。初到这里带着一份兴奋我们入住了宿舍，一间卧室，独立卫生间，落地式阳台的住宿条件令我们很满意，为了准备新的生活需要购买一些生活必需品，而学校宿舍便有学校超市，离学校不远处也有大型商圈与超市让我们倍感方便。还有学校旁边的汽车总站与特色俄式美食饭店也保障了我们的出行与饮食的条件。

西伯利亚联邦大学对我们这些外国来的学生十分照顾，同时参与交流的还有哈尔滨商业大学，西南财经大学等大学的20多名学生，我们和蒙古国、韩国、俄罗斯的同学组成了暑假夏令营，在十余天时间内共同学习和生活。在课程上，各国教授为我们准备了丰富的授课内容，在获取知识和拓宽视野的同时也体会到了不同于国内的实践式授课方式。学校每天都为我们安排了充实的活动，为了让我们能够更好地了解克拉斯诺亚尔斯克这座历史悠久的城市，每个晚上都有当地的学生带我们出去参观。我们走过叶尼塞河美丽的江畔，看见过印刷在10卢布纸币上的水坝，也亲自度量过市区热闹的公园，我能感受到这个正在成长的城市的包容和雄心，我想有一天它会发展成为俄罗斯大地上一个很耀眼的明珠，吸引八方来客，展示民族风采。

这次出国，不仅仅是外出游玩增加阅历，真正地去体会俄罗斯民族的风土人情，更重要的是将自己浸泡在地道的俄语环境中去学习和实践。我想，这是一段永远都不会忘记的经历，我遇见了不同肤色不同语言不同国家的最可爱的人。当地的俄罗斯同学很热情，很喜欢和我们交朋友。我和当地的一个女生因为一起完成小组活动和PPT演讲而成为很好的朋友，为了能长期保持这段遥远的友谊，她还特意学会了使用微信。即使现在我们还经常保有联系，会互相分享一些当地的照片和身边发生的有趣的故事。身在异乡的我感受到了俄罗斯人的温暖和热情，以及中俄人民一家亲最广泛最深刻的体验。

这十天的夏令营生活更是让我喜欢上了克市，这座宁静的城市。我喜欢那里可爱如洋娃娃的小孩子，喜欢那里精致又富有浪漫气息的古老建筑，喜欢那里闲适自得的生活。而我最喜欢的，是那里善良又热心的人们。记得有一次和同学根据地图寻找当地特色的饭店，找了很久都没有找到，我们在大街上随意拦了一位路人询问，由于语言不同的问题，我们交流十分困难，然而她还是用简单的英语和翻译软件为我们指路，甚至怕我们错过巴士还特意送我们到站台陪我们等车，在确认我们理解了之后才离开，这让我极为感动。尽管这只是一件小事，但是他们的善意却时时刻刻都温暖着我的心。人们总是觉得俄罗斯人是高傲的，其实那是因为他们骨子里都有着很强的民族自豪感。人们总是觉得俄罗斯人对人冷漠不爱笑，其实那只是因为他们跟你还不熟而已。我想，我定会再一次走在克市的街道，再一次呼吸克市的空气，再一次成为那里的外国人。

这短短的十天国外生活和学习让我眷恋和不舍，它让我经历和看到了不走出去就永远也不了解的世界。我的假期，因为这次经历而变得富有意义和值得铭记。

暑期访学西伯利亚联邦大学所感

刘　旺

感谢学院给予了我机会参加西联大暑期经济学训练班的机会，让我20多年第一次走出国门来到与国内生活大相径庭的俄罗斯克拉斯诺亚尔斯克。我非常庆幸自己拥有能与别人如此不同的丰富的学习和生活经历，哪怕只有短短的12天，转瞬即逝。从我在国际处知道暑期有这个交流项目那天开始，就期待能够成为访学团中的一员，去体验异国的生活方式和了解俄罗斯经济学学科情况。经过了一系列前期复杂的准备情况，2018年暑期在辅导员的带领下，我和我志趣相投的同学们怀着极高的学习热情踏上了俄罗斯的土地。

首先介绍一下我们此行的目的地克拉斯诺亚尔斯克。在介绍这个城市之前先提一下俄罗斯的行政区划分，俄罗斯行政区的划分比较复杂，俄罗斯联邦现由85个联邦主体组成（22个自治共和国、9个边疆区、46个州、3个联邦直辖市、1个自治州、4个民族自治区）。2000年5月13日普京以第849号总统令将俄联邦89个联邦主体划分为七个联邦区。

克拉斯诺亚尔斯克边疆区位于俄东西伯利亚地区，处于亚欧大陆中心地带，南到南西伯利亚山区，北接北冰洋，南北绵延约3 000千米，东西最宽处为1 250千米，面积233.97万平方千米，占俄联邦面积的13.7%，仅次于萨哈（雅库特）共和国，在俄各联邦主体中居第二位。该区东部与雅库特共和国和伊尔库茨克州接界，南与图瓦共和国和哈卡斯共和国相连，西部与秋明州和托木斯克州接壤，西南部与克麦罗沃州为邻，北部则与喀拉海和拉普捷夫海相接。

西伯利亚联邦大学是东部地区最大型的大学。西伯利亚联邦大学创建于2006年11月，根据俄罗斯联邦教育科学部2006年11月28日第1417号命令，将克拉斯诺亚尔斯克国立建筑大学、克拉斯诺亚尔斯克国立黄金与有色金属大学合并为西伯利亚联邦大学。西伯利亚联邦大学致力于建立自己作为一个世界级的、有竞争力的大学，致力于创造成千上万的技能合格的工人，为行业和公共事业服务。其主要目的是使俄罗斯和西伯利亚地区的主导产业具有国际竞争力和加强俄罗斯在亚太地区经济发展中的贡献。

一、课程学习

课程按课表安排主要有文化课程、专业课程及实践课程三类。文化课程主要是通过集体户外活动，消除国籍性别的隔阂，让来自中国、俄罗斯、蒙古国、韩国的同学团结一心、合力而为。专业课程主要是来自韩国、德国、俄罗斯的老师分别就韩国企业创新能力、德国制造、俄罗斯能源经济等内容做了讲解。

韩国老师所讲的韩国企业，其实更像是讲韩国文化，勤劳是韩国企业的生存法则，创新则是韩国企业的取胜秘籍。德国企业则是靠质量取胜，但创新能力同样不可小觑。根据德国老师所展示，德国的科研资金投入在整个产业链中所占比例最高。而且比较有特点的是，他们科研经费大多投入到了企业中，很少有高校参与其中。我有时候就在思考，我们国家在高校投入大量科研经费，在学生中掀起一阵又一阵创新创业的高峰，真正的产出又有多少？又有多少研究成果能够转换为生产力？是不是需要学习德国，将一部分资金投入到生产研发能力较强的企业中。在市场和产业升级中，让企业决定研发方向和内容，少一些不可转化的研究。2017年德国出口最多国家的是美国，而进口最多是中国产品。看到这，我心里有那么一丝丝的骄傲。但是德国老师却用人均出口做了一个排名，不出所然，德国排名第一，各式各样的排名，总有一种是“主持人”想要的第一名。讲到俄罗斯就离不开能源，谈到俄罗斯的经济就离不开国际油价。相较于国内93号汽油7.3元的价格，俄罗斯的4.2元的价格确实让人羡慕。记得坐我身旁的俄罗斯小哥说，如果不是美国的制裁，他们的油价可以比这个价格还要低。然而当我问到他是否对美国有敌视的时候，他的回答让我很意外，两个国家之间的较量并不是人民之间的较量，他很喜欢美国觉得美国很民主。他似乎对普京的长期执政很不满意。我有时候也在想，国际外交表现一贯强势的俄罗斯，似乎也因为自己的强势吃尽了苦头。

二、文化生活

讲到文化最让我印象深刻的就是当地的公园。国内的公园大多环境幽雅、规划协调，而俄罗斯的公园则显得野味十足很少有人工修饰的痕迹。当然自然环境也比国内的要好一些：河水清冽、野鸭成群。这与当地人环保意识是密不可分的，我有一次看到一个小孩把塑料袋扔到河里，一旁的家长便连忙捞起，实属可贵。

当地的饮食让我们这些中国人自然是生无可恋，尤其是汤里面放酸奶实在是难以下咽。还好有导员带的老干妈来帮我们调剂调剂胃口。这也说明，初到异地，最让人难以适应的莫过于当地的饮食。而饮食对于一个人来说又显得那么的重要，所以以后逢出远门还是要对饮食做做功课。

还有一件事令我有些疑惑，俄罗斯当地的神权好像很神秘，穿黑衣的小伙子看我的眼神总感觉有些愤怒和不坏好意。但当我进入教堂时，我却被深深的震撼了，宽敞而又富丽堂皇的教堂配以宗教语言的吟诵，我的内心不自觉的产生了敬畏和压抑。看到周围虔诚的妇女，我想这就是她心中的信仰吧。宽容与大爱，才是所有宗教让信徒们找到心灵归属感的共同原因吧，所有的依赖都归附于信仰，生活上的困顿寄托于精神上的富有，没有了信仰，生活也许就失去了重要的意识支撑。我想当初突出重围后的苏东坡“他在无情地剥除自己身上每一寸异已的成分，哪怕这些成分曾为他带来过官职、荣誉和名声。他渐渐回归于清纯和空灵。在这一过程中，佛教帮了他大忙，使他习惯于淡泊和静定。”也许这就是为什么有越来越多的中国人去参加各种教会组织的原因吧。在参观的途中有一个小插曲，当走到一个公示栏的时候，当地的领队老师对我们说这是教堂的网址，大家可以记下来。我表现出了自己的一贯的立场，告诉那位老师我们中国学生是不会去登陆外国宗教的网站的。这样的回答似乎让那位老师有些难堪，但我觉得这么做无可厚非。

三、谈谈收获

短短的两周时间，虽然谈不上有什么大彻大悟的收获，但和没出国之前比，自然是收获颇丰。

1. 开拓了国际视野

此次访学之旅，四国青年汇集西联大。在一起学习的过程中，大家互相分享本国的国情、国况，互相交流对于其他国家的认识和了解。这样让我知道了很多关于俄罗斯和蒙古国的一些国家特色和生活趣事，这些是从书本上学不来的，实属宝贵。

2. 建立了联系

这种联系包括我们和外国经济学专业同学的联系、同时也包括我们和国内央财、西财的同学之间的联系。如今通信便捷，我们能够轻而易举的和他们在网上进行沟通和交流。时常和他们联系，我能够和他们就学习和生活上的事情与他们进行交流，这倒不是说他们的方法和理论能比我们优秀多少，而是通过与他们交流能够让我们对实际问题和分析实际问题的思维更多维一点。

回国以后俄罗斯的小伙伴也时不时通过微信交流，在交流的过程中我发现自己的英语确实还需继续加强。越往前行，越发现英文的重要性。

3. 增进了情谊

两周的时间里，我们访学团一行始终都凝聚在一起，共同排忧解难。还记得每天早晨，学长都会准时叫我们起床吃饭；还记得为了完成老师布置的展示作业，我们小组挑灯夜战；还记得每次吃饭时，导员都会把老干妈送到我们桌前，就是为了我们能够把饭吃好。

4. 增强了社会技能

从提出申请到签证办理再到出国，我都全程自己办理。克服了语言和环境的挑战，最终一路都很顺利。通过这次访学之旅，我掌握了很多出国旅行的实用技能和贴心的小技巧，这些只有自己亲身经历才能为自己所用。

心得体会

孟佳辉

从东北到西伯利亚，一群求学者来到俄罗斯，来到了一个相当于国内省会级别的城市，克拉斯诺亚尔斯克。这里并没有国内那样的轩轩嚷嚷，在市郊的机场，本来地广人稀的俄罗斯，就显得更加静谧。即使是目睹了周边景色的我们，仍然跟没来过俄罗斯一样，空气中的一点神秘让我们察觉到了新鲜感。飞机在北半球的夜空中跨越了两千多千米，到的时候，克市天刚亮。我们降落在一群密林当中，那里充满了自然的味道。

到机场接我们的是奥利佳，是一个中文很流利、很热情的人。她给我们留下了一个很不错的印象，让我们都很喜欢这位俄罗斯的老师。去西联大的途中，她给我们讲了很多注意的事项，大家听着，很认真。与此同时，我们和我们的下垂体都在感慨，西伯利亚大叔开的车，够有劲。

西伯利亚联邦大学，是一所具有开放性的、自由的、远东的明珠。我所说的开放性，是它没有围墙，没有正式的校门，一切知识向来自世界各地的求学者张开双臂，这跟国内的高校明显的不同。西联大提供的宿舍环境也十分舒适。虽远在异国他乡，却感受到了凛冽寒风中的一丝温馨。这好似在哈尔滨一般，可能是由于哈尔滨也充斥着俄罗斯文化、也有着来自西伯利亚的冷风。倒不如说，某种意义上，我们回到了第二个“家乡”。在这一段时间里，我们的确收获颇多。

总的来说，这一次经历，收获可以概括为：俄罗斯的热情而又独特的风土人情，他国学者学生对各个领域内的经济问题的研究体会，与俄罗斯同龄人的交往交流，在西联大的学习与生活等等。这一段时间虽然不长，但确实是自己见识剧增的一段时间。我了解了俄罗斯与中国的一些不同的地方，产生了一些新的认识与体会。正如古语所说：“读万卷书行万里路”，不同于国内的文化环境，这里无时无刻不刺激着我的感官。充分暴露在这凉爽又温暖、熟悉又陌生的环境中，我了解到了许多以前难以体会的东西。长见识，懂知识。

1.俄罗斯克市的风土人情

我要感谢西联大老师们的细心安排和俄罗斯伙伴们的陪伴。他们在百忙之中带领着我们参观了克市的诸多代表性景点，那些景点甚至是印刷在卢布上，犹如人民大会堂一般。东正教教堂，叶尼塞河，大坝，地道的俄餐，斯拉夫风格的公园，巨大的滑雪场，喧哗的市区，这是充分了解俄罗斯风情的机会。俄罗斯的城市建筑，从外面看起来并没有那么奢华。朴素的外墙搭配着充满历史气息的彩色玻璃，酝酿出了一种独特风味。与之相对的，室内却很是讲究、精细、充满着设计感和现代感。西联大独特的布置就让我记忆犹新。橙色的logo充满着热情，平面化的设计让人感到是来到了22世纪。与之遥相呼应的是内墙大气而又活泼的橙色系的颜色。窗户中透进来的阳光使得常年白皑皑的西伯利亚校园内满盈着希望与热情，快要从窗户缝隙中溢出来似的，流入每个人的心中。每一束花、每一把椅、每一张桌，从摆放到外形都看得出是精心挑选的，loft的风格既让我们感到舒适，又无法不感慨西联大的时尚感。这里是米兰？抑或是纽约？同样的阳光、同样的氛围，却是不同的地方，让我感到他们的布局与设计都很用心。

西联大的食物，刚开始让我不太习惯，却不过多久就适应了，随即便发现其中独特的美味。生存环境和文化的不同，让大家开始吃起来不太习惯。列巴的奇异风味混着格瓦斯入肚，品出的饮食文化并不像国内，菜品的样式也不如国内的丰富，却又有不一样的感受。仔细考究起来，无论是炖菜还是汤，也做的很是精致，搭配得不错。

俄罗斯的交通，其实大街上并没有发现出租车，几乎每一个家庭都会拥有车，而且他们的基础公共交通以公交车为主，公交车新旧不一，而且在俄罗斯硬币很流行，并且小额支付都是硬币为多，突然从国内的移动支付回到那一种需要携带很多现金的环境，反而不太习惯，并且觉得找零并不方便。俄罗斯的车驾驶位左右均有，个人觉得不统一不规范。不过，俄罗斯的油价要比国内便宜一些。

2.西联大的课程学习

这十余天，不只是当地的风土人情，求学也是此行不可忘却的。每一天都有不同领域、不同专攻的课程，以及西联大个性不同的数位老师，来为我们讲述不同方面的知识。来自俄罗斯的、韩国的、德国的教授，各抒己见，从俄罗斯的产业结构，到世界的货币流动，以全球的企业案例，让我们见识到了经济在世界各地的发展，并从中得到诸多有意义的启示。课堂上还有一些促进团队协作的活动，整个过程中始终保持了欢乐的课堂氛围。说实话，听懂老师的授课内容并不是很容易，全英文的授课辅以老师独特的口音，让英语变得格外有趣，课业则需要仔细听，仔细消化，才能够跟得上老师的进度。在课堂上要有自己的见解，这样的交流我觉得才会更加地有作用。有时候老师的观点显得似乎对中国不太了解，这时我会主动地在课堂上说出自己的看法，“中国有太多的人口和广袤的土地，中国政府所要面临和解决的问题很多，在中国政策贯彻起来也非常艰难”等等。从课程中，也不难看出中国与俄罗斯交往密切，有许多领域的不同层次的合作与交流。

3.与暑期学校同学的交往

和我当初想象的并不一样，俄罗斯的同龄人，还有来自韩国、蒙古国以及国内其他学校的同学，都非常的热情与开朗，大家之间都乐于交流。不过，我们并不会俄语，大家用的都是非母语的英语进行交流。然而，不同国家之间在说英语时，不可避免地有一些口音，交流起来虽并不是想象中的顺畅，但仍感到有趣。凯特同学是最有意思的一位。俄语总是带着一些颤音，这似乎镌刻在了斯拉夫人民的舌头上。以至于每次我们聊到诸如“朋友”“你好”的时候，都会感到一丝滑稽，却又能立即反应过来她的本意。一两回下来，我们也学会了俄国口音的“朋友”和“你好”。另外，我们也发现了自己英语口语虽然能用，但用起来是不够熟练与清晰的。这段实践让大家的英语口语能力得到了显著提升，并且也认识了许多的俄罗斯伙伴，即使现在离开了，我们也时常和在俄罗斯的朋友们交流，时尚、国际局势、专业知识或者是一些八卦，如密友一般无所不谈。他们非常的热情，也乐于帮我们解决问题。俄罗斯人，除了一些年轻人，很少有懂英语的，在购物以及坐车的时候交流会遇到问题。因此俄罗斯朋友们就成了我们的翻译，不厌其烦地为我们解释，积极地与当地的朋友交流。出国学习，我认为仅靠课堂上那些内容是远远不够的，应该和当地的朋友常常交流获得新的看法。比如，我和我们的俄罗斯同学们以及其他国家的同学相处的就特别好，在学习之余时常和他们聊天，还和她们上街购物，一起吃饭等等。在不知不觉中我的口语表达能力又上了级台阶，自己的交际能力也有所锻炼，也真实地了解他们的一些经历。

4.西伯利亚联邦大学的“创业基地”

西伯利亚联邦大学的老师组织我们参观了他们学校的创业企业，并邀请一些企业家给我们分享他们的创业经历。我们同时还参观了他们的一些高新技术的实验室以及设备。这些见闻给我带来的感觉，就是他们做研究或是创业，有一股认真的劲头和力量，仿佛伏特加赐予他们的不只是温暖，还有直冲到底的精神——他们在踏踏实实地做事情。不过可惜的是，他们的创业热情还是比不上国内的，国内是万众创新、大众创业的时代，在创业方面，显得更加火热一些。当然，他们的创业整体的质量都比较好。

5.总结一下

这一次交流，收获是很大的，人文见识，专业交流，都充满意义。西伯利亚联邦大学的老师和同学都非常的友好，自己也从他们那里学习和了解了很多，自己的国际视野也更加开阔，不单单是课程的学习，从不同文化之间的碰撞，就会有很多有趣的东西，对于自身的成长是非常有帮助的。

俄罗斯游学心得

朱恩加

在俄罗斯的西伯利亚联邦大学为期十一天的交换学习生活结束了，踏上回国的旅程，回想将近两周学习和生活的点点滴滴，感触颇多。来俄罗斯之前，我深切地感受到了申请学校时的忐忑、办理签证时的繁琐，也体会到了得到这个机会的惊喜。所以很感谢学校给我们提供这个机会，让我们有机会走出国门，见识外面的世界。真正来到这个陌生的城市时，却面临了很多意想不到的困难，除了语言的障碍，教学方式的差异，更有生活方式、饮食、气候等诸多问题。大概三天左右我们终于慢慢地适应了这里的学习和生活，也开始探索俄罗斯不一样的文化。

当地时间7月12日5:10，我们终于搭乘U6736航班抵达了俄罗斯克拉斯诺亚尔斯克市，为期十一天的夏令营就此拉开了帷幕。抵达学校后，我们见到了负责接待我们的学校老师，并在相应地方确认了夏令营内容，领取学习材料，缴纳会费并签署寝室公约等文件。就在这时，我们才发现一同与我们参加夏令营的还有来自中央经贸大学、西南财经大学、哈尔滨商业大学的同学们，更是还有韩国、蒙古国的同学们，是夏令营将来自不同地方却都对经济感兴趣的我们聚集了起来，在这里，志同道合的我们共同学习、交流，结识很棒的朋友，了解多元的文化，真的是很有趣又有意义的一次体验。

这次夏令营的主要内容有：听取“发展、企业家精神和创新”报告，参加组织和活动研习会，参观当地自然风景区并就景区管理现状、环境问题进行小组内无领导讨论，听取韩国成功企业汇报会，参观2019大学生冬运会体育场馆，听取并讨论未来金融市场发展趋势报告，发展中国家的资源经济学，商学院互动以及知识和技术的转让政策等。

让我印象尤为深刻的就是，在听取并讨论“未来金融市场发展趋势”时，虽然在国内也有过类似的课程，而且内容大体上大同小异，但在学习中却深深地感受到了国内外的教学差异。相比较而言，国外的教学更加细致到位，例如，老师在讲授资本成本计算时，会讨论快速发展的国家和稳定发展的国家的无风险利率取值应该如何调整，多市场多币种的公司应选择哪一区域的无风险利率。长期的应试教育造成了我们只重结果不重过程的习惯，我们只会关注模型的用途与应用，而却忽略了其背后的理论原理和细节。这门课结课要求以小组形式讨论后进行汇报，在小组合作中，明显地能感受到外国学生的态度更加认真和积极，他们会把PPT讲义看上三遍五遍，甚至能熟知某句话出自哪一页；他们研究课件查阅文献，虽然他们没有免费的数据分析报告，但却会自己通过行业研究报告、公司年报、网页新闻等多个渠道进行总结和归纳；在分析和讨论过程中，对于例如预测等较难的环节，中国学生往往会含糊混过去，但是他们却会特别较真地认真研究、分析、辩论、咨询，直到得出结论为止。

在学习之余，还记得第一天上课时，老师们并没有直接进行授课，而是选择了将我们带到室外。一开始还以为要进行室外授课，到了场地我们才恍然大悟，原来是一次生动趣味的“破冰活动”。老师将所有学生分成三组后，进行了一系列小组PK活动，在活动之时，我们熟络了彼此，打破了初见时的尴尬，大家脸上久久未曾褪去的笑容成为拉近我们之间距离的最好方式。

让我印象更深刻的一个游戏环节就是每组每人手里被分到的卡片是能够连接成一个故事的，但是需要每个人去向大家讲述图片中的故事而不能向别人展示自己的照片，最后能否按照顺序拼成正确的故事，考的就是大家沟通的完整度与逻辑思维能力。开始，大家对于故事到底在讲什么都是摸不到头脑的，每个人手中的图片都不能连到一起，随着讲述的图片变多，故事逐渐丰满起来，大家也逐渐找到了故事的主干，但许多人的画面是非常相似的，还是很考验大家的英语口语能力。最终，在所有人的努力下，我们终于拼出了正确的故事顺序，大家也因此变得更熟悉起来。

几天的学习下来，我们和来自世界各地的同学都建立了相当深厚的友谊，他们带我们去超市购物，陪我们去市中心的地标建筑，也和我们一起合影留念。我也和当地的学生和老师简单聊过俄罗斯这个国家的基本情况。同行的一个名叫娜塔莎的俄罗斯女孩告诉我，她的家庭平均收入每人每月3.5万到2.2万卢布，相当于人民币6 400元左右，居民整体收入水平还是较高于国内。俄罗斯食物的物价比国内稍高一点，主要是因为俄罗斯轻工业不发达，食物原材料和生活用品都靠进口。

不过值得一提的是，俄罗斯的汽车很便宜。这里的汽车即使是从日本、西欧、美国进口的轿车，1万美元就可以买辆相当不错的原装车，不到人民币10万，而在国内，同等的车一般都要40万以上。所以基本上每家每户都有一辆私家车，至于二手车，花个4 000 ~ 5 000美元就可以买辆不错的二手车。这里养车也很划算，车只要不上路，什么费用都不用花。人家是把所有的费用全用在汽油里，而即使是这样的汽油也较国内便宜。

后来我们也在交流中得知，乘坐莫斯科地铁其实是很便宜的（虽然我们没有去），不像国内还要按距离远近收费，收费标准是不论多远一律8个卢布(不到2元人民币)，也难怪一个1 000万人口的国际大都会，街上几乎见不到多少行人，汽车可以开到80迈了。莫斯科的地铁让人震撼和折服，有人粗粗地计算过，莫斯科市区的面积大约是北京的三倍，这么大的市区，它的地铁像毛细血管也像蜘蛛网延伸到城市的各个角落，地铁在市中心有三层交错，总长度近400千米。给人印象极深的不仅仅是它的长度，更是它的宏伟壮观。数不清的站都是一座座精美的建筑艺术精品，像宫殿，更像是地下的克里姆林宫。每个站都不雷同，有石雕，有壁画，有大理石拱门，让人流连忘返。

在当地的餐馆吃饭的时候，你会觉得特别得激情，不用特意鼓动，不一会儿，他们就会热闹起来，有唱有跳，气氛非常地喧嚣热烈，街头艺人也特别的多。你也会发现这里的人，不论男女老少都喜欢喝酒，百姓到超市采购也总不忘买上几瓶伏特加。在热闹的场合，即使是小女孩喝上一瓶伏特加也不奇怪。在俄罗斯人的超市里，伏特加的种类比国内饮料的种类还要多。漫步在俄罗斯的街头上，莫名地给了我法国浪漫之都的感觉，俄罗斯的花店尤为的多，这可能跟俄罗斯人民骨子里的浪漫也分不开吧。

在克拉斯诺亚尔斯克，每天六点左右日出，傍晚十点太阳才刚刚落下，因此总给我一种人生得以延续的错觉，我总是觉得在这里每天都有相比国内更多的时光，也更加的轻松、惬意。在这十一天的时间里，没有了国内急促压抑的学习生活，除了认真上课和欣赏异国风光，我有了更多的时间去思考自己的人生，因而对自己的人生和职业也有了新的规划。我们都应该有适合自己的独特的生活方式，没必要庸庸碌碌地去追随别人，更没必要为别人乱了自己的脚步。无论是生活还是工作，最重要的是to be yourself。

特别感谢学校给了我们这样的机会，让我们能去感受新的世界，我们在这期间收获了知识，也增长了见识。世界很大，生命很短，让我们放开眼界，活在当下，享受青春吧。

西伯利亚联邦大学访学笔记

李　岚

在2018年夏意正浓的季节里，我们乘飞机一路向北，赶往西伯利亚联邦大学经济夏令营营地。叶尼塞河是俄罗斯境内最大的河流，全长4 130千米，它发源于俄蒙边界的山地，蜿蜒北流，注入浩瀚的北冰洋。中西伯利亚高原草甸黄绿斑斓，地势起伏且连成一片，可谓天生地造，形成硕大无比的草的世界、草的莽原，这才是真正意义上的大草原!

在叶尼塞河畔，坐落着一座现代化的城市，这就是素有“叶尼塞明珠”之称的克拉斯诺亚尔斯克市，全城约有80万人口。克市是克拉斯诺亚尔斯克边疆区的行政中心，这个行政区有230多万平方千米的土地，面积在俄罗斯88个行政区中位居第二，人口约有300万。

我们一行13人在这个暑期访学俄罗斯西伯利亚联邦大学，进行了为期十天的微留学访学之旅，感受真正的战斗民族、深入俄罗斯的大学、体验异国风情带来的思想碰撞。当带着满心不安与期待走出叶米里亚诺瓦机场时，我知道我一生中一段精彩的旅程即将开始。负责接机的奥利佳老师用流利的中文与我们交谈时，我们感到了这个国家对我们的暖意。克市的七月虽是盛夏，但同国内的温度相比，还是有不小的差距。不同于国内高楼大厦人来人往的繁华场景，公路两旁连绵起伏的小山丘，错落有致坐落在林间色彩斑斓的小房子，浓郁的异国风情，这一切就像安徒生笔下美丽的童话世界。

将近一个小时的奔驰，我们终于到达了即将生活十天的学校——西伯利亚联邦大学，与我想象中俄罗斯风情浓郁的建筑相比，真正的西联大显然现代化得多。金字塔形的教学主楼，天蓝色落地玻璃窗的图书馆，上上下下、错综复杂坐落在山坡上的美丽宿舍楼，现代与传统、历史与朝气相糅合，一瞬间便让我爱上这里，也让我更加期待未来的生活。

带着兴奋，我们入住了宿舍，两人房，独立卫浴，一间厨房，可以看见美丽风景的大大落地窗，良好的住宿条件令我们十分满意。校园里有可以满足我们日常生活需求的小超市，距离公寓两站地有商品齐全的大型超市，便利的购物条件也令我们欣喜不已。

在接下来的日子里，这座城市给了我无限的惊喜。这里环境安逸，植被覆盖率较高，人与自然和谐相处，日常的生活节奏也很慢。天气好的时候我们喜欢四处转转，街边公园里的喷泉和不知名的雕像，互相搀扶着一起喂鸽子晒太阳的老夫妇，洋娃娃一般冲你甜甜微笑的小宝宝以及学校后山里随处可见的丝毫不怕人的小松鼠，仿佛都在向你叙述着他们平静的幸福。

在俄罗斯交流期间的课程并不轻松。如讲授课上与俄罗斯老师交流互动最频繁，每个老师所讲的每个项目以当今世界全球性现象和经济学问题为主，在语言表达上、语句构成上，皆是一种提升，主题思想上尤甚。此外，在实践课上，我们需要克服不同国家的文化差异，与各个国家的同学合作完成指定主题项目。记得有一次我们三人一组，我们两个中国姑娘和一个俄罗斯的男同学，为了最快完成任务，我和中国姑娘全程用中文交流，后来用英语再翻译给俄罗斯同学听，沟通上的麻烦只能这样来克服。

很幸运的是，在以寒冷著称的西伯利亚遇到了给予我们无限温暖的老师们。在这里我们同来自国内其他高校及国外高校的同学们一起上课，考虑到我们并没有俄语基础，在这里老师都是用英语授课，这令初到这里习惯了国内老师用汉语讲课的我一时发懵，好在我渐渐习惯了这种课堂节奏。这里的老师极其认真负责，在课堂上不仅讲授经济的相关知识，还向我们介绍了俄罗斯的风土人情，带我们感受俄罗斯这个民族深厚的底蕴和无限魅力；同时老师们也十分乐意听我们讲述我们在国内的生活，来俄罗斯以后的种种新奇体验以及我们眼中中俄两国的各方面差异。课余时间俄罗斯本地同学陪着我们游览城市，向我们讲述那些景点背后的故事。

十天的时间转瞬即逝，这十天里，我认识了许多朋友，他们来自世界各地，有中国、俄罗斯和蒙古国。奇妙的缘分让我们相遇并成为了语言不同却彼此关爱的好朋友。这十天里，我深刻感受到了中俄教育理念的不同，俄罗斯老师崇尚自由平等，不过老师的认真负责，讲解细致倒是如出一辙。经过十天的相处，我愈加喜爱这个城市，它不同于圣彼得堡的繁华，也不同于莫斯科的举世闻名，像是一位静静守候在叶尼塞河畔等待爱人归来的姑娘，安静但不孤寂，人来人往却不熙熙攘攘，有属于自己的独特魅力，神秘而安详。

西伯利亚气候干燥，很少下雨，每日有温暖的阳光，碧绿的草木，穿着年轻靓丽的学生穿梭于学校间。本地同学带领我们观赏了克拉斯诺亚尔斯克市中心的街道——米勒大街。街道两侧的建筑物颇有历史感——斑斑驳驳的墙壁，有些褪色的宣传牌，被摸到发亮的某些雕塑，在街头表演的老人，窝在玻璃窗边睡着的猫……一切事物让我犹在梦中，徜徉在某个城镇中，缓慢的节奏，有着让我不舍离开的魔力。

真切地体验俄罗斯教育与生活方式，感受俄罗斯西伯利亚的自然气候与人文生活，与当代异国青年交谈，在异国他乡介绍博大精深的中国文化，这些都将永远鲜明地存活在我的记忆中，成为我日后学习、工作、生活中具有独特价值的宝贵财富。我要特别感谢在俄罗斯所有帮助过我们的人，还有尽管语言有一定障碍但还是倾尽一切给我们讲课的老师，谢谢他们的付出，让我们学到和国内全然不同的、强调动手和实践能力的学习方法。当然，还有那些时刻给予我们帮助的俄罗斯同学们，还有那些素不相识的用汉语和我们打招呼的俄罗斯人民。

对每个初出国门的孩子而言，家一定是最大的牵挂，每天一小时时差并没有阻隔我和父母之间的联系，父母的鼓励使我在异国他乡也倍感温暖。我想这段经历一定是我人生里一段美好的旅程。亲情、友情、学业，在这段经历里糅合、升华，并有了重新的定义。我感受到了亲情跨越千里的丝丝牵挂，感受到了友情在孤独时刻带来的精神慰藉，感受到了求知的力量能使人忘记异乡求学的痛苦。读万卷书不如行万里路，只有走出去，才能切实感受到学习的重要性，才能收获更长远的见识。带着勇气，带着胆量，带着向上求知的心，探索新的人生，你一定不会后悔自己的决定！

赴俄罗斯西伯利亚联邦大学交流心得

李雨凝

2018年7月11日晚，我们一行13人踏上赴俄罗斯西伯利亚联邦大学交流的行程，开始了一段长达10天的“旅行”。

初到俄罗斯克拉斯诺亚尔斯克市（以下简称克市），新鲜和惊奇充满着我的心扉，这里与哈市、与中国有太多的不同，也有着些许相似。从机场去往学校的途中，一位名叫奥利佳的老师用中文和英文与我们交谈，告知我们未来几天的一些行程和需要注意的事宜。听到接下来的十几天要用英文交流时，我的心里有些担忧，却又隐隐有些期待，希望自己能够勇敢一点，勇敢的张开口跟外国小伙伴进行交流，希望能够充分享受这一程。

克市位于俄罗斯东西伯利亚，与中国有一个小时的时差。这里的天空和哈尔滨很相似，云朵懒懒地躺在天上，又像漂浮在蓝色的海洋，天气不似哈市那般炎热，多了一分清爽。西伯利亚联邦大学因坐落于山上，又被克市人民称为“山上学校”。西联大老师将我们安排在他们的学生宿舍，宿舍条件极好，两人一个房间，有独立卫浴、配备有洗衣机、冰箱和厨房，供学生日常使用。

1.团队游戏——免于羞涩，不断靠近

到达学校后，收拾了行李，吃了早饭之后便赶往上课的地方。在西联大的餐厅里，我第一次尝到了俄餐，对于很多刚到俄罗斯的中国人来说，俄餐的确是难以适应，因此，匆匆结束了第一顿饭，赶往上课的地方。在教室里，见到了许多“电视上”的面孔，教室里的大家，无论来自哪个国家，都显得特别紧张和拘束。夏令营的第一节课，老师带着我们玩团体游戏，不同国家不同语言不同肤色的人组成一队，按照游戏规则开始游戏。刚开始时，大家都很羞涩，听的人多，说的人少，随后大家变的渐渐大胆起来，开始利用肢体语言去弥补口语的不足，团队里的人渐渐熟络，大家开始慢慢融为一体。也是在游戏中，我发现俄国男孩子和中国男孩子的不同，他们很有力量，看得出平时锻炼的很多，相较之下，同行的男生则是较为“虚胖”了。

在之后的几天里，老师也带领我们进行了其他的一些游戏。通过参与这些游戏，让我真切地感受到中国教育和国外教育方式的不同。用寓教于乐四个字来形容此过程再合适不过：通过让每位队员都通过“洞”的游戏，我们学会分析自身优缺点以挑选最适合自己的“洞”，学会团队成员间要相互协作，共同承担，让我们感受到一个集体的凝聚力；通过叙述图片上的画面来共同拼接一个故事，我们锻炼了英语口语的表达能力，让我们学会聆听他人的叙述，更让我们学会解放思维，发挥无尽想象力，最终方可赢得胜利；通过利用意大利面搭建“最高的塔”，我们学会团结协作，彼此相信和集思广益。这些游戏很简单，也很平常，却很少出现在中国的课堂中，比起语言和课本，实际动手操作要显得有效率的多。

2.参观景点——放飞自我，敢于张口

在克市学习的十多天里，除去周末，白天一般上课或游戏，晚上则由西伯利亚联邦大学的学生带着我们到克市有名的景点去参观。同行的有一位克市的女孩子，名叫达尼亚，她很热情，也很健谈。在参观克市中心公园时，我们并肩而行，她跟我们讲了许多关于俄罗斯的文化，并好奇的询问一些关于中国的问题。最初，我羞于表达，以倾听为主，后来慢慢熟悉后，我希望自己能够充分利用这样的语言环境，因此也鼓起勇气开始跟她用英语交流，她向我介绍她的朋友们，教我一些常用的俄语。通过与俄罗斯朋友的交流，我的语言能力提高不少。我开始不觉得说英语是让人难为情的事情，也渐渐更为大胆和勇敢地去表达自己，展现自己，也结识了其他来自韩国、蒙古国等国的朋友。

3.专业学习——积极参与，肯定自己

在西联大学习时，由于英语水平的限制，时常会出现听不懂老师讲的内容的情况。我自己本身并不算一个特别勇敢的人，但在第一次坐在前面有话筒的座位上时，我便暗暗告诉自己，在这十几天的时间里，我要当众发言一次，展现工程学子的专业素养。在这十几天的时间里，我们先后学习了“发展、企业家精神和创新对公司发展的关系”“敏捷和组织的成功（以韩国为例）”“发展中世界的资源经济学”以及“金融市场现在趋势”等课题内容。随着中国开放程度的不断增加，金融市场的开放程度也在逐步增加，但中国金融市场出现时间较晚，目前诸多体制不够完善，亟需学习西方先进经验和体制，以寻求适合中国国情的金融监管体制，保障我国金融市场和经济的平稳发展。在最后一个学习的下午，我完成了当众发言这一愿望。清楚地记得当时老师带着我们探讨金融市场未来发展趋势，分析金融市场的利弊和目前暴露的问题。在我发言结束后，老师问中国学校的GPA最高是多少，同学们告诉她是5后，她说她会给我5，并告诉我在她那里，我是最棒的。我很感动，在语言交流不畅的俄罗斯能得到老师这么高的评价和高度肯定，同时，这份肯定也更让我觉得，应该积极参与课堂的讨论，不怕犯错，有敢于犯错的精神，肯定自己，勇于展现自己，才能更好地发挥自己的能力。

4.风土人情——热情开朗，自由洒脱

在克市学习的十几天，让我对克市的风土人情有了一些了解，虽然与一些同学交流并不多，却可以看得出他们热情开朗，自由洒脱，与中国人喜欢含蓄表达自己的情感不同，他们说到好玩的事情便旁若无人的开怀大笑，高兴了便躺在草地上晒太阳，生活自由随心，仿佛没有烦恼，待人真诚。他们为我们制作俄罗斯的美食，带给我们俄罗斯的著名饮料让我们品尝，感受俄罗斯的风土人情。他们陪着我们逛街、参观、玩耍、游览和学习，这是这一行最宝贵的财富。

5.自然景观——景色优美，地广人稀

一方水土养一方人，克市与其他城市一样，有着迷人且独特的魅力。在克市，我们鲜少见到鳞次栉比的高楼大厦，没有拥挤的街道，空气如莫斯科河一般纯净，这在国内大城市是很难感受到的。据克市的小伙伴介绍，他们每家每户都有一台车，无关汽车的价格，而是因为建筑之间相隔较远，有的人去趟超市都要开车，若没有车，则要走很久。也是因此，鲜少在克市看到出租车。克市的家庭住房是极具文化特色的，像是童话故事书中画的那般，尖尖的楼顶，小小的阁楼。

参观克市的一个森林公园时，我真切地感受到克市大自然的风光。随行的老师告诉我们，之所以要坐缆车到对面去而不是走过去，是因为森林里会有野生的狼和熊出没。但在我们坐缆车的途中也没有见到传说中的狼和熊，略有些失望。之后在参观动物园时，又弥补了这一遗憾，见到了许多只存于耳朵里的动物，如猫头鹰、满身长着白色斑点的鸟、浑身长满刺的猪等，竟然还在动物园里见到了不同品种的狗。

非常感谢学校能够提供本次到俄罗斯学习交流的机会，让我能够感受到克市的风土人情和西联大的不同于哈尔滨工程大学的教学方式，在西联大的校园内，学生们九点上课，晚上六点放学，而晚上十点天色才渐渐暗沉，放学后学生们有大量的时间去做自己想做的事情，健身、购物，相较于中国，这里的生活节奏显得格外缓慢，人们生活的惬意且舒适。在闭营仪式上，俄罗斯小伙伴为我们演唱俄罗斯著名歌曲，我也和一些俄罗斯朋友交换了礼物，留以纪念，我相信我们会成为彼此珍贵的回忆。回国之后，我似乎体会到了那句“读万卷书不如行万里路”的意思，走出国门，才更能感知世界之大，自然之美，只有往外走走、看看，才能拓宽生命的宽度，让每一天在自己的努力下变的进步多一点，收获多一点。也正是在国外，听到异国人对我们亲切的说“你好”时，我们才能真正体会到祖国强大带给国民的民族自豪感。出门在外，我们便代表的是哈工程，是中国学生，应该自尊自信，展现中国学生所具备的专业素养和优良品质，祖国让我们在国外抬头挺胸的生活，我们也不能给祖国抹黑。回国后，我会更加刻苦学习，锻炼自己的本领，为祖国多做贡献！

俄罗斯游学心得

沈子涵

感谢学校给我们创造了如此难得的条件赴俄罗斯交流学习。我非常庆幸自己能拥有如此不同于别人的如此美妙的学习和生活经历，哪怕只是短短10天，转眼即逝。从我知道学校有学生交流项目的那天开始，就期待着能够成为其中一员，去体验异国的生活环境和教育体系。在申报、等待、准备、学习等一系列紧张的准备过程结束之后，我的梦想得以实现了。在这个暑期，我同和我揣怀着同样目标和希望的大家一起踏上了俄罗斯土地，有幸与老师同学结伴同行参加俄罗斯西伯利亚联邦大学的国际暑期班项目：“现代经济科学与实践挑战”，在为期10天的交流时间里，收获的不仅是知识，还有友谊和宝贵的经历。

这次夏令营的课程主要有“金融市场的现代趋势”“发展中国家的资源经济学”“敏捷性和组织化成功”“发展、创业和创新：从全球化到区域化再到全球化”“商学院互动以及知识和技术的转让政策”，课题都是与经济有关，与一同我们参加夏令营的还有中央经贸大学、对外经贸大学、西南财经大学的同学们，还有韩国、蒙古国、俄罗斯的同学们。是夏令营将来自不同地方却都对经济课题感兴趣的我们聚集了起来，在这里，志同道合的我们共同学习、交流，结识了很棒的朋友，了解了多元的文化，真的是很有趣又有意义的一次体验。

还记得，第一天上课，我们从教室被带到了室外的一个小树林，当时还很陌生的同学们都很惊讶，原来是主办方通过户外游戏来拉近同学之间的距离，消除彼此的害羞和陌生感。游戏中也是全程英文沟通，很大程度上锻炼了我们的日常英语的口语交流能力。而游戏更是需要我们团队合作才能通过，在这个过程之中我们就这样初识了彼此。在之后的课堂教学中，也多是以分组团队合作来完成的。让我印象非常深刻的就是每人手里被分到的卡片是能够连接成一个故事的，但是需要每个人去向大家讲述图片中的故事，最后能否拼成正确的故事考的就是大家沟通的完整度。开始，大家对于故事到底在讲什么是很懵的，每个人的画面都不能连到一起，随着讲述的图片变多，故事逐渐丰满起来，但许多人的画面是非常相似的，很考验大家的英语表述能力。最终，在所有人的努力下，我们终于拼成了正确的故事，大家也因此变得熟络起来。

除了促进我们感情的互动游戏，需要大家合作的课题才是真正考验我们的。这次夏令营的主要目的是探索国家经济和商业发展战略的变化。进击的演化发展问题、微观及宏观上的经济激励问题是现代经济科学的基础之一，也是世界大多数国家政府议事日程的重点。并且本次暑期班项目汇集了专业的科学家和从业人员团队，水平达到国家部门和组织的级别，拥有分析和模拟经济发展的经验。在课堂上我们有充分的机会深入思考、探讨问题。全英文的专业知识教学，令英语知识基础不是很好的我有些难以应付，但大致内容还是可以听懂的，并且课堂上的分组汇报又一次归纳了知识点，并由小组展示每组归纳成果，我们探讨了创业精神、赶超发展、资源经济和体制环境、国家经济发展政策和商业战略成功和失败的原因，锻炼到了每一个人。其中有口语流利的同学，我更是想向他学习。我们还参观了工业孵化地，身临其境探讨学术问题。这次的夏令营开拓了我的眼界，知识上更是受益匪浅，也认识到了更多优秀的伙伴。

俄罗斯的教学习惯也和国内的大有不同，上课一个小时左右还会有茶歇，据说茶炊是俄国人日常生活中不可缺少的一部分，它是温馨家庭的独特象征和支柱。在茶歇上，摆放着三明治水果面包等美味小食，还有咖啡茶饮等供学生老师享用，在这里，大家可以放松一下因学习紧张的大脑，还可以沟通交流一些课堂上未弄懂的东西。茶歇是一个愉快放松的时间，也是大家熟悉彼此的一个机会，让体力和脑力再一次达到充沛后，再进行新一次的学习挑战。还记得最后一堂课后的茶歇，有着俄罗斯民族善饮的伏特加酒，还有各种美味佳肴来招待要离别的我们。大家举起味道甘冽的伏特加干杯庆祝，又纷纷举起相机合影留念，为这短短十天的相聚庆祝，为这短暂欢乐的时光送别。

在俄罗斯这短短十天里，我们还尝到了别具一格的俄罗斯美食，俄罗斯有独特的饮食习惯：面包和盐是他们用来招待贵宾的。一日三餐，早餐比较简单，面包夹火腿，喝茶、咖啡或牛奶；午餐则丰富得多，通常都有三道菜。第一道菜之前是冷盘；第一道菜是汤，俄式汤类比较营养，有土豆丁、各类蔬菜，还有肉或鱼片；第二道菜肉类或是鱼类加一些配菜；第三道菜是甜点和茶、咖啡之类。最常在餐桌上出现的是酸黄瓜、沙拉奶油和甜食，汉堡、沙拉、汤里都有酸黄瓜的出现。沙拉作为蔬菜营养担当，一餐都不少。最让我们惊奇的是，他们会往汤里面放一勺奶油，看得出他们很喜欢这种搭配，这对我们来说很新奇但却适应不了，这时候真的很怀念中国的美食，种类多样，酸甜苦辣咸各式特色菜肴都有，不得不说中国美食文化真的博大精深。甜食也很受俄罗斯人欢迎，他们喜爱的甜食的甜度很高，并且每餐都会配一个小甜点。也正是这些差异带给我们不同的体验，使我们在另一国度以另一种生活方式和饮食习惯生活，差异产生美，这新奇的经历一定会成为我们对大学生活美好的回忆中的一笔难忘记忆。说到地域差异，不得不让我感慨俄罗斯的日照时间真的好长，早上天亮得很早，下午傍晚时天色依旧亮如白昼，甚至当地时间晚上10点时天色才逐渐转暗，还记得第一天在俄罗斯的我们纷纷发朋友圈惊讶都晚上9点了，天依旧这么亮。超长的日照时间令我们觉得一天的白天时间有好多，可以干好多事情，觉得人生的时间都拉长了，这方面真的很羡慕俄罗斯人了。

俄罗斯人很热情好客，有一天晚上俄罗斯当地的学生特地为我们亲手做了一桌子的当地特色佳肴，从准备到烹饪都是他们自己在完成，各式各样的果酱奶油、小甜点、精致面包、当地特色格瓦斯饮品等，非常感谢他们的精心筹备，让我们度过了愉快的晚饭聚餐时间。他们还牺牲了几个晚饭后的休息时间，领我们去当地的公园、商场等休闲场所放松，领略当地的风土人情，亲切的给我们当导游，讲当地的风俗。这次游学不仅快速提高我们的语言能力，让我们完全沉浸于非母语环境中，提高对当地语言的理解能力和适应能力，还开拓视野体验不同的文化和风土人情，更是可以培养我们独立自主能力，离开熟悉的生活环境，离开亲朋好友和父母，在陌生的环境一切都需要自主独立完成，时刻树立责任意识，收获成长。

校方不仅给我们安排了精彩的课程，还领我们参观了俄罗斯的山山水水，这里有世界最大的河流之一——叶尼塞河，它贯穿了我们所在的城市。河水清澈见底，我们从不同的地方观赏了这条河，不同的景观各有特色，但给我一致的感受便是清新安逸。俄罗斯的确是一个地广人稀的国家，随处可见的小山坡，宽敞的街道，还在用人工售票的公交车，热情好客的俄罗斯人，一切都那么新奇有趣。俄罗斯优美的自然环境给人民提供了很好的休息环境。我们去的时候正值夏季，阳光正好夏风和煦时，在清澈凉爽的河边，经常能看到坐在草坪上小憩野餐的人群。空闲时人们还常在郊外烧烤和游泳，公园里时常还有音乐表演、轰趴聚会等休闲活动，人们也经常休息的时候去公园散步、慢跑，俄罗斯的慢节奏生活，这里享受生活的人，都给我一种不同于国内的安宁舒适感。从我们住的学生公寓的小阳台望去，能看到很远很远，宜人景色尽收眼底，在近处还能看到他们在自己的小别墅去种种菜，可以看得出，俄罗斯是一个极会享受的民族。

为期10天的游学活动，不仅学的开心玩得愉快，感受全英文教学环境，体验“互动式”课堂，学会更自信、更流利地说英语，更在老师带领下，加入具有当地特色的实践活动和团体运动中，让我们在交流期间真正像一个当地人一样生活！非常感谢学校给我这次机会，让我能在学习知识之余又能领略异国风光。

俄罗斯心得体会

王天悦

2018年7月，我们从哈尔滨坐飞机前往克拉斯诺亚尔斯克。走的当天，内心其实是无比激动的，因为是头一次出国，外面的世界、外国的发展都让我充满了好奇。我们是傍晚乘坐飞机飞往俄罗斯，飞机上播放着俄语的宣传短片和俄罗斯的空姐，一切的一切都是那么的令人期待。

出机场是奥利佳迎接我们，她的中文非常的流利，她说她大学是在哈尔滨就读的，同时她的英文也是非常不错，我当时内心无比的佩服她，能够同时掌握三种语言，真的很不容易，她在车上向我们介绍了克拉斯诺亚尔斯克，以及我们即将要去的西伯利亚联邦大学的基本地形地貌。大概30分钟，我们便抵达了西伯利亚联邦大学，这里的绿化面积很大，公寓楼高大美丽，里面还设有阳台、卫生间以及橱柜、冰箱等电器。我们稍作整理，便开始了第一天的学习生活。

1.学习交流

在这次访学中，最重要的就是我学到了很多在国内学不到的知识，体会到了不一样的课堂。第一节课让我印象最为深刻，因为我观念里的课堂都是在教室中进行的，但是老师却将我们带向了森林里面。他先是让我们分成三组，之后按规定的次序站在木头上面。我一开始觉得这非常的简单，但是由于我们这次一起学习的还有来自蒙古国以及俄罗斯本地的学生，交流起来真的存在一些地方的差异，但是最终经过我们的努力，顺利克服了这些困难，完成了老师的任务。我想通过这样简单的游戏，真的比课堂中的自我介绍要灵活生动很多，而且也迅速让我们热络起来。之后，老师让我们通过团队努力，翻过绳子围成的网，并且身体不能碰线，这对于我们来说，真的十分的困难，因为其他的队友需要共同将你抬过网，这需要团队的合作能力，以及你对队友的信任度。通过实践，我充分的领悟到了合作的重要性。

之后的课程我们还一起合作拼图成画、你说我画等小游戏，通过这些有趣的游戏，让我从实践中感受到合作的重要性，以及如何进行团队合作。

在之后的几天，一位来自德国的老师带领我们参观了俄罗斯当地的创新基地，我看到了3D打印技术的强大，据说可以打印人脸面具、牙齿等与人类息息相关的东西还有无人飞机等高科技产物。

最后的一天，我们4人一组，分为创意组和投资方，模拟风险投资的过程。我们是投资组，上午是创意组讲解他们的创业思想，有我们已经熟知的智能停车场、温感充电装置等想法，下午我们便开始进行投票，每个投资方拥有100万美元，可以投到自己感兴趣的组别，当时我们选择了智能停车场，因为中国人口众多，找到一个空闲的车位可以说是难上加难，如果有一个装置，在你步入停车场之后，便可以开始引领你寻找空闲的车位，短时间内完成停车，将大大减少了在停车场滞留的时间。最后投票最多的组别获得了胜利，我也从中掌握了投资必备的要素和组成成分。

2.异国文化

俄罗斯的饮食和我们有很大的不同，它的主食比较偏重马铃薯、鱼类等。就连茶歇的糕点里面也是鱼肉馅的，口感很独特。我对俄罗斯的食物可以说是从好奇到不适应再到渐渐喜欢。正如那一勺汤里面必备的酸奶油，起初真的难以接受那种味道，但是我发现俄罗斯当地的人都非常喜欢这种酸奶油的风味，它已经是每个菜品必不可少的调味品。

关于商品物价方面，俄罗斯的物价水平相对较低，我们去的时候汇率大概为1:10左右，当地的鸡肉非常的便宜，大概15块钱就可以买到一只熟鸡，后来我了解到，俄罗斯的人大多不喜欢鸡的味道，所以比较便宜。俄罗斯地广人稀，记得我们课堂上与俄罗斯当地人交流异国差异的时候，我们就提到了这个问题，他们回答说在俄罗斯生孩子的话，国家会给予你很多的资助，他们都是有兄弟姐妹的，但是俄罗斯的面积太大了，土地和人口之间的矛盾还没有得到妥善的解决，这让我想到了我们国家的二孩政策，以前我们国家限制生育，所以我们正处于独生子女的一代，现在我们国家也放开了政策，可见时代在发展，世界也在进步。独生子女没有兄弟姐妹往往会产生一种自私的心理，期待自己可以得到所有的东西，不愿意与人分享。但是俄罗斯当地的人真的都非常的热情，主动带领我们参观景区，以及为我们烹饪美味佳肴。在交谈的过程中，我们还讨论了出租车问题，在中国我们拥有网约车以及大量的出租车，但是在国外却很少看到这样的车辆，他们解释说车在他们这里是不限速的，而且人工的费用是很贵的，所以自家基本都是拥有车辆，或者出行乘坐公交巴士。我们便给他们详细介绍了我们便捷的网约车服务，他们说我们的经济发展以及信用的匹配真的非常好，同时也希望自己的国家可以和我们一样实施这样的政策服务。

之后的自由活动，我们一起前往了最大的购物广场，我们发现俄罗斯和中国的物价水平并不相同，在国内肉制品普遍较贵，蔬菜水果应季食品较为便宜，但是在俄罗斯鸡肉以及奶制品价格低廉而且非常可口，我们每日的早餐都基本是鸡腿和酸奶。这里的果汁也很好喝，而且价格大概是国内的三分之二左右，一些奢侈品的价格尤其是香水非常的划算。还有俄罗斯衣服的尺码与国内的差距也是很大的，因为俄罗斯人中年发福的比率非常高，所以他们的衣服尺码以及样式的差别也很大。

学校的图书馆连接着餐厅，图书馆和我们学校的并不相同，我们学校拥有着电子检索书籍系统以及自助借还系统，但是俄罗斯是有着人工借还的，里面的藏书虽然我看不懂，但是数量是非常多的，图书馆安静，每个人都在认真的读书。

3.公园骑行——自由活动

在周末的时候，我们跟着俄罗斯当地的同学一起来到了公园骑车，我们租了一辆四人车，俄罗斯的同学主要选择了轮滑，整个公园的建筑风格和我们国家的公园也有一点点不一样，这里的公园具有大片的草坪，草坪里有很多人在晒太阳。俄罗斯小哥介绍说这叫阳光沐浴，他们这里以小麦色为美，不像我们这里有“一白遮百丑”的说法。大家都认为古铜色是健康的象征。之后我们一起去了大坝，也就是俄罗斯钞票背后的著名景点，我们手里拿着10卢布的钞票，背对着同样的景点，留下了属于我们的记忆。我们去的期间这座城市的每个地方都在大修土木，准备迎接盛大的运动会。我感觉到了这个城市的团结，每个人都在自己的岗位上认真努力的工作，从而使这个城市焕然一新。

我们还一起参观了专门建立的医院、游泳馆、观众看台等基础设施，每一个地方的建设都是非常的人性化的。这也让我深深的被这个国家所折服，大街上没有垃圾，没有喧嚣，整个城市的水以及绿化非常好，这个地方真的非常的宜人。

4.与同学之间的交往

在西伯利亚联邦大学留学的过程中，不单单只有我们一所学校，还有来自国内的五湖四海的学生和蒙古国、俄罗斯的学生，我们虽然母语不同，但是这并没有让我们的情分消减。俄罗斯当地学生都十分热情地向我们介绍他们的风情文化，同时，我也深深地感受到学好英语的重要性，因为在这里是全英文授课，加上俄罗斯当地的口音，听起来真的是略有难度的。通过这次学习，我也掌握了很多专业英语词汇。

俄罗斯当地人是非常的热情，带领我们参观教堂、景点、市区，每一个地方都热情地向我们介绍，并且还教我们说一些俄罗斯基本用语。

最后一天即将分别的时候，我们共同回忆了一下这些天一起经历的点点滴滴，每一个画面都有我们一起的欢笑，每一个课堂都是我们激烈的讨论，在这里，我交到了很多志同道合的朋友，在这里，我学到了国外独有的文化。

感谢学校和学院能够提供给我这样一次深造的机会，让我可以亲身感受、体悟。短暂的俄罗斯旅行已经告一段落，回来的旅程我们每个人都是依依不舍的，再望一望校园，再看一看那片森林。这段经历不仅仅让我了解了国外的经济发展，同时也提高了自己的英语交际水平，并且也让我感受到了异国的美。

难忘西联大——记俄罗斯之行

王益卓

2018年4月底的一个偶然的机会，我有幸接触到了俄罗斯西伯利亚联邦大学举办的国际大学生夏令营项目，怀揣着好奇，我向导员提出了申请。很快导员就将提出申请的十二名同学召集起来并进行了会议，我有幸得到导员的信任被任命为访学团团长。于是，我们开始着手出国交流的准备：进行网上申请，办理护照、健康证和签证，购买往返机票……

7月10日，我们整理好行囊，怀揣着出国交流的兴奋与激动和家人一遍又一遍的嘱托，坐上了前往目的地——俄罗斯克拉斯诺亚尔斯克市的航班。就这样，我们的出国访学交流旅行正式开始了。

下了飞机，踏上克拉斯诺亚尔斯克市的土地时，清新并带有一丝凉意的空气便扑面而来，那是国内少有的带有大自然气息的空气，干净纯粹，让人放松舒适。办理完出入境手续后，我们便在俄罗斯西伯利亚联邦大学奥利佳老师的带领下，坐上了开往学校的大巴。一路上，奥利佳用英语对这个城市和学校进行了较为详细的介绍，对于初次出国的我们来说，这是陌生难懂却又充满好奇的全新体验。学校的宿舍给人眼前一亮的感觉，不同于国内大学的“筒子楼”宿舍，俄罗斯大学宿舍同酒店式公寓一样，阳台、厨房、冰箱、洗衣机、独立卫浴应有尽有。经过简单的洗漱整理后，我们便去吃了早餐，然后开启了访学交流活动。

俄罗斯大学的教室并不像国内大学那般，而是老师和我们围坐在一起，中间放着四面同步的显示屏。讲课方式也不同于国内，课堂是授课讨论相结合的形式，我们在老师的讲授下进行提问，分组讨论老师提出的问题并与老师进行沟通交流、抒发自己的看法，而不是老师一味的知识灌输。同时，老师们经常将游戏与授课相结合，在游戏中授课，活跃气氛的同时更加深了我们对知识的理解，并让我们来自各个国家的学生在游戏中交流沟通，建立了深厚的友谊。课堂气氛是相对随意的，我们可以随时提出自己不懂的问题并与老师沟通，并没有严格的传授与被传授的要求。在进行大约一个半小时后，我们会有惬意的茶话会休息时间，可以下楼吃些点心，喝点咖啡茶水，与朋友和老师自由沟通交流，严格意义上讲，我们与老师的关系更像是朋友而并非师生。

俄罗斯的饮食方式与国内有很大的不同。俄罗斯蔬果种类很少，并且调味料远不如国内那么丰富，却有各种各样的乳制品。我们早餐一般是一碗奶油燕麦粥，一块糕点，几片火腿和一杯果汁；午餐晚餐相对丰富一些，一块烤肉，一份饭，一碗红菜汤，一碗蔬菜沙拉和一杯果汁。俄罗斯并没有太多的菜式，大多都是烤肉和蔬菜沙拉的餐馆，虽然并不难吃，但却与我们的饮食习惯有很大的不同，所以在访学期间，最想吃的就是中国菜了，但是回国后却无比怀念曾在俄罗斯吃过的各种食物。

课余时间，我们便在俄罗斯小伙伴的带领下领略了克拉斯诺亚尔斯克市的风光，参观了天主教堂、动物园、国家公园、游乐园，也去最大的购物中心进行了购物，并游览了叶尼塞河的风光，领略了铁路大桥的宏伟，也看到成群的动物与人类和谐相处的场面。我们漫步在克市的大街上，感受到了完全不同的风土人情和城市文明。

在学习与参观游览中，10天的访学交流很快便过去了，我们在最后一天上午举行了欢送会，来自不同国家不同学校的同学分别介绍了他们的大学也表演了带有国家特色的节目，之后我们便进行合影留念和联系方式的交换并相约有时间还会再见面。在离别的不舍与伤感中，我们的访学交流就这样结束了……

因为返程机票买的稍晚，我们还有一天的时间可以停留在克市。几天前走过的路、欣赏过的风光都映入我的脑海，我好想再次走上一走，让它们能够深深印在我的心中。于是我约了两三位同学与我漫步在俄罗斯的街头，最后感受一下那短暂的异域风情。

7月24日晚上9点，我们收拾好行李坐上了开往机场的大巴，登上了回国的班机，到此，我们美好的出国访学旅行就圆满结束了。

这次访学交流让我了解了俄罗斯大学生的日常生活，他们认真学习的同时也积极进行社会实践活动，去超市打工，也积极学习各种生活技能，所以和他们相比我们是完全不合格的大学生，除了有一点成绩以外，我们不能处理好自己的生活，更多的需要依靠家人，并且我们不善于与人沟通交流，对社会更多的是畏惧，并不能处理好各种事务。虽然难以接受，可这就是残酷的事实，我们和俄罗斯大学生相比有着巨大的差距。

俄罗斯虽被誉为“战斗民族”，被冠以“野蛮”的代名词，可我这次俄罗斯之行并未感受到所谓的“野蛮”，却被俄罗斯小伙伴的热情淳朴所打动。过马路时，依照交通规则，红灯停，绿灯行；购票时，自觉排队等待，无人维持秩序；公园散步时，垃圾能够攥在手中，直到遇到垃圾桶；甚至超市里并没有人进行散装食品的称量。反观我们号称“礼仪之邦”的中国人是如何做的？过马路时无视交规，横冲直撞；购票时往往无视秩序，挤在一起，只为更先买到门票；公园散步时，大多都将垃圾扔在一旁不理不睬；超市自助式称量就更不敢实施了……偌大的超市，在俄罗斯就显得安静优雅，而中国的超市更像是一个大卖场，充斥着各种噪音、喊叫和各种吆喝声。如果这就是所谓的“野蛮”，那我们中国人还真是“优雅”的啊！

说到生活方面，俄罗斯克市的平均薪水和中国的中小城市是差不多的，但我们却并未看到街道上有太多新车，居民的消费理念还是较为适度健康的，并且我看到俄罗斯大学生们的手机品牌并不是在我们中国大学生手中所常见的苹果、三星，而是小米、OPPO等较为便宜的中端机型，苹果、三星的手机也并不是最新的型号，由此看出，俄罗斯的消费理念和中国并不相同，更显得合理适度。而俄罗斯人民所食用的瓜果蔬菜和肉类是绿色有机的，并未大规模使用化肥、农药和化学饲料。我在俄罗斯买的草莓虽然个头小了很多，却比国内的草莓好吃数倍。并且俄罗斯的土地拥有休耕期，给予土地足够的修养时间，而不是过度的透支，通过使用过量的化肥、农药维持产量的恶性循环。俄罗斯的住房也并不是一种投资产品，而是真正意义上的住房，价格亲民，同时俄罗斯的服装店的打折力度很大，总体薪资水平相近的情况下，消费水平却比国内低了很多。

俄罗斯的环境尤为优美。空气清新不含杂质，河水清澈干净，略带冰凉，能够一眼见底，各种水鸟和野鸭子在水面上嬉戏，森林也充斥着自然的气息，并没有人为修饰的痕迹，而各种野生动物也与人类和谐相处，市区内有成群的鸽子，公园里有结伴的松鼠，它们并不畏人，俄罗斯人民将自家的面包喂给动物们时，它们反而争先恐后地冲到面前抢夺面包，这样的场景是在国内不敢想像的。

俄罗斯之行对于我来说，学到的不仅仅是书本上的知识，更开阔了我的眼界，了解了国外的教育方式和风土人情，让我不再因为一点成绩而沾沾自喜，明白了学无止境，不能再做一只井底之蛙。这10天的学习交流让我爱上了这座城市，爱上了这里的文化氛围，成为我一生都难以忘记的美好的回忆。

总之，这次俄罗斯之行给予我很多很多收获，我收获了友情，学到了知识，了解了俄罗斯文化，同时也开拓了视野，不再停留在中国国内而是放眼世界。这次经历有苦亦有甜，虽然遭遇到了很多困难，但我们还是携手共同面对并解决了困难，我收获到了很多，也渐渐解开了一些曾经困惑着我的疑问。这段经历已然过去，但它会成为我一生都难以忘记的美好回忆，并且会激励着我继续前进，为实现自己的目标而努力。

学习心得

袁婷婷

我是哈尔滨工程大学2015级经济管理学院本科生袁婷婷，大三下学期暑假期间的7月12日至7月22日有幸随学院辅导员开展了一段俄罗斯西伯利亚联邦大学的访学之旅，参与西伯利亚联邦大学的2018经济夏令营。在这段经历中，我觉得自己学习到了很多有益的专业知识，收益颇丰。

2018年7月12日，当地时间早上五点左右，我们顺利抵达了克拉斯诺亚尔斯克机场，在西伯利亚联邦大学安排的接机老师的带领下我们怀着激动的心情前往大学。大约早上八点我们到达了宿舍，他们的宿舍和国内不太相同，两人间，有阳台，不像是传统的大学宿舍，倒像是一个小公寓。稍作休息我们便随学校老师一起去参观了学校的一些特色建筑以及接下来几天要上课的教学楼，老师带领我们大概熟悉了一下整个校园之后，我们便开始了一天的学习之旅。7月12日是夏令营开始的第一天，我们举行了夏令营开幕仪式，仪式上我们认识了夏令营要带领我们学习的老师们，同时也熟悉了一起参加夏令营的伙伴。

开幕式过后，我们开始了正式学习，我们的第一堂课也是让我印象最深刻的一节课，是一位韩国教授的课，他带领我们到了校园内一个树林的一片空地上做游戏，首先，所有人在老师及老师助理的安排下分成了三组，第一个游戏是同小组的所有人拉着手一起站到一根木头上，第二个游戏是所有人拉着手同时跳过木头，最后，老师安排所有人需要穿过两棵树间绑着的许多绳洞，开始的一些人凭借自己的努力穿过了低处的绳洞，但老师要求每个人过的绳洞不能相同，最后剩余高处的绳洞自己一个人没办法通过而必须借助队友的帮助，我依然记得我当时被好几个队友抬着过了高处的一个绳洞时候的激动心情，那是一种前所未有的体验，它需要你足够信任自己的队友，把自己的安全交到队友手中，必须要足够默契的团队协作才能完成这个项目。起初我们并不完全理解老师让我们进行前两个游戏的目的，等老师介绍完最后一个游戏时我们才恍然大悟，老师是在帮助我们更快更好地熟悉彼此且信任彼此。这让我们深刻地体会到了团队合作的重要性，也很大程度上促进了同学们间的友谊。除了培养协作意识的课程之外，夏令营还安排了一些专业课程，包括德国教授讲授的能源经济学、俄罗斯本土教授讲授的经济合作等课程都让我们更加深刻地了解了经济，提升了自己的专业水平。

学习之余，大家谈论最多、“槽点”最多的莫过于俄罗斯的饮食了。我们是由学校安排的一日三餐，因为是暑假的原因，学校学生不多，食堂也只是为我们开放了一个窗口，我们基本都是第一次到俄罗斯，开始是对当地的餐食满怀期待，但是过了两三天就不太能接受了，他们的食物主要口味是甜，热量极高，而且餐食的形式也与国内大不相同，主要包括汤、面包、沙拉等，不存在国内的面食，也极少有米饭，学校附近因为赶上暑假的原因，很多地方在施工，原有的超市也不能去，我们只能选择食堂。我们一众二十年养成的“中国胃”开始有点受不了了，最后的几天，基本每个人都在念叨火锅，也不知道为什么这个城市的中餐馆很少，我们在学校旁边以及从学校去市中心的路上都没有看到有中餐厅，以至于我们同行的同学中有人产生了以后要去那里开个中餐厅的创业想法。

整个夏令营每一天的行程都很充实，在学习之余学校还安排了一些课外活动，比如参观当地著名景点、由当地学生带我们去市中心及商场等。克拉斯诺亚尔斯克的时间和国内有很大的差别，那里早上四点左右基本就天亮了，而晚上十一点天才开始黑，我们安排的很多课外活动一般都是晚饭后到晚上十一点，刚开始看到时间表的时候，我们都还充满了疑问，晚上十一点天不是完全黑了吗？这个时候怎么还能在外面游玩呢？但一天过后，我们都明白了，那里的十一点天真的还亮着，我至今还觉得是一件很神奇的事情。夏令营第一天下午我们去了当地最有名的教堂感受了教堂文化，教堂旁边是一条很美丽的河，当地人环保意识很强，河流旁边看不到生活垃圾，来游玩的人们一般都会选择把生活垃圾顺便带走，而且河水非常清澈，相比于国内海水被大量污染，道路旁边众多生活垃圾，我觉得当地人的环保自觉意识真的非常值得我们学习。我们在夏令营期间的出行基本都是和我们一起学习的俄罗斯同学一起去的，他们可能是夏令营的志愿者，在我看来他们的个人能力都非常强，脱离老师的带领，独自安排我们的出行路线，并且可以很完美地为我们讲解当地的风俗或者文化知识。俄罗斯同学带领我们一众中国学生去了克拉斯诺亚尔斯克的市中心，他们的城市很大，但人很少，地广人稀，发展不是很迅速但人们的生活节奏很惬意，每个人的脸上都有着幸福的笑容，工作之余，很多人可能会在市中心的河边或者草地里弹奏吉他唱着歌，让人感觉到他们对生活的满足感。出国一趟，逛商场肯定是必不可少的一项活动，当地同学还带领我们去了当地第二大的购物商场，买一些当地特色产品以及带回国的纪念品。那里的消费水平相比国内来说要低一些，但我们这些中国人的购买力果然还是把当地人民吓了一跳。逛超市的时候，我和几个小伙伴遇到了一个很友好很可爱的俄罗斯小朋友，她是一个小女孩，一副亚洲面孔让我们错以为她是中国人，她看到我们的时候表现得特别欢喜，但由于听不懂对方的语言而一笑了之，但过了一会我们又在另一个货架那里见到了她，她依然是满脸欣喜地看着我们，可能第一次见到国际友人的原因，她明显不舍得我们的离开，然后借来了妈妈的手机与我们合影，我们欣然同意了。她让我们感受到了异国的善意，我们也收获了一整日的好心情。夏令营接近尾声的时候，老师们带领我们参观了2019届大学生冬季运动会的场地，当时场地还在建设，没有完全竣工，我们参观了游泳池、滑雪场等大冬会的场地，这对我们来说无疑是一次别样的经历。

这个夏令营除了学习经济知识以外，我们还交到了一些朋友，我在夏令营期间是被安排和别的学校的女孩子一起住的，她是来自江西财经大学的大一学妹，是个南方姑娘，我们相处得非常愉快。期间我还认识了一些很可爱的俄罗斯同学，我们相互交流了自己国家的风俗习惯以及饮食文化等。

2018年7月21日，我们结束了夏令营的全部课程，上午我们开展了2018经济夏令营的闭幕式，老师先是放映了克拉斯诺亚尔斯克的城市宣传片，宣传片是冬日的景象，放眼望去全是雪，虽然在哈尔滨已经见过许多雪，但依旧觉得那里的雪景真的美丽。还放映了前一届夏令营的活动视频以及一些活动场景的照片，最后还有我们这一届的出行照片，当看到视频中出现自己的照片时瞬间感慨万千，十几天的时间转瞬即逝，离别即在眼前，心中诸多不舍也都化作了一句后会有期。2018年7月22日晚，我们学校一行人正式离开了西伯利亚联邦大学，踏上了回国的旅程，伴着终于可以回国吃火锅的激动心情，带着对俄罗斯的美好回忆以及对俄罗斯同学的不舍回到了最亲爱的祖国。

此次访学之旅带来的感受很多，我也因此下定决心必须让自己更努力学习，要更加充实自己，提升自己的个人能力和综合素质。

俄罗斯游学感悟

王 晴

时间总是匆匆，回想起不久前的俄罗斯之行，仿佛只是一个美好的梦，临行前办理各种手续的慌乱，上飞机时对父母的深深不舍，对国外学习生活的憧憬与惴惴不安，这一切是那么的虚幻与不真实，而我是恰巧掉进了兔子洞的爱丽丝，有幸经历了这场奇妙的际遇。

2018年7月13日的凌晨五点钟，是我们第一次踏足俄罗斯的时间，当带着满心的欢喜与期待走出机场时，我知道我人生中一段精彩的旅程即将开始。

坐在大巴车上，我们看到克拉斯诺亚尔斯克不同于国内高楼大厦人来人往的繁华场景，这座城市质朴而又静谧，公路两旁连绵起伏的小山丘，错落有致坐落在林间色彩斑斓的小房子，散发着浓郁的异国风情，这一切就像安徒生笔下美丽的童话世界。而清晨的克拉斯诺亚尔斯克，又是那么生机勃勃。明媚的阳光撒在树梢间，点点金色的阳光跳跃着，舞动着，仿佛无数个金色的精灵在树间舞蹈，仔细看看这美丽的一切，仿佛身心都被洗涤一新，内心感到无比愉快和放松。或许正是有了这样一个良好的生态环境，在街道旁，小摊边，才会看到那么多灰黑色的小鸽子，他们“扑啦啦”地飞起来，落在地上，慢悠悠地迈着步子，瞪着乌溜溜的大眼睛，用无邪的目光望着我们。

将近一个小时的奔驰，我们终于到达了即将生活十天的学校——西伯利亚联邦大学，带队老师先领我们来到宿舍，这儿的住宿条件很好，我们居住的是两人间，有独立卫浴，有设备齐全的厨房，还有冰箱和洗衣机，生活很方便，感觉就像在家里一样，最让人惊喜的是我们拥有一个观景极佳的落地阳台，透过窗户，我们可以俯瞰整个城市，良好的住宿条件令我们十分满意。公寓楼下有可以满足我们日常生活需求的小超市，距离公寓两站地有商品齐全的大型超市，便利的购物条件也令我们欣喜不已。

与我想象中俄罗斯风情浓郁的建筑相比，真正的西联邦大学显然现代化的多。金字塔形的教学主楼，天蓝色落地玻璃窗的图书馆，上上下下、错综复杂坐落在山坡上的美丽宿舍楼，现代与传统、历史与朝气相糅合，一瞬间便让我爱上这里，也让我更加期待接下来的生活。

放下行李箱，八点钟我们来到了教学楼，西伯利亚联邦大学的志愿者为我们分发了此次活动的学习资料，来自西伯利亚联邦大学的老师们表达了对我们热烈地欢迎，希望我们在这次活动中有所收获与进步。这是第一次见到所有参加夏令营的伙伴，之后大家便来到了户外，我们的第一节课是拓展训练，来自韩国的老师通过开展多个户外小游戏的方式迅速地拉进了同学们之间的距离，给我留下深刻印象的是集体穿过绳索的游戏，看似不可能完成的任务，通过所有人齐心合力开动脑筋成功地完成了这项活动。在之后几天的学习生活中，课堂不再是中国传统的填鸭式教学，而是通过师生互动小组讨论的方式每个人都参与其中，这种方式开拓了我们创造性的思维。同时我也发现自由的授课方式、活跃的课堂气氛、充分的课堂互动，渐渐把来自中国的学生从拘谨中解放出来，普遍都能调整自己的状态，融入到开放的俄罗斯课堂中。

在这里的课堂上，老师们既严肃又活泼，打破了我早已习惯的中国课堂模式，我们抛开课本的束缚，讨论的更多是实际现状，在这里我们不光学习语言，学习经济学知识，也能学习文化。虽然有着沟通上的障碍，但是我们一点都不觉得课堂枯燥无味，大家都积极做笔记，认真完成老师布置的课堂任务。实践出真知，课堂不只是在教室里，知识不只是在书本中，也可以是在游学的路上。而且，游学本身就是“行万里路，读万卷书”的过程，我们来到工厂实地参观机器的运作模式，让知识不仅仅停留在课本上。我们去到孵化器公司，倾听优秀的创业者讲述他们的创业经历。与传统的中国课堂不同，这里的课堂更能充分地挖掘学生的兴趣，让学生们主动参与实践，积极思考，勇于创新。

在课堂之外，老师也带领我们参加有意义的活动，大家一起走出宿舍，用眼睛和心灵感受这个国家这座城市的脉络。在每个阳光明媚的日子，用自己的方式去感受这个我们陌生又爱恋的城市。犹记得大家一同走进神圣的教堂，了解到俄罗斯的宗教信仰；一起去参观城市水电站，拿着十卢布与发电站合影；我们来到城市公园，坐上摩天轮一览城市全景；走近动物园，跟动物们近距离接触；一同参加城市环游，在列宁像前留下身影；我们骑上自行车，游览城市全貌；我们坐上缆车，体验飞翔在天空的感觉；一起在商场疯狂购物采购，互相诉说着我们又淘到了什么好物……我们将足迹印在了克拉斯诺亚尔斯克的角角落落。

我们都知道俄罗斯男性身材大多魁梧高大，俄罗斯姑娘有世界美女之称，金发碧眼，皮肤白皙，身材娇美。但这仅仅是在姑娘时期，大部分女性到了中年，婀娜多姿的身影便逐渐发“福”。若不及时限制饮食，锻炼健身，一旦胖起来便不可收拾。这一现象不能不归咎于平时过量饮奶、过多吃糖和过度食肉的缘故。对于我们来说要克服的最大问题不是语言障碍，而是饮食上的不适应。俄罗斯人如同其他民族一样有自己的饮食习惯和特点。归纳起来，主要有两点：第一是食肉，第二是食糖，并且都食之过量。俄罗斯由于地处北方，因季节原因原产地的绿色蔬菜非常少，这让大家倍感不适。我们在食堂的午餐或晚餐必有这四道菜：第一道便是那加了一大勺奶油的红菜汤；第二道就是一份带肉的热菜；第三道是蔬菜少得可怜的沙拉；最后一道是甜食，另外，每顿饭中都搭配有一杯饮料。好在我们有从家里带来的榨菜，肉酱，大家都拿出自己的食物一起分享。除了正规的一日三餐之外，俄罗斯人还有在早10时、下午4时加餐的习惯，这段时间也称为喝茶的时间。所以每天课间，学校都会安排上下午茶，为我们精心准备饮料和甜点。

十几天的时间转瞬即逝，课程的最后，每个同学都收到了结业证书，为本次俄罗斯学习画上了圆满的句号。我们一起举杯庆祝，与俄罗斯的同学们合影留念。在这十几天里，我认识了许多朋友，他们来自世界各地，中国、俄罗斯、韩国、蒙古国等，奇妙的缘分让我们相遇并成为了语言不同却彼此关爱的好朋友。在这里，同学们互相关心相互照顾，让我感受到爱与温暖，还要特别感谢我们的带队老师张导，为我们忙前忙后，不辞辛苦。

在这里，我感受到了俄罗斯不同的生活方式和不同的人文环境，我体会到了中外文化的不同，也见识到了许多前所未见的新事物，体验到了别具一格的新生活。让我印象深刻的是，生活在这里的人们，即使素不相识也会友好地打招呼，他们亲切而热情的性格让我倍感动容。在这里，我深刻感受到了中俄教育理念的不同，俄罗斯老师崇尚自由平等，虽然中俄两国的教育理念不同，不过老师的认真负责，讲解细致倒是如出一辙。我愈加喜爱这个城市，它不同于圣彼得堡的繁华，也不同于莫斯科的举世闻名，这个城市像是一位静静守候在叶尼塞河畔等待爱人归来的姑娘，安静但不孤寂，人来人往却不熙熙攘攘，有属于自己的独特魅力，神秘而安详。

对每个初出国门的孩子而言，家一定是最大的牵挂，每天1小时时差并没有阻隔我和父母之间的联系，父母的鼓励使我在异国他乡也倍感温暖。我想这段经历一定是我人生里一段美好的旅程。亲情、友情、学业，在这段经历里糅合、升华，并有了重新地定义。我感受到了亲情跨越千里的丝丝牵挂，感受到了友情在孤独时刻带来的精神慰藉，感受到了求知的力量能使人忘记异乡求学的孤寂。我带着勇气，带着胆量，带着向上求知的心，探索着我的人生。

很感谢学校和学院提供了这样一次出国交流学习的机会，虽然在俄罗斯的时间并不长，只有短短的十天，但足可以让我全方位地体验另一种截然不同的学习方式和生活文化，收获颇为巨大。俄罗斯之行很快就结束了，但它带给我的回忆与思考，会永远伴随着我，在我人生的画卷中，留下绚丽夺目的一笔。

俄罗斯访学心得

杨增煜

非常感谢学院以及学院领导为我们提供的这么难得的一次机会，并且给予了大力的支持，才有了这次去西伯利亚联邦大学参加第四期国际暑期交流的经历。当时听说有这个机会的时候是非常兴奋的，因为不仅可以体验俄罗斯的教学模式，吸取更多不同的知识，同时也可以体验一下俄罗斯的风土人情，对于从未出过国的我来说，是十分有意义的一次交流活动。这一次的活动事实上也是这样，让我收获了非常多，下面是这次俄罗斯访学的心得。

这次交流的行程主办方安排的非常好，每天上午基本上是与俄罗斯的学生和蒙古国学生还有西南财经大学的学生一起学习或者做活动。下午参观当地特色景点或者介绍一些俄罗斯特有的企业和产品。晚上一般就是自由活动了，去逛逛商场啊，去吃点好吃的啊，每天都很充实并且很有乐趣。白天的活动基本每天都是不一样的，我印象最深的是第一天，当时是一位韩国老师把我们带到一片森林里，我们都很好奇会让我们干什么，结果是做游戏，目的是为了第一天让大家互相熟悉，体验适应不同国家同学交流合作的模式。但是能感觉出来还是俄罗斯当地的学生比较活跃积极，可能我们亚洲的学生比较害羞，主要是坐飞机一宿没睡没休息好，大多数都是肢体交流或者用手比画，不过俄罗斯的同学还是很友善很热情的，很愿意帮助人。然后就到了最让人期待的时刻，吃午饭，说实话很期待俄罗斯的食物啊！确实也很让人满意，各式各样的，有沙拉，有土豆牛肉萝卜丝汤，有鸡肉配米饭，有现榨的果汁还有在俄罗斯十几天每天每顿饭都能见到的不同的面包，可能这就是战斗民族能在寒冷的西伯利亚平原生存的支柱。下午是不同国家的老师来讲各自国家的一些特色话题，比如森林啊，制造业啊，金融业啊，如果没有安排参观活动的话，就是听讲课也是能了解到不少的。第一天晚上组织去了叶尼塞河河畔，还参观了修道院，但是我太困了，一天一宿没睡觉，所以就没去，感觉错过了一次很好的机会，如果再让我选择一次的话，我一定会忍着困意去看一看的，可惜没如果。说到睡觉，那就来谈一谈住宿环境吧，到了俄罗斯我们也是留学生了，住宿环境真的挺好，还有小厨房，能洗澡，但是这里吐槽一下，只有前几天有热水，后来只能每天洗冷水澡了。其实第二天的项目记忆也是印象非常深刻的，因为那是真正让我交到朋友的一天，真正开启了我们两国学生之间的交流，那天做的游戏是将我们分开混乱打成两组，保证必须用英语交流，然后发给每人一幅画，只能自己看，互相是看不到的，我们通过互相描述自己手里图片的内容 ，来按照顺序组成一组画面，最后看哪组用的时间少，并且没有错误。开始大家交流的并不顺利，因为只有一个人在不停地问别人的图片是什么，但是随着时间推移，我们逐渐开始沟通，每个人说出自己图片里的东西，觉得互相有联系地成为一个小组，小组内先排好顺序，最后各小组再汇总，效率提高了很多。开始交流大多数停留在听的阶段，但是从这次开始，便能够明确清晰地表达自己的意图，并能像朋友一样的交流，之前从没有想过这种只会从别的优秀的留学生嘴里听到的经历有一天也会切实的发生在我的身上。外国人会在上午和下午分别安排一次休息时间，就像茶话会一样，大家围在桌子旁，有事先准备好的各种点心水果，还有咖啡和茶，来补充体力和脑力，这些天都给我吃胖了。

既然说到学习，那就把这些天的学习情况一起说了，之后再说别的。做活动就只有前两天，剩下的时间基本上可以分为两部分。一部分是上午的学习，一般都是将来自不同国家的学生分成一组，去讨论每天不一样的学术问题，并且在最后一天要设计一个新产品并做成PPT展示。另一部分是下午，下午的学习就比较难了，每天是不同的讲师讲各个国家的现状问题，有俄罗斯的就业问题，德国等欧洲国家森林覆盖率问题，韩国经济下降的原因及美国经济体系的特点等。出国之后能发现，其实我们国家在世界国家中的地位是很高的，比如这次与俄罗斯学生交流，他们都在时时刻刻关注中美贸易战的问题，并且有自己的想法。通过与老师们的介绍和与俄罗斯学生的交流，我们能知道其实俄罗斯现在的经济状况并不是很好，首先最直观的就是卢布的贬值，而且俄罗斯现在人口老龄化问题非常严重，因为俄罗斯男人的平均寿命比较短，所以在俄罗斯生的孩子越多，政府的补助与奖励就越多。俄罗斯的这趟访学经历最大的收获，就是倾听与交流能力的提升，不仅能听懂而且还能表达。像以前听英语听力的时候，是集中意识在刻意听，但是现在就像听中文那样直接就在脑中把英语转换成中文，能力提升了很多。至于表达，就要大胆去说，不能又担心口音、发音，又担心别人听不懂，其实就像中文一样，只要你把关键词说出来了，人家就能听懂，毕竟英语也不是他们的母语。

在学习之余的参观也是这次交流必不可少的一部分。除了第一天参观的叶尼塞河与教堂，剩下还参观了那里最有名的水电大坝，景色真的很宏伟，据说那里的水里还有俄罗斯最贵的鱼——鲟鱼。俄罗斯的动物园真的是没啥意思，有特色的也就是几头巨大巨壮的浑身是毛的牛。整个参观活动最期待的当然是购物了！俄罗斯的东西是真的便宜的不要不要的，化妆品啊，手表啊，包括超市里的吃的都比咱们要便宜很多，但是就是款式都不是很新，而且我们所处的是俄罗斯东部，要像莫斯科和圣彼得堡离欧洲近一些的城市种类才能比较全和新。俄罗斯的烟酒真的是不仅便宜还好，自己用或者送礼都是非常好的选择。

让我收获最多的都不是这些，而是最后与俄罗斯同学一起完成最终任务的经历，这让我学习到了很多。他们虽然平时学习时间很少，但是会充分地利用业余时间去了解自己感兴趣的领域，跟我们中国学生不太一样，而且他们似乎很喜欢熬夜去完成一些比较困难的任务。当时布置下来的任务是五个人一组，我们组是扮演产品开发商，需要设计出一个成熟的未来产品，去吸引其他同学扮演的投资商，最终获得投资最多的设计商获得胜利，有点像GMC挑战赛，但是这个是他们平常课堂上就会有的项目。当时有很多的意见，我们两个中国学生的意见是设计一款类似ERP管理信息系统的辅助软件，但是他们提出的观点我觉得很新颖，他们想设计一款能改变DNA的软件，可以应用在改变植物的基因构造上，未来兴许可以应用在动物甚至等技术成熟之后人类的基因也可以加入，以适应未来不可预测的人类无法适应的环境。设计这个项目让我觉得好像在演电影一样，当然产品的设计就交给俄罗斯同学了，我们也是进入了他们的图书馆，第一次体验到了他们的学习氛围，我主要负责产品的推广及整合他们收集的资料，并且建立公司的运营体系。他们在完成任务的过程中给我触动很深，他们并不像在完成一项任务，更是像在干一件自己很乐意和感兴趣的课后讨论，状态非常的轻松。我觉得以后在学习的过程中也可以改变一下我的主观意识，把它当作一个兴趣爱好而不是单纯的需要死记硬背或是一个生硬的布置下来的任务，如果你都不爱它不喜欢它，那你学习了又有什么意义呢，虽然我们并不是开发方，但是我觉得我们的经历也很有意义，并不在意结果，注重的是过程。

伴随着投资活动的结束，我们为期十天的访学活动也就结束了，在最后的欢庆酒会上和俄罗斯友人们交换了联系方式之后，我们就开始收拾行李准备回国了。通过这次活动，不仅体验了外国人的学习模式，学习了他们的学习方法，也明白了学习真的是一件主观的主动的事情，这给我体会最深的。当然也交到了新的朋友，整个访学团在张导的带领下，非常和谐、欢乐，互相更了解了对方，也结下了深厚的感情，非常感谢张导为我们的安全与良好的访学体验付出的那么多辛苦！这真的是一次非常有意义非常宝贵的经历！